GANAR FEO

BRAD GILBERT

Y STEVIE JAMISON

GANAR FEO

EPÍLOGO DE ANDRE AGASSI

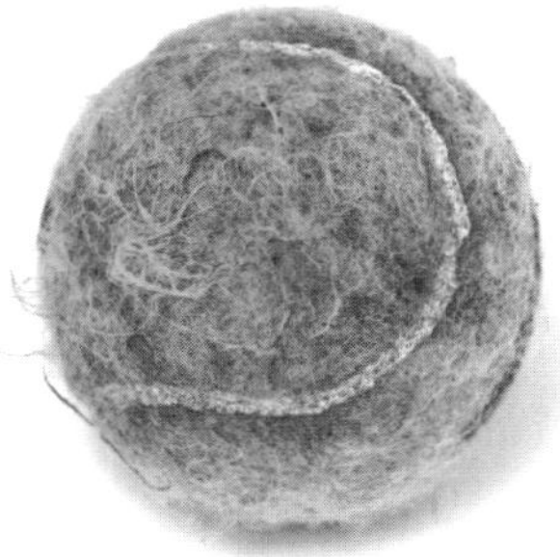

LA GUERRA MENTAL EN EL TENIS

geoPlaneta

GANAR FEO — La guerra mental en el tenis

1.ª edición
geoPlaneta
Diagonal 662-664. 08034 Barcelona
info@geoplaneta.es — www.geoplaneta.com

DE LA EDICIÓN ORIGINAL
Título original: *Winning Ugly: Mental Warfare in Tennis*

Publicado en acuerdo con el editor original, Touchstone, un sello de Simon & Schuster, LLC.

DE LA EDICIÓN ESPAÑOLA

Realización: Planeta

ISBN: 978-84-08-31491-2
Depósito legal: B. 21.091-2025
Impresión y encuadernación: Huertas
Printed in Spain — Impreso en España

Para un gran caballero y un gran campeón, Arthur Ashe, que luchó por la dignidad humana y el valor del individuo

SUMARIO

III
JUEGOS MENTALES, PSICOLOGÍA Y ASTUCIA: HISTORIAS DEL CIRCUITO

INTRODUCCIÓN A LA NUEVA EDICIÓN (2014)

Ganar feo en el siglo XXI: por mucho que cambien las cosas, seguimos igual

Pongo a prueba tu memoria tenística con la siguiente pregunta: ¿quiénes eran los mejores jugadores del mundo cuando mi libro *Ganar feo* se publicó en 1992? Si has dicho Monica Seles y Jim Courier, acabas de anotarte un *ace*. Mucho ha llovido desde entonces, pero muchas cosas siguen igual. Creo que por eso todavía me buscan tantos tenistas para contarme cómo mi libro los ayuda en su juego, tantos años después de haberlo presentado en el desprevenido mundo del tenis.

Nada me saca una sonrisa tan grande o llena tanto mi corazón como cuando un tenista aficionado o profesional me intercepta en un torneo con un ejemplar de mi libro para que se lo firme. Es el mayor elogio que puedo recibir. Y por eso no cambiaría ni una palabra de la edición original. Aún hoy tendrá un efecto poderoso en tu juego. Te lo aseguro.

De todos modos, le añadiría algunas ideas, y para eso sirve esta nueva introducción: para poner *Ganar feo* al día en pleno siglo XXI.

En mi opinión, los tres cambios más importantes que ha experimentado el tenis desde que se publicó el libro son la tecnología, las superficies de las pistas y la capacidad atlética de los jugadores. (Quizá debería añadir un cuarto elemento: la repetición instantánea por televisión. Es genial para el juego e inmejorable para los fanáticos, porque satisface nuestra curiosidad al proporcionarnos una evidencia concluyente en las jugadas dudosas.)

1. Tecnología: las cuerdas *high-tech* de poliéster y las raquetas ligeras han transformado los golpes, ya que permiten a los profesionales y a muchos aficionados pegarle mucho más fuerte a la pelota y obtener ángulos y efectos gigantescos, como si lanzaran granadas desde el fondo de la pista y bombas desde la línea de saque. (La bola de Rafa Nadal puede llegar a girar a cinco mil revoluciones por minuto, más del doble de lo que conseguían Pete Sampras o Andre Agassi en su mejor momento.) La pelota sale hoy a tal velocidad y con tanto efecto que casi se deforma cuando cruza la red hacia el lado del oponente.
2. Las superficies de las pistas: nunca han sido tan similares entre sí en todo el mundo como en esta época. La hierba es más lenta, la tierra batida es más rápida y las pistas duras devuelven un bote más alto. Todo esto hace que se vean puntos mucho mejores, más interesantes para el espectador y más entretenidos para los comentaristas.
3. Por último (y, para mí, el mayor cambio), la capacidad atlética de los jugadores: la plasticidad y la fuerza muscular de los tenistas del circuito en el siglo XXI no tienen parangón.

La plasticidad implica un gran trabajo de pies junto con una elevada velocidad, equilibrio, destreza y flexibilidad, tanto en ataque como en defensa, a lo largo de toda la batalla en la pista. La excelencia física es una condición *sine qua non* para cualquier jugador que pretenda llegar a lo más alto. En el circuito, un preparador físico de primer nivel tiene tanto prestigio como un buen entrenador. Todo ello, combinado con las nuevas tecnologías, da como resultado el supertenis de hoy, ejecutado por supertenistas.

Por ejemplo, Novak Djokovic, el Djoker, puede correr cinco veces de una esquina a la otra de la pista —pum, pum, pum, pum, pum— y, después, controlar el punto y meter un golpe ganador para terminar abriéndose de piernas. Djokovic, Rafa Nadal y otros pueden hacer eso durante cuatro horas. Tienen la asombrosa habilidad de recuperarse en veinte segundos y hacen que parezca fácil, lo que no deja de sorprenderme.

Actualmente veo puntos que hace veinte años eran inimaginables. Es como estar viendo un videojuego (una vez, en ESPN, comenté que es como «mirar el tenis de la Wii»). Hay tenistas capaces de jugar bien desde cualquier parte de la pista. En conclusión, el tenis es hoy espectacular y ha originado una nueva era dorada del deporte.

¿Dónde estará el tenis dentro de veinte años? ¿Servicios de más de trescientos kilómetros por hora? Es posible. Y más extraordinario aún será que los jugadores se las arreglarán para devolver esos saques.

El rostro del tenis del siglo XXI hasta hoy es Roger Federer. Fed alcanzó el número uno del mundo en el 2004 y lo mantuvo hasta el 2008, cuando Nadal se lo arrebató por un año. Ambos se lo intercambiaron los años siguientes, hasta que fue el turno del Djoker. Pero el palmarés de Fed (hasta la edición de *Ganar feo*, diecisiete torneos de Grand Slam) es el mejor en la historia del tenis.[1] Puso el listón tan alto que forzó a los demás a seguirlo si querían competir con él. Rafa y el Djoker lo han hecho. Otros lo harán.

En el tenis masculino nunca he visto un top 4 como el que integran Fed, Rafa, el Djoker y Andy Murray. Tendremos que esperar mucho tiempo para ver a unos números uno, dos, tres y cuatro tan fuertes..., y dudo de que tal cosa sea posible.

En cuanto a las mujeres, Serena es la gran dominadora, aunque Venus también es increíble. Serena y Venus son lo mejor que le ha ocurrido al tenis femenino en el siglo XXI, porque han revolucionado la disciplina en todas las formas posibles. (Sin embargo, Steffi Graf en su mejor momento habría podido desafiar a las hermanas Williams. Era muy física y sólida desde el fondo de la pista, y destacaba por su legendario revés cortado,

1. Roger Federer, retirado en el 2022, conquistó un total de veinte torneos de Grand Slam, solo superado por Novak Djokovic, con veinticuatro, y Rafa Nadal (retirado en el 2024), con veintidós. *(Todas las notas son del editor.)*

digno de un francotirador. Además, hacía gala de una fortaleza mental que no tenía nada que envidiar a la de Serena y Venus.)

A los fanáticos del tenis de la vieja escuela les gusta decir que los años ochenta produjeron el mejor elenco de tenistas de la historia: McEnroe, Connors, Becker, Evert, Navratilova, Lendl, Borg y otros. Pero la nómina en la actualidad es mucho más excitante, por los grandes cambios que he mencionado y por los atletas jóvenes que incorporan esos cambios a su juego.

De todos modos, cuanto más cambia el tenis entre los profesionales, más parece estancarse entre los aficionados. Y hoy casi me puedo considerar un jugador aficionado.

Mientras escribíamos juntos *Ganar feo*, Steve Jamison se encargó de recordarme que debía centrarme en todo lo que los jugadores aficionados pueden aprender de los profesionales, especialmente en el aspecto mental. Esa verdad básica no ha cambiado: podrás perfeccionar tu tenis más rápido y de forma más sólida si mejoras tu mentalidad, si trabajas tu mente tanto como tu golpeo.

Pero el nuevo elenco de estrellas que domina el tenis en este siglo aporta ideas adicionales sobre el manejo de la mente, aptas para que las incorpores a tu propio arsenal. Su enfoque del juego mental te ayudará a imponerte a jugadores con los que sueles caer derrotado. A esos rivales que quizá tengan mejores golpes que tú, pero no una mejor estrategia.

Para empezar, Roger Federer. ¿Has notado que durante los partidos en Roland Garros sus calcetines no se ensucian? ¡Y eso que juega sobre tierra batida! Y el tipo apenas suda. ¿Cómo es posible? Cada vez que lo veo, en especial sobre tierra roja, no me lo puedo creer. Si todos los demás terminan cubiertos de polvo y sudor, ¿por qué Federer no? Bueno, en parte porque es casi perfecto. Sus movimientos son absolutamente precisos, elegantes, naturales y eficientes. Y tiene la habilidad de mandar en los puntos con el mejor *drive* que pueda haber producido el tenis. (Quizá Nadal sea el único a su nivel.)

He aquí lo que podemos aprender de Fed: aunque no tenga el mejor servicio del circuito, es quien mejor lo mantiene. Roger Federer se lleva su servicio más del 90 % de las veces, y eso que no cuenta con un saque demoledor. ¿Cómo lo hace? En parte, ubicando la pelota con increíble precisión y consistencia. Si algunos jugadores son capaces de impactar en una moneda, Fed acierta a un punto. Un servicio poderoso puede ser genial, pero, créeme, un buen restador hallará el modo de lidiar con esa potencia. Otra historia es si mejoras la colocación de la bola. De hecho, aquí va un pequeño consejo. Si tu rival encadena golpes ganadores con un servicio potente, la solución es simple: sitúate un paso más atrás de donde estabas esperando el saque. Te van a gustar los resultados.

¿La lección? Trabaja para mantener el servicio, y para eso practica sobre todo la colocación. Varía un poco la dirección del saque. No tienes que ser Roger Federer para conseguir buenos resultados moviendo el saque. Obliga a tu rival a tener que adivinar adónde irá la pelota. Y recuerda: si vas a practicar algo, ¡que sea tu saque! Puede convertirse en el golpe más importante de tu repertorio.

Creo que la zona de confort de Rafa Nadal es cuando siente que en realidad no es tan bueno y que para ser competitivo no puede dejar de mejorar. Por eso siempre retoca algún aspecto de su ya fantástico estilo, nunca se da por satisfecho y no ceja en su empeño de mejorar. ¡Mejorar, mejorar, mejorar! No le gusta que nadie le diga que es el mejor, porque no comulga con ese modo de pensar.

Cuando charlo con él en los torneos, siempre está probando algo nuevo: la empuñadura, el lanzamiento al aire de la pelota o cualquier otra cosa. La pasión que ves en Rafa en un quinto set de una final de Grand Slam es la misma que pone fuera de la pista para seguir progresando en su nivel de ejecución: para mejorar su ya espléndido juego. Rafa Nadal se entrega a un millón por ciento en los partidos, en los entrenamientos y, tal vez, hasta en el desayuno. Su compromiso es total.

¿La lección? Nunca dejes de intentar ser mejor jugador, de elevar la mecánica y la estrategia de tu juego. Si uno de los mejores tenistas de la historia piensa que no es lo bastante bueno, tú también puedes pensar de ese modo. Y yo. Voy a darte ahora un ejemplo personal.

Cuando yo jugaba en el circuito, volvía locos a mis rivales persiguiendo cada pelota, manteniendo vivo el punto todo el tiempo, resistiendo. ¿Hoy? Mis piernas y pulmones no son los de hace veinte años, he tenido que ser sincero conmigo mismo y aceptarlo. He intentado retocar un poco la mecánica de mi juego como hace Rafa, porque en la categoría sénior necesito terminar antes los puntos. Para eso, me he visto obligado a golpear más fuerte desde mitad de la pista y esperar que la bola no vuelva, o al menos que lo haga con menos potencia, para reducir así la cantidad de metros que debo recorrer para devolverla.

Cuando empecé a retocar mi golpeo, sacaba de quicio a mi esposa en casa. Caminaba de aquí para allá con la raqueta en ristre, practicando un golpe de derecha más plano y trazando un nuevo *swing* ante una pelota imaginaria.

Puedo decir con orgullo que nunca he roto una lámpara y que, además, me las he ingeniado para desarrollar un *drive* más fuerte, plano y contundente. Los australianos llaman a eso «practicar en el patio trasero», y yo llevé a cabo mi propia versión en la sala de estar, en el comedor y en la cocina. Y de ahí directo a la pista.

Sé como Rafa: nunca te des por satisfecho. Si te empeñas en ajustar siempre tu juego, progresarás y, sin duda, llegarás a ser mejor jugador y ganarás más a menudo.

Hablando de mejorar el juego, Novak Djokovic nos ofrece una excelente lección a la hora de marcarse objetivos. Por ejemplo, no te conformes con resultados que estén por debajo de tu potencial; nada de resignarse. Porque en cierto momento el Djoker se había resignado.

¿Recuerdas cuando era el eterno número tres del *ranking*, en el 2007, el 2008, el 2009 y el 2010? ¿Recuerdas también que en diciembre del 2010 condujo a Serbia a la victoria frente a Francia en la final de la Copa Davis? ¿Y recuerdas qué pasó a partir de entonces? Dejó de perder.

En el 2011 ganó diez torneos, incluidos el Abierto de Australia, Wimbledon y el US Open, y estableció un récord mundial de ingresos por premios individuales en una sola temporada (doce millones de dólares), algo que ocurre cuando ganas cuarenta y tres partidos consecutivos, una marca solo por detrás de los cuarenta y seis de Guillermo Vilas y los cuarenta y cuatro de Ivan Lendl.

¿Por qué este salto? Novak empezó una dieta sin gluten, y creo que ese cambio fue crucial, incluso para superar sus problemas respiratorios. Y entonces comenzó a creer en su saque. Novak retocó su movimiento de saque y no le funcionó, así que recuperó la ejecución original. Pasó de ser el único jugador entre los cincuenta mejores del mundo que promediaba más dobles faltas que *aces* (así fue a principios de 2010) a tener un saque más consistente, fiable y productivo. Esos dos cambios fueron importantes, pero creo que el más grande se produjo dentro de su cabeza.

El hecho de llevar a Serbia a la gloria en la Copa Davis lo sacudió mentalmente, hizo que elevara el listón en sus expectativas y objetivos, y lo motivó a profundizar en su interior para lograr unos resultados que terminaron siendo históricos. Haber ganado la Copa Davis le devolvió la ambición —creo— de ser el mejor del circuito de la ATP.

Quizá el Djoker se había conformado con ocupar el número tres, y la Copa Davis lo sacó de su zona de confort y fue determinante en el cambio de su juego. Algo realmente significativo ocurrió en la actitud de Djokovic. No estoy seguro de que él mismo lo entienda del todo, pero es lo que yo creo, porque la diferencia entre el número uno y el tres suele ser solo mental. Djokovic se convirtió en su propio profeta. Vio la tierra prometida y allí se dirigió.

Algo similar debió de ocurrirle al también eterno número cuatro Andy Murray, que había perdido cuatro finales de Grand Slam, incluida la de Wimbledon del 2012 ante Roger Federer. Poco antes, Murray había contratado como entrenador a Ivan Lendl para que lo ayudara a sacudirse el sambenito de ser el mejor jugador que jamás había ganado un torneo importante. Ivan también perdió sus primeras cuatro finales de Grand Slam, pero siguió luchando y creyendo en sus posibilidades, hasta ganar ocho torneos. Como entrenador —y de los buenos— , le inculcó a Andy una firme convicción en sus posibilidades para que no tirara la toalla, algo que evidentemente le faltaba al escocés. Todo comenzó, aunque cueste de creer, con la derrota en cuatro sets que sufrió ante Federer en la final de Wimbledon del 2012. Lendl reconoció que Andy había sido competitivo por primera vez en una final de Grand Slam, porque se adjudicó el primer set y estuvo cerca de ganar los siguientes.

De mis conversaciones con Ivan deduzco que se centró en los aspectos positivos de Andy tras su derrota en Londres y le hizo ver la gran diferencia con las finales anteriores, en las que había perdido en tres sets casi sin oponer resistencia. La prueba fue quizá lo siguiente: un par de semanas después de la derrota en Wimbledon, Andy se impuso con facilidad a Fed en el partido por la medalla de oro en los Juegos Olímpicos del 2012. Aunque no era un campeonato de Grand Slam, Ivan Lendl se lo tomó como un torneo importante: llegó a decir que Andy había ganado su primer grande. ¿Acaso eso aligeró la carga que Murray tenía sobre sus hombros?

Por extraño que parezca (porque cuando lo ves sentado en el palco de los familiares y amigos, Ivan siempre da la impresión de ser muy serio y huraño), le enseñó a Andy Murray a pensar en positivo. El tiempo dirá si el escocés podrá conservar la tenacidad al estilo de Lendl y adjudicarse un puñado de torneos de Grand Slam.[2]

¿La lección? Eres mejor de lo que piensas, puedes jugar a un nivel más alto de lo que crees, tienes el potencial para derrotar a jugadores en teoría superiores a ti. Si eres competitivo y no juegas solo por el ejercicio (el «cardio» del tenis es genial), no te

2. Andy Murray, retirado en el 2024, ganó tres títulos de Grand Slam: un US Open (2012) y dos Wimbledons (2013 y 2016). También levantó la Copa Davis del 2015 y volvió a colgarse la medalla de oro olímpica en Río de Janeiro 2016.

resignes a quedarte estancado ni te conformes con menos de lo que eres. Pon todo de tu parte para cambiar las cosas y obtendrás grandes resultados. Como Murray y el Djoker, puedes darle la vuelta a la tortilla y derrotar a los jugadores que suelen ganarte.

Esta actitud de «no conformarse con menos» la desplegó de la mejor manera posible una jugadora a la que me gusta llamar «Chispita» por su gran intensidad y energía. Justine Henin, a pesar de ser muy menuda (1,67 m y 57 kg), jugaba un tenis enorme. Podría haberse conformado con ser una contragolpeadora —como todo el mundo le decía, por su tamaño—, pero ella se negó.

Justine tenía en mente desplegar otro tipo de juego, y se valió de su increíble sincronización de movimientos para despuntar en el saque y en el *drive* y para desarrollar uno de los mejores golpes de revés que he visto nunca en el circuito femenino. Se puso como objetivo ser una jugadora dominante y ofensiva, haciendo oídos sordos al sentido común y a la opinión de la mayoría de los expertos. Me encanta esa actitud. Se rebeló contra lo que se esperaba de ella y ganó siete Grand Slams con un tenis de gran altura, a pesar de su escasa estatura física. Un gran juego en envase pequeño.

Henin superó su techo con la fuerza de la mente. Algo difícil de alcanzar, pero lo hizo. Y quizá tú puedas hacer lo mismo, a tu manera. Hay momentos en los que tienes que seguir tu propia corazonada, hacer lo que crees correcto para ti y comprometerte a lograrlo como hizo Justine en los inicios de su carrera.

Centrémonos ahora en un aspecto específico de una enorme tenista que puedes aplicar a tu juego, o más bien a tu cabeza. Serena Williams (también Venus) tiene un serio problema de pérdida de memoria a corto plazo. Con esto quiero decir que cuando las cosas le van mal en un punto, un juego, un set o un partido, tiene la capacidad de hacer borrón y cuenta nueva, de olvidarse inmediatamente de lo que venía haciendo y no ceder a la frustración. ¿Qué nos pasa a los tenistas aficionados? Fallamos algunos tiros, perdemos un par de juegos, y la cabeza se nos bloquea. Perdemos la confianza, nos inquietamos y nos dejamos ir. Lo sé. He hecho eso infinidad de veces. Como leerás más adelante, cuando empiezas a fustigarte hay dos jugadores en la pista que intentan vencerte. Y uno de ellos eres tú.

Observa la pérdida de memoria de Serena y de Venus, esa capacidad para mirar hacia delante y no hacia atrás, y cópiala. Cuando cualquiera de las dos hermanas está fuera del partido, no pierde la fe, sino que sigue ejecutando su golpeo sin ansiedad, más allá del resultado y de los errores que haya podido cometer en los puntos anteriores. Cada punto es un nuevo comienzo en su cabeza, no está contaminado por lo anterior.

Su pérdida de memoria a corto plazo es genial, porque las ayuda a mantenerse comprometidas con lo que quieren hacer. Las rivales lo saben. Saben que Serena, en particular, puede ser letal en esa situación, porque nunca se va a rendir, siempre creerá en su juego y volverá a la pelea con la máxima intensidad. Para quien está al otro lado de la red, es un buen motivo para asustarse.

Sin embargo, si miras una cantidad suficiente de partidos, siempre verás algo que nunca pensaste ver. Yo lo presencié en la edición de Roland Garros del 2012: Serena Williams perdió el partido de primera ronda frente a una jugadora que ocupaba el puesto 111.º de la clasificación de la WTA. ¡Y eso que Serena nunca había perdido en una primera ronda de Grand Slam e iba 5-1 por delante en el *tie-break* del segundo set! ¿Cómo pudo ocurrir tal cosa? Simple y llanamente, se volvieron las tornas, y hay veces que eso no lo puede revertir ni Serena Williams frente a una rival en un puesto del *ranking* de tres dígitos.

Alguna que otra bola cantada fuera injustamente, varios errores no forzados y una jugadora, Virginie Razzano, en racha y con el apoyo de sus compatriotas, y de repente la situación dio un vuelco. Puede llevar su tiempo, pero ocurre rápido. Eso fue lo que pasó.

Serena estuvo a dos puntos de ganar ese encuentro de tres horas y salvó siete puntos de partido, pero Razzano finalmente venció en el octavo intento. Debió de ser un golpe devastador para Serena, ¿verdad?

En absoluto. Todo lo contrario.

Me encantó su respuesta a los medios de comunicación después del partido: «Bueno, ya sabéis, así es la vida». ¿La lección? Ganar siempre es difícil, aunque estés convencido de tus golpes, pero se vuelve imposible cuando dudas. Despeja las dudas con tu propio método de pérdida de memoria a corto plazo y te aseguro que obtendrás resultados que valdrá la pena recordar. Una buena manera de hacerlo es, después de una derrota, anotar lo que has hecho bien durante el partido. Así extraes lo positivo de lo negativo.

En el caso de Serena, hizo méritos suficientes para estar cerca de ganar. Siguió peleando con todas sus fuerzas pese a los puntos de partido en contra, una y otra vez, y otra más. Busca ese plus en tu propia personalidad, constrúyelo. Detecta tus debilidades, corrígelas. Construye y corrige. Sigue adelante. Di «así es la vida».

Serena detesta perder cualquier partido, sobre todo en un Grand Slam, pero no se mortificó por esa terrible derrota. Al contrario, la usó para mejorar. En lugar de volver a Nueva York, se dirigió a la academia de tenis de Patrick Mouratoglou en París para que la asesoraran y para someterse a un desarrollo intenso de su juego. Usó el dolor —no creas por su comentario de que «así es la vida» que la derrota no le importó— para meter una marcha más a su desempeño en la pista y volver a dar la talla en los desafíos que tenía por delante: Wimbledon, los Juegos Olímpicos y el US Open.

Estoy convencido de que esa derrota ante Razzano espoleó su espíritu de lucha y su fortaleza de carácter, porque lo que siguió fue extraordinario: Serena ganó Wimbledon y la medalla de oro olímpica tanto en individuales como en dobles, y se alzó con el US Open. Creo que esos éxitos estuvieron directamente relacionados con su reacción a la derrota en París.

Los tenistas aficionados que sufren una derrota dolorosa suelen deprimirse y quedar fuera de juego durante semanas, porque se sienten mentalmente desolados. No es el caso de Serena. Ella rehúsa atormentarse. Haz lo mismo con tu juego.

Ahora te diré mi queja más grande sobre los jugadores aficionados y su estilo. Con demasiada frecuencia calculan la relación entre riesgo y recompensa al revés. Por ejemplo, cuando no tienen ventaja en un punto (como cuando el rival los fuerza a jugar desde el pasillo de dobles en el fondo de la pista), intentan ese tiro imposible que solo les sale bien una de cada veinte veces y que no logran desde hace un par de años. A la inversa, cuando tienen la posibilidad de darle a la bola en el centro de la pista, de pronto piensan: «Es muy fácil, no puedo fallar», y prefieren jugar sobre seguro, limitándose a devolver la pelota por encima de la red. Y yo digo: «¿Por qué? ¿En qué estarán pensando?». Ese es precisamente el momento de jugar con agresividad y arriesgarse. Es un tiro fácil que ofrece una recompensa fácil. ¡No lo dejes escapar!

¿La lección? No te amilanes cuando la bola te venga apta para un remate, pero no intentes anotarte un golpe ganador cuando conviene dar continuidad al intercambio de golpes.

Los *amateurs* suelen mostrarse cautos cuando deben ser agresivos y agresivos cuando deben ser cautos. (Lo mismo les ocurre con las bolas altas: se quedan parados y dejan que la bola los supere, para luego intentar un gran tiro desde la nada. No hay que hacer eso. Basta con dar unos pasos hacia atrás y devolver una bola neutral, que bote tanto como la anterior.)

Quizá te hayan enseñado a no replegarte nunca. Pues yo digo que te repliegues y juegues una bola neutral, a la espera de tu oportunidad. Cuando veas que te llega esta oportunidad —como una bola en el medio de la pista—, adelántate y arriésgate. Federer puede ser capaz de anotarse un golpe ganador desde cualquier punto del estadio, incluso desde el puesto de hamburguesas, pero los aficionados deben ser más realistas al analizar los riesgos y las recompensas.

Mi última lección se inspira en una fuente improbable para el tenis: Metallica, mi grupo de música favorito, y su batería, Lars Ulrich, que es amigo mío. (Su padre, Torben, fue uno de los mejores tenistas profesionales de Dinamarca en los años cincuenta y los sesenta, y quizá el tipo más ecléctico que ha participado nunca en el circuito.) Lars y cada uno de los miembros de Metallica siguen de gira por el mundo dando conciertos ante grandes multitudes, a pesar de que ya no son unos adolescentes. Pero su pasión continúa siendo enorme. Lars frisa los cincuenta años y, aun así, se entrega cada noche: suda la camiseta y le da a los platillos como nunca en su vida. Colectivamente, no dan nada por hecho y en el escenario se dejan la piel. Como Rafa, dan un millón por ciento.

¿La lección? En el tenis y en la vida, cuando hagas algo que amas, aprécialo y respétalo dejándote la piel. Nunca lo des por sentado, porque pronto no lo tendrás. El tiempo es cruel. Sé agradecido cada vez que salgas a la pista. Créeme, yo lo soy. Si tienes la suerte de practicar tenis, deberías reconocer que es un privilegio poder salir a la pista y jugar.

También doy las gracias por poder comentar en televisión el tenis del siglo XXI alrededor del mundo. El tenis es una escalera mecánica en permanente movimiento: los jugadores, la tecnología, los golpes, las pistas, las raquetas, las pelotas. Adoro formar parte de todo eso. Hay una sola cosa que extraño: sentirme nervioso. Me encantaba despertarme a las tres y media de la mañana, ansioso por un partido que me tocaba afrontar como jugador o como entrenador.

No hay nada como esos nervios y la excitación que implica saber que dentro de unas horas dos hombres entrarán en un estadio y uno solo saldrá vencedor. Trabajar para la televisión es genial. Diseccionar el estilo de los jugadores y hablar de estrategia es divertido, pero no se puede comparar con estar en el *ring*, con los nervios que se sienten antes del combate. Eso sí que es divertido.

Por eso jugar a tenis es grandioso, no importa el nivel al que lo practiques. Un aficionado puede sentir tanta excitación como profesional. Espero que *Ganar feo* te proporcione una cuota de excitación adicional en el siglo XXI, aportándote más destrezas mentales para convertirte en mejor jugador. Créeme, no estás muy lejos de derrotar a esos jugadores que suelen ganarte. Este libro te cuenta cómo. ¡Buena suerte!

PREFACIO A LA PRIMERA EDICIÓN
¿Ganar feo?

«¿Cómo demonios gana este tipo? ¡Le pega a la pelota como un cavernícola que hubiera descubierto una raqueta!» Esa es la incrédula opinión que escuché durante la final del torneo de San Francisco, mientras Brad Gilbert se enfrentaba a Anders Järryd y finalmente le ganaba para adjudicarse el título y 32 000 dólares. El premio fue parte del millón y medio de dólares que obtendría al cabo del año. Mi reacción me sorprendió. Como uno de los miles de aficionados que estaban ahí para ver al héroe de nuestra ciudad (Brad vive muy cerca de San Francisco, en San Rafael, California), no me gustaba que lo criticaran. Sin embargo, debía admitir que la referencia al cavernícola no era del todo inapropiada. Brad tiene un estilo único.

Me hizo pensar. ¿Por qué gana? ¿Cómo lo hace para vencer a jugadores como Boris Becker, que supuestamente son mejores que él? Las apariencias engañan, y con Brad (cuyo estilo se ha llegado a describir como «feo») las apariencias son más engañosas que con nadie. Ganó una cantidad acumulada de más de cinco millones de dólares en premios por su participación en torneos del circuito. Se mantuvo entre los diez primeros de la clasificación mundial durante cinco años y alcanzó su mejor posición, el cuarto puesto, en 1990. Es medallista olímpico y durante varios años representó con éxito a Estados Unidos en la Copa Davis. Brad Gilbert fue uno de los tenistas más importantes de la ATP a lo largo de casi diez años. Y todo por ser capaz de ganar a jugadores a los que, según los expertos, no debería haber derrotado. ¿Cómo lo hace?

A Brad el éxito le llegó porque es una persona pensante. En tenis es el mejor del mundo en lo que al aspecto mental del juego se refiere. Lo que los espectadores ven son sus golpes, y esos golpes no siempre son bonitos. Lo que la gente no ve son las elucubraciones mentales que lo conducen a la victoria, lo que pasa por su cabeza antes, durante y después de un partido. La mayoría de los jugadores son mentalmente perezosos en la pista. Brad usa esto en su beneficio y cree que tú puedes hacer lo mismo. Él utiliza cada segundo de un partido para descubrir la manera de sacar ventaja. Sin atributos físicos reseñables o golpes fuera de lo común, Brad gana porque supera a sus rivales en pensamiento y planificación.

En su libro *El juego interior del tenis*, Tim Gallwey se centra en el hemisferio derecho del cerebro, es decir, en el proceso intuitivo. Brad pone el foco en el hemisferio izquierdo, el que se ocupa del proceso analítico. Gallwey persigue el placer de jugar. Brad persigue el placer de ganar. Gallwey se interesa por el «juego interior». Brad se interesa por lo que está ocurriendo delante de él y por sacarle provecho.

Ganar feo te cuenta cómo hacer lo mismo en tus partidos de tenis. Brad describe su fórmula para obtener el máximo rendimiento de tus virtudes. Y funciona. Al escribir el libro con él, aprendí mucho de una parte del juego a la que nunca había prestado atención: el aspecto mental. Y mi juego mejoró, como mejorará el tuyo.

Después de poner en práctica la fórmula de Brad, si alguien te acusa de «ganar feo», limítate a responder: «Gracias. He estado trabajando en eso».

STEVE JAMISON

MCENROE: UN MAESTRO PIERDE FEO

John McEnroe estaba viviendo su peor pesadilla. Solo que no era una pesadilla. Era el Masters, en el Madison Square Garden, frente a miles de sus fans de Nueva York, tan leales como ruidosos. Esa noche, McEnroe, defensor del título y número dos del *ranking*, se fue dando cuenta de que iba a perder contra un tipo que no le caía bien y cuyo tenis despreciaba. Ese tipo era yo. Una humillación, por eso echaba humo.

Sus ojos lo delataban. Tenía la mirada de un chico que acaba de prender fuego al gato del vecino: asustada y perversa. En su cara destacaba ese ceño fruncido típico de McEnroe, lleno de odio. En un cambio de lado me gruñó: «Gilbert, ¡no mereces estar en la misma pista que yo!». Estaba perdiendo la cabeza. Nos cruzamos a pocos centímetros y, por si no lo había entendido, añadió: «Eres el peor. ¡El peor!».

McEnroe continuó cuesta abajo: se quejó del sensor electrónico de las líneas y en el segundo set discutió con un espectador y recibió una advertencia disciplinaria por su conducta, de «obscenidad manifiesta». Estaba completamente fuera de sus casillas. Se gritaba a sí mismo, lanzaba la raqueta, no paraba de echar pestes y se mofaba del público (¡sus propios fans!). Por momentos parecía estar al borde de un colapso nervioso.

Estaba jugando uno de sus mejores partidos. Sin embargo, resultó que el tipo que no merecía compartir una pista con él ganó en tres sets durísimos. En realidad, dos sets durísimos, porque el tercero fue un paseo: 5-7, 6-4, 6-1. Cuando se disputó el punto de partido, John era un gatito indefenso. Pero aquello no fue el final.

Más tarde, McEnroe soltó una bomba: anunció su «retirada» del tenis a los veintisiete años. ¡Y en parte me culpó a mí! «Cuando empiezo a perder con jugadores como él ["él", un servidor], tengo que reconsiderar qué demonios estoy haciendo practicando este deporte.» Si pensaba que me iba a sentir insultado, se equivocaba. De hecho, me encantó. En los siete partidos anteriores solo le había ganado un set. Ese triunfo en el Masters fue glorioso. Demasiado glorioso por lo que sucedió después, pero ahí no acaba la cosa, como luego se verá.

El banco no piensa que yo juegue feo

John McEnroe y yo nunca fuimos lo que se dice grandes amigos. Supongo que eso ocurre cuando dos personas no se caen bien. Él pensaba que mis golpes eran malos. Yo pensaba que él tenía una mala actitud. Pero la verdad es que a McEnroe no le faltaba razón. Sobre el papel, no debía perder conmigo. Como tampoco Becker, Agassi, Connors, Chang, Edberg, Courier, Forget, Sampras, Stich, Wheaton y un montón de otros tipos con mejores golpes que yo y con una habilidad natural muy superior a la mía.

Por suerte para mí, los partidos de tenis no se juegan sobre el papel. Se juegan en la pista. Y como se juegan ahí, he sido capaz de ganar a esos y a otros jugadores y embolsarme por ello cinco millones de dólares. En 1991 era el octavo jugador en la lista de los tenistas que más dinero habían recaudado en toda la historia. Si a esa cantidad se le suman los ingresos por patrocinios y por los partidos de exhibición que llegaron tras esos triunfos, en 1993 había amasado ocho millones de dólares. ¿Gané feo? Díselo a mi cuenta bancaria.

Todo ello ocurrió porque calculé la manera de maximizar mi talento y mis destrezas, y así he aumentado mis probabilidades de ganar. Por eso he llegado a derrotar a jugadores que supuestamente son «mejores» que yo. Tú puedes hacer lo mismo. Saca a relucir lo mejor de ti. Juega mejor que tus rivales, aunque estos ejecuten mejores golpes que tú.

Un nuevo yo un 20 % mejor

Para empezar, quiero decirte algo sobre tu juego. La manera de lograr el mayor progreso en el menor tiempo posible es entender y aprovechar mejor las *oportunidades de sacar ventaja* que se presentan en cada partido. Las grandes oportunidades y las pequeñas oportunidades. Sobre todo, las pequeñas oportunidades, porque son aquellas que los otros tenistas desatienden por ignorancia o por pereza. Si a eso quieres llamarlo «ganar feo», estupendo. Desarrolla tu poder de observación y análisis y luego usa esa información, y tus oportunidades de ganar crecerán como poco un 20 %.

El tenista con el cerebro muerto: el jugador inconsciente

La mayoría de los jugadores de fin de semana, los tenistas aficionados, tienen el cerebro muerto en la pista. Salen a jugar sin un plan, no piensan. Le dedican al tenis el mismo estudio y consideración que a saltar a la comba. Por eso se les puede ganar. Entre dos jugadores con un nivel similar, quien esté más alerta y aproveche mejor la dinámica y las oportunidades que se le presenten antes, durante y después del partido seguro que se alzará con la victoria.

Se supone que el tipo que conduce el vistoso deportivo debería llegar el primero a la meta. Pero yo apostaría mi dinero a ese mecánico lleno de grasa que se presenta con un coche normal y corriente modificado y conoce cómo dar vueltas a la pista. Lo mismo ocurre con el tenis. Los golpes bonitos están bien. Pero en este juego hay mucho más que eso.

El tenis inteligente es un proceso de tres pasos

1. Reconoce tu oportunidad.
2. Analiza tus opciones.
3. Capitaliza la oportunidad usando la mejor opción.

Reconoce. Analiza. Capitaliza. Estos principios se aplican antes, durante y después del partido a todos los aspectos del juego: mental, físico y emocional. También concierne al equipamiento. ¿Un ejemplo? La oportunidad se presenta enseguida con el giro de la raqueta. Solo tienes que reconocerla. En función del rival y de las condiciones, deberías elegir y capitalizar la opción adecuada.

En los clubes de tenis y en las pistas públicas, el 85 % de las veces se toma la decisión incorrecta. Más adelante te contaré cómo sacar el máximo provecho de esa situación. Es un elemento pequeño en el partido en su conjunto, pero te brinda una oportunidad. Solo debes saber qué hacer al respecto.

Y hay muchas otras oportunidades que un jugador inteligente utiliza en su beneficio para sacar ventaja. Estoy convencido de que, si reconoces y aprovechas esas oportunidades de manera suficiente y las veces suficientes, es muy probable que ganes.

> «No creo que juegue tan bien. Pero lo compensa con su habilidad mental.»
>
> DAVID WHEATON,
> después de caer derrotado ante Brad Gilbert

A diferencia de saltar a la comba, un partido de tenis no empieza con el primer saque y termina con el último punto. El tenis comienza fuera de la pista, continúa con la rutina previa y el partido, y sigue después de ganar (o perder) el último punto. Los jugadores inteligentes saben cómo prepararse correctamente para un partido y, una vez inmersos en la lucha, cómo controlar las emociones. Saben cómo pensar en el transcurso del juego, cómo evitar los tiros que implican un riesgo innecesario en un momento inapropiado. Los tenistas perspicaces observan lo que ocurre en el partido y procesan la información. Saben cómo capitalizar lo que saben.

Por supuesto, todo esto requiere disciplina, compromiso y esfuerzo. Lo menciono porque la mayoría de los jugadores ponen toda la carne en el asador para mejorar un golpe determinado. Toman clases, se ejercitan con la máquina lanzapelotas, van al frontón y practican bajo un sol abrasador. Sangre, sudor y lágrimas, el lote completo. Después de haber mejorado el golpe que trataban de perfeccionar, no gastan ni un minuto en descubrir cómo usarlo con el máximo provecho. Trabajan duro, pero tienen el cerebro muerto.

Más adelante describiré las oportunidades que debes tomar en cuenta, las opciones que tienes y el modo de capitalizarlas desde la previa hasta después del partido. Cómo prepararte mental y físicamente para la batalla en la pista. Cómo jugar ante diferentes estilos. Cómo reconocer las dinámicas que importan durante el partido. Cómo manejar la presión y cómo mentalizarse. Y más aspectos del tenis.

Son los fundamentos de lo que aprendí desde que empecé en el tenis juvenil hasta que alcancé el top 5 de la clasificación mundial y conseguí tener una cuenta bancaria que nunca había soñado. Y tú puedes aplicarlos a tu juego. Algunos son obvios; otros, no tanto. Algunos podrás aplicarlos a tu juego y otros no. Pero todos se centran en el aspecto más ignorado del tenis: la parte mental. Empecemos por lo que viene antes del principio.

I

LA VENTAJA TEMPRANA: EL PARTIDO EMPIEZA ANTES DE QUE EMPIECE

«Brad Gilbert no me parece gran cosa.»

John McEnroe

I

LA PREPARACIÓN MENTAL: LA VENTAJA PREVIA AL PARTIDO

Cuando me convertí en profesional: joven e inocente

Una de las primeras lecciones que aprendí cuando en 1982 me convertí en profesional fue la enorme ventaja que se puede conseguir antes de que el partido empiece. Vi claro que para los mejores jugadores del mundo el partido comenzaba mucho antes del primer saque. Llegaban listos para jugar y querían agarrarme del cuello lo antes posible.

Como miembro de los equipos de tenis de Foothill Junior College y de Pepperdine, me gustaba llegar y ponerme a jugar. Poco a poco iba cogiendo el ritmo mental y físico del partido durante el primer set. Muchas veces me salía bien porque mi rival hacía lo mismo. ¿O acaso tú no afrontas los partidos de la misma manera?

Pero en el circuito profesional no resultó buena idea. Un comienzo lento no funcionaba ante McEnroe, Lendl, Connors y algunos de los veteranos. Para cuando alcanzaba el ritmo adecuado, el partido ya estaba a punto de terminar. Una vez perdí los primeros dieciséis puntos de un partido. Se acabó tan rápido que después ni siquiera necesité darme una ducha. Fue brutal. Aprendí por las malas.

Los mejores jugadores ya venían con la expectativa de merendarse al bueno de Gilbert. Ansiaban darme el primer bocado desde el momento en que tenían conocimiento de que yo formaba parte del menú. ¿Cuatro o cinco partidos para que se les abriera el apetito? Llegaban hambrientos. ¿El plato principal? Gilbert glaseado.

Estar un par de roturas abajo, sin ritmo, plan ni continuidad, me ponía en una desventaja demasiado grande. Los jugadores más inteligentes del circuito me aplastaban con regularidad. Sabían algo que yo no sabía.

Empieza el partido antes de que empiece

Lo que descubrí observando, escuchando y perdiendo fue muy simple. Los tipos que se llevaban el dinero se centraban en su objetivo (yo, por ejemplo) incluso antes de que lo tuviesen a la vista. Los más inteligentes repasaban de manera consciente e inconsciente la información sobre su futuro rival desde el momento en que sabían quién les había tocado en suerte. Querían sacar ventaja lo antes posible y de todas las formas posibles. Uno de los mejores modos de hacerlo era afrontar el partido con una buena preparación mental. Y eso significa una preparación mental temprana.

¿Cuándo comienza el calentamiento?

Te voy a decir cuándo no comienza el calentamiento. No comienza cuando llegas a la pista. Tal vez sea así para tu rival, pero no debería serlo para ti. Un jugador inteligente empieza a preparar el partido *de camino a la pista*, si no antes. El calentamiento debería seguir en el vestuario y, después, en la pista.

El calentamiento comienza en el *cerebro*. La mente suele ser la última parte que se activa (si llega a activarse). Los jugadores hacen estiramientos de manera incorrecta durante un minuto, pegan un par de *drives*, hacen tres saques y dicen: «Empecemos». Apenas calientan el cuerpo, pero aún dedican menos atención a la preparación mental. Desperdiciar la mente es terrible, y los tenistas lo hacen todo el tiempo.

Acostúmbrate a evaluar a tu rival y a pensar en el partido antes de llegar a la pista. Si vas en coche, ese es el lugar donde comienza el calentamiento. Si vas a pie, entonces el camino es el lugar para hacerlo. No importa dónde, *el calentamiento empieza mientras te diriges a la pista.*

En mi caso, puede comenzar incluso antes. La víspera por la noche me quedo en la habitación del hotel pensando en el partido del día siguiente. Juego puntos en la cabeza. Me veo ejecutando golpes ganadores. Visualizo puntos que he jugado contra mi próximo rival en el pasado. Me veo probando tiros específicos contra ese jugador. Es como ponerse un vídeo con fragmentos del partido. A la mañana siguiente continúo el proceso.

Ese pequeño calentamiento de cinco minutos que se ve en la tele antes de un partido del circuito profesional resulta engañoso. Parece que salimos a la pista con esa bolsa enorme al hombro, peloteamos un par de minutos y empezamos el partido. Para muchos de nosotros, el proceso lleva en marcha todo ese día: dándole a la bola, estirando, soltándonos, sometiéndonos a una sesión de masajes y, sobre todo, haciendo un repaso mental.

La lista de tareas mentales previas al partido

Más allá de haber perdido o ganado ante mi rival en un enfrentamiento anterior, pienso en las razones de que tal cosa sucediera. ¿Cómo le gané? ¿Qué hace con su selección de tiros y su patrón de juego? ¿Ataca o es un jugador defensivo? ¿Tiene un buen saque? ¿Cómo son sus devoluciones? ¿Cometí errores el último partido? ¿Qué clase de errores y por qué? ¿Cuáles son sus mejores tiros? ¿Y los peores? ¿Me forzó a hacer algo que me incomodaba? ¿Empieza a tope y después juega con cautela en los momentos de más presión? ¿Fue un partido ajustado? ¿Los puntos fueron cortos o largos? Repaso todo lo que concierne al juego de mi contrincante (así como a sus golpes y tendencias de tiro).

También es importante considerar la «personalidad» del juego de tu rival. ¿Qué hace para influir en el ambiente o en el ritmo del partido? ¿Es lento entre un punto y otro? ¿Suele mostrar sus emociones? ¿Protesta mucho? ¿Es bueno cuando va ganando y no tanto cuando va por debajo en el marcador? ¿Te dedica unas palabras en los cambios de lado para sacarte del partido, como McEnroe intentó hacer conmigo? ¿Llega siempre diez minutos tarde? ¿Apresura el calentamiento para empezar a jugar lo antes posible?

Prepárate mentalmente para los «ingredientes» que algunos jugadores traen consigo. A mí me gusta estar preparado mental y emocionalmente para afrontar el juego veloz de Andre Agassi o el ritmo deliberadamente metódico de Ivan Lendl. Quiero estar listo para los estallidos temperamentales de Connors o McEnroe, o para las caras de póquer de Michael Chang o Jim Courier. Supone una gran diferencia, porque controlo mejor mi propio plan de juego, mi ritmo y aplomo si conozco de antemano lo que puede ocurrir al otro lado de la red. Confía en lo que te digo, porque puede marcar la diferencia, como verás más adelante.

El plan de juego

Este proceso de análisis me lleva a otro proceso de una importancia similar, el de planear mi estrategia:

1. ¿Qué quiero hacer que suceda en el partido?
2. ¿Qué quiero evitar?

Al evaluar a mi oponente, empiezo a consolidar mi propio enfoque del partido. Mientras repaso su estilo de juego y sus golpes, preparo mi plan básico de juego. Si la última vez mi rival me destrozó el revés, pienso en cómo evitar que ocurra de nuevo. Si su saque es débil, tomo nota mental de ello y le doy vueltas al modo de sacar tajada. Planeo un enfoque específico para ese jugador específico. Todo esto *ya antes de verme las caras con él en la pista.*

Calibra tu brújula

Tu cuerpo tratará de hacer lo que la mente le diga. En el análisis previo, programas la mente para que le transmita al cuerpo la información correcta una vez que comienza el partido y todo se precipita bajo presión. Estableces el trayecto que quieres tomar para llegar a tu destino. El destino es el triunfo.

En su forma más básica, un plan de juego evoluciona a medida que respondes a las siguientes preguntas:

1. ¿Cuál es la mejor arma de mi rival?
2. ¿Cuál es su punto débil?
3. ¿Cuál es mi mejor golpe y cómo puedo utilizarlo para atacar el punto débil de mi rival?
4. ¿Cómo puedo mantener a mi rival lejos de mis puntos débiles?

El esfuerzo previo a un partido crea una brújula mental. Sabes adónde quieres ir y cómo vas a llegar a tu destino. Puede haber desvíos en el camino, el rival puede darte algunas sorpresas, puedes sentirte perdido, pero la ruta básica ya está en tu cabeza y la brújula mental se encarga de que mantengas el rumbo. (En las páginas siguientes contaré cómo este procedimiento me ayudó a vencer a Boris Becker y a Jimmy Connors de dos maneras distintas.)

Aunque te enfrentes a los mismos jugadores una y otra vez (a tus amigos del club), es importante que vuelvas a concentrarte en ese jugador específico ese día en particular. Enfoca la mente en ese jugador. Jugar tan seguido con un mismo oponente puede resultar incluso ventajoso para trazar un plan y para refinar tus tácticas, porque cuentas con mucha más información. Ahí es cuando el asunto empieza a ponerse interesante.

Observa a los jugadores del circuito. Los grandes intentan entrar en el partido a buen ritmo, porque saben que, por lo general, un buen comienzo marca la tónica del encuentro. Mantener a tu rival a raya desde el principio lo obliga a luchar por alcanzarte. A veces se recuperará, pero otras muchas no lo conseguirá. Y eso es lo que quieres. Quieres forzarlo a pensar lo antes posible: «A lo mejor hoy no es mi día». Esto puede suceder muy temprano en un partido. Tu preparación y visualización previas pueden convertirte en aquel al que el otro quiere alcanzar.

Estarás pensando: «Brad, ¡dame un respiro! Tengo una vida. No puedo estar pensando todo el tiempo en tenis». Te doy la razón. Pero hablo de menos de diez minutos de atención camino al partido y, luego, del esfuerzo de ajustarse a un plan de juego. Quizá solo quieras ponerlo en práctica ante rivales a los que les tengas ganas. Si te das la oportunidad de empezar bien, también te estarás dando la oportunidad de terminar bien. Por eso vale la pena un poco de atención extra.

Déjame llevarte a mi propia preparación mental, tal como la uso antes de los partidos importantes.

La preparación en el circuito: Becker y Connors (diferentes golpes para diferentes tipos)

Cuando me mentalicé en serio de que debía aprovechar las oportunidades previas a un partido, empecé a ganar más a menudo. Cuando mi rival en los octavos de final del US Open fue Boris Becker, mi repaso mental antes de entrar en el vestuario de Flushing Meadows fue el siguiente:

Becker puede atacar mi débil segundo saque. Sabe cómo explotarlo con el máximo efecto en el devenir del partido. Esta es una manera elegante de decir que se relame ante esa posibilidad. Por eso no debo cederle muchos segundos saques. Lo que significa que debo ser más consistente con el primero, hacer lo posible para no tener que sacar por segunda vez. Tendré que darle a la bola con menos potencia, correr menos riesgos, y la recompensa será no brindarle oportunidades con mi segundo saque.

Además, quiero servir sobre su *drive*, ponerlo a prueba y forzarlo a fallar algunos tiros de fondo. ¿Por qué? Sé que Boris tiene un gran *drive*, es el ancla del resto de su juego. Si comienza a fallar, lo demás también puede sufrir un bajón. Se suele frustrar cuando su *drive* no cumple con sus expectativas.

He aprendido (y me lo digo de nuevo en el repaso mental previo al encuentro) que cuando empieza a fallar del lado del *drive*, el resto de su juego se tambalea. Y entonces la emprende a insultos en alemán consigo mismo. Por eso quiero ser preciso al servir sobre su *drive*, aunque sin ser demasiado ambicioso, limitándome a sacar con un alto porcentaje dentro.

También tengo que evitar que imponga su ritmo. Boris gana cualquier batalla cuando se trata de ver quién le pega más fuerte. Sin ritmo, insiste en pegarle duro y a menudo se pasa de revoluciones. Sobre todo del lado de su *drive*.

Antes de salir a la pista repaso todo eso en mi cabeza. Me digo a mí mismo que debo intentar jugar abierto atacando con inteligencia el *drive* de Boris. Sé por nuestros enfrentamientos anteriores que, cuando hago eso (con el servicio o desde mitad de la pista), él tiende a devolverla cruzada hacia mi *drive*. Si la bola se le queda corta, probaré con mi mejor tiro, el *drive* ofensivo, paralelo y sobre su revés. Luego subiré a la red situándome cerca del pasillo de dobles.

Así pues, mi plan de juego al servir debería ser el siguiente: sacar abierto hacia el *drive* de Becker. Buscar la oportunidad de ejecutar un *drive* ofensivo sobre su revés. Por último, subir a la red manteniéndome cerca del pasillo de dobles. Esa es mi combinación 1-2-3.

Según mi experiencia en partidos anteriores, al poner en práctica esa combinación entran en juego dos elementos. Antes que nada, Boris va a cambiar su empuñadura de *drive* (por debajo de la raqueta) por la del revés (un poco por encima de la raqueta) mientras se mueve a todo galope del lado de iguales al de la ventaja. En el pasado me he percatado de que no le sale muy bien. Es solo un pequeño fallo técnico que aparece de vez en cuando. En cualquier caso, si hace el cambio de empuñadura y consigue un buen tiro, tiende a jugar en paralelo. No todo el tiempo, pero es su primera opción.

Busca vídeos de Boris y fíjate bien. Comprobarás que, en efecto, ese es su golpe preferido. ¿Qué pasará si lo lleva a cabo? Si yo me encuentro cerca del pasillo de dobles, bingo: volea de *drive* a campo abierto. Ante Boris he empleado con éxito esa combinación de golpes muchísimas veces.

En cuanto a su servicio, pienso: «Boris tiene un saque fenomenal. No te obsesiones. Limítate a devolver la pelota, procurando que juegue una o dos bolas extra por punto. Mantén la pelota en juego. Esa es la clave ante Becker: hacerle jugar una bola extra una y otra vez. Entonces puede que se sienta frustrado, y eso es justo lo que yo quiero. Por supuesto, si empieza a encadenar tiros ganadores, tendré un problema. Persiste y haz lo posible para mantener la pelota en juego, sin perder la paciencia. No trates de precipitar las cosas».

Partiéndome el lomo por Boris

También pienso en la «personalidad» de la competición y del rival que tengo enfrente. Boris Becker es un purasangre. Su condición física, su potencia y sus movimientos son tan puros que podrían intimidar a cualquiera. Es grande y juega a lo grande. Siempre me mentalizo antes de medirme con Becker: «No te dejes impresionar. No permitas que su presencia te abrume. Centra la atención en tu plan de juego y no en el suyo». Tengo que hacer eso o asistiré a una exhibición de Becker y acabaré dándome por vencido. (Esto es importante para tu tenis. No te dejes impresionar hasta después del partido. Nunca lo hagas antes.)

Quiero que él me vea partiéndome el lomo, devolviendo todas las pelotas. Quiero demostrarle que voy a disputarle cada punto de cada juego, aunque eso suponga alargar el partido una semana. Quiero hacerle creer que nunca me rendiré. Quiero que tenga la sensación de que no voy a tirar la toalla. Que soy un tipo tenaz. Frente a alguien como Michael Chang, eso no tendría mucha importancia. Pero contra Becker puede ser crucial. Se le agota la paciencia si se estiran los puntos, los juegos y el partido.

Sé que si pierde la paciencia empezará a fallar porque intentará terminar por la vía rápida. Me he preparado mentalmente para el juego de Becker, resuelto a explotar tanto sus inclinaciones como sus debilidades físicas y emocionales.

Mi repaso mental y plan de juego para enfrentarme a Becker

1. Mejorar mi porcentaje de acierto en el primer servicio. No intentar *aces* o golpes ganadores con el saque. No permitir que vea muchos segundos saques.
2. Sacar sobre su *drive* con regularidad. Buscar la devolución cruzada en corto. Atacar golpeando la bola en paralelo. Situarme cerca del pasillo de dobles.
3. Forzarlo a cometer errores con su *drive*. Romperle el ritmo. Repito: romperle el ritmo.
4. No obsesionarme con mi resto. Devolver la pelota, sin más. Hacer que tenga que golpear la bola más veces de lo esperado.
5. Trabajar duro cada punto. Hacer que corra. Boris suele impacientarse.
6. No impresionarme con nada de lo que haga. Dejar que golpee la pelota todo lo fuerte que quiera. ¡Pero que deba hacerlo una y otra vez! Intentar en todo momento que tenga que ejecutar un golpe más.
7. Boris puede frustrarse si las cosas no salen como él espera. Debe estar en la pista más tiempo del que tenía pensado. Si empieza a gritarse en alemán, significa que su juego se está tambaleando.

¿Funciona? Sí. ¿Funciona todo el tiempo? Sí. No ganarás siempre, por supuesto. Pero mi procedimiento aumentará tus probabilidades de ganar siempre. Y eso es todo lo que yo procuro hacer cuando juego, aumentar mis probabilidades de ganar.

US Open de 1987, pista Grandstand
Becker vs. Gilbert
Octavos de final

Ante Becker he puesto en práctica este plan y se ha mostrado muy efectivo. Sobre todo, en los octavos de final del US Open de 1987. En ese momento él era el número cuatro de la clasificación mundial y yo luchaba por meterme en el top 10.

Boris me pasó por encima con un 6-2 en el primer set y después ganó la muerte súbita del segundo. Se puso 3-0 arriba en el tercero. Yo estaba muy cerca de un punto de no retorno, y Boris lo sabía. Podría haber cerrado el partido muy pronto.

Boris rezuma tal confianza que a menudo logra que su rival deje de creer en sí mismo. Su cabello se vuelve más colorado. Sus pestañas se ponen tan blancas que casi desaparecen en contraste con su pálida piel. Es físicamente más grande que yo y sus movimientos hacen que parezca más grande todavía. Lo rodea un aura de pureza atlética que puede palparse al otro lado de la red. Tiene una presencia imponente. Cuando va por delante en el marcador, la confianza de la que hace gala va más allá de la arrogancia. Con su lenguaje corporal te está diciendo que sabe que es mejor que cualquier otro tenista. Excepto que yo no creía tal cosa.

El tercer set continúa conmigo al servicio. Logro ponerme 3-1, para mantenerme dentro del partido, pero soy consciente de que si Boris gana su saque se pondrá 4-1 y la historia se habrá acabado. Pero entonces comete un grave error mental. Boris parece tener un lapsus en su concentración. Al servicio se muestra demasiado relajado, casi aletargado. Me regala algunos puntos por doble falta y de pronto me veo sirviendo con 3-2 en el marcador. En mi mente albergo esperanzas por todo lo que sé (y he repasado) acerca de Becker. De repente vislumbro un modo de ganar. Te explico cómo.

Nuestro partido vespertino se había postergado por la lluvia. Por eso empezamos muy tarde y en condiciones extremas de calor y humedad. La temperatura ese lunes en Nueva York rondaba los 32 grados. En la pista Grandstand la sensación era de 100. Era como estar jugando un día de bochorno en la selva, una selva con aviones volando a baja altura por encima de nuestras cabezas cada cinco minutos. Costaba concentrarse.

A pesar de que no me gusta el calor, sentí que ese elemento podía jugar a mi favor. Unas semanas antes le había ganado a Boris en Washington con unas condiciones climáticas similares, después de que se derrumbara en el último set. Sabía que, si de algún modo me las apañaba para arrebatarle ese tercer set, el efecto en él podía ser muy negativo. Quizá Boris pensaría en nuestro partido anterior, con un calor húmedo similar, y en lo que había ocurrido.

Creí que él ya había asumido que me ganaría en tres sets. Si le robaba ese set después de que estuviera tan cerca de ganar el partido (dos sets arriba y 3-0), se enfadaría consigo mismo. Y si lograba prolongar el partido en esas condiciones, se enfadaría mucho consigo mismo.

Y yo sabía lo que eso podría significar. Para mí, fue una gran motivación. Sinceramente, sentí que tenía la oportunidad de meterme en la mente de Boris y ponerle nervioso. Y esa oportunidad existía porque yo estaba muy abajo en el marcador. O, si vamos al meollo del asunto, porque Boris estaba tan cerca del triunfo que ya podía saborearlo.

Si era capaz de hacerle sentir que las cosas empezaban a alargarse con ese calor y esa humedad de Grandstand, la calidad de su juego se desmoronaría porque la calidad de su pensamiento haría lo propio. Lo había visto antes. Me dije a mí mismo que, si me llevaba el tercer set, tendría ocasión de ganar el partido. ¿Sonaba demasiado optimista? He aquí lo que pasó.

Con 3-2, conservé el servicio para empatar a 3. Llevamos dos horas y media de partido. Yo he ganado tres juegos consecutivos, y eso capta su atención. Defendemos nuestros respectivos servicios, pero Boris se muestra cada vez más disgustado e irritable. En dos oportunidades grita algo en alemán. Me digo en broma que la traducción es: «Me queman los pies. Quiero meterlos en hielo». Boris acelera el ritmo, como si quisiera terminar por la vía rápida.

Está perdiendo la compostura. Los dos conservamos el servicio otra vez. Y otra. De pronto estamos 6-6 y con otro *tie-break* por disputar.

Boris parece recomponerse y consigue enseguida un *mini-break*. Saca con 2-1. Es exactamente el lugar donde yo no quería estar: un *mini-break* abajo en una muerte súbita que me puede mandar a casa. Pero Boris juega dos puntos que resultarán cruciales para el devenir del partido, por cómo van a afectar al marcador y a su compostura.

Sacando tras el 2-1 en la muerte súbita, Boris comete una doble falta. Me meto de nuevo en el partido sin haber movido la raqueta siquiera. Es un grave error por su parte, creo que por culpa de la impaciencia, por haber forzado un poco las cosas. Quiere terminar el trabajo demasiado rápido. Perfecto.

Entonces se produce otro momento crítico con 2-2. Boris saca y sube a la red. Al moverse hacia su derecha (a pocos centímetros de la red), se resbala y cae de bruces. Lo veo caer, así como su frenética lucha para levantarse, y entonces lanzo un globo cruzado de revés para obligarlo a correr hacia la línea de fondo. No llega, porque otra vez sus pies resbalan y su cuerpo se estrella en la pista. Esta vez no se levanta.

Becker yace boca abajo, desgañitándose en alemán. La caída ha sido tan dura que su reloj de oro le ha resbalado desde la muñeca hasta los dedos. Está furioso consigo mismo y con lo que sucede en la pista. Se levanta sobre una rodilla y suelta otro grito terrible. Nadie en el tenis tiene un alarido tan temible como Becker cuando pierde el control. Es el sonido de la pura angustia. A mis oídos suena como música celestial. Boris se está desmoronando.

Arriba 2-3 en la muerte súbita, vuelvo a servir sobre su *drive*. El resto de Boris impacta en la red, y de inmediato suelta otro grito desgarrador. Esta vez no puedo oírlo. Un avión gigantesco pasa por encima de nuestras cabezas y tapa cualquier otro sonido. Es una sensación muy extraña. La pista vibra con el ruido del avión. Puedo ver a Boris gritando, pero no oigo nada excepto el ensordecedor sonido del avión. Boris golpea con violencia la raqueta contra el suelo. Yo sé muy bien que se siente como si se estuviera ahogando y no supiera nadar. Por mucho que se obstine, Boris solo siente que las cosas van de mal en peor.

Es interesante lo mucho que pueden afectarte las distracciones cuando estás en racha. El calor, la humedad, el increíble ruido blanco de los aviones, a mí nada me molestaba. Pero cuando estás luchando como lo estaba haciendo Boris, es imposible mantener la atención. Las distracciones te machacan. La mente se descompone. Solo quieres irte a otra parte.

Sirvo con 4-5 a mi favor en la muerte súbita. Recuerdo que mi plan de juego consiste en atacar su *drive*. Y eso es lo que hago. El tiro de Boris se va a la red. Punto de set para mí, y otra vez decido servir sobre su *drive*. ¡Y de nuevo su resto se va a la red! La táctica funciona de maravilla.

Me las he arreglado para ganar la muerte súbita y, de esa manera, el set por 6-7 (4-7). La marcha de Boris hacia la victoria se retrasa. Sigo vivo. Más que vivo. Sé que puedo ganar.

La cuarta manga es muy dura, pero mi juego se mantiene firme. Nada llamativo: hago exactamente lo que había planeado. Me rompe el servicio, pero luego se lo rompo yo a él. Boris está insatisfecho, pero entiende que, aun así, no está lejos de mandarme de vuelta a California. Yo me mantengo en liza, tirando hacia su *drive* cuando me es posible y probando con éxito aproximaciones a la red hacia su revés. Boris no encuentra el ritmo, yo no se lo permito. No le dejo ver muchos segundos servicios. Tengo paciencia.

Entonces ocurrió algo que yo no esperaba. En todo el complejo donde se jugaba el US Open empezó a correr la voz de que Boris Becker estaba pasándolo mal. El estadio se llenó de gente procedente de la pista en la que se estaban enfrentando John McEnroe y Andrés Gómez. Y esos aficionados querían ver más tenis. Para darles esa satisfacción, yo tenía que ganar el cuarto set. ¡La multitud que llegaba a Grandstand estaba de mi lado! Me alentaba en cada golpeo. Aullaba cada vez que yo corría tras la pelota y sudaba la gota gorda en lo que era una verdadera sauna. Les encantaba. Como a mí.

Becker estaba afectado. Los largos aullidos y lamentos en alemán prosiguieron: «Me queman los pies. ¡Quiero meterlos en hielo!». Para mí, fue como una inyección de adrenalina. Sabía que, si Boris perdía el control, me adjudicaría la victoria. Boris estaba cada vez más frustrado. De encontrarse a dos puntos de llevarse el partido (cuando saqué en el tercer set con 5-4 para él y 30-30) y clasificarse para cuartos de final, pasó a tener un montón de trabajo por delante. Y en condiciones climáticas que hasta un camello odiaría.

Con 5-5, Boris amenaza con romperme el servicio. Lo intenta dos veces y fracasa. A duras penas, pero el caso es que conservo el servicio. Boris se dispone a sacar con 5-6 a mi favor. Nos dirigimos a nuestras sillas para el cambio de lado. Decido cambiarme la camiseta para tomar un pequeño impulso mental poniéndome algo fresco y seco. Y empiezo a trabajar con mi pensamiento, a repasar mi plan de juego: «Mantente alerta. No regales puntos fáciles. Haz que se mueva y sigue golpeando sobre su *drive*. ¡Que cometa errores!».

De fondo empiezo a oír un sonido entre la multitud. Eso me rompe la concentración. Alzo la vista y veo a dos adolescentes corriendo por un pasillo de las gradas. Agitan banderas de Estados Unidos y el público se contagia: «USA! USA! USA!». Se oye cada vez más fuerte. Los aficionados están comprometidos de verdad. «USA! USA!» Miro al rincón donde están sentados mis familiares y mi entrenador, Tom Chivington. Se han puesto de pie y no dejan de animarme. La emoción que corre por Grandstand es electrizante. Se me pone la piel de gallina a más de 32 grados de temperatura. Estoy entusiasmado, lleno de confianza.

Volvemos a la pista con Boris sirviendo y 5-6 a mi favor. La multitud está enfervorizada. Boris saca cuatro veces. No gana un solo punto. ¡Le rompo el servicio dejándolo a cero y gano 5-7 el set! La gente ruge y se pone en pie para darme una ovación: «USA! USA!». Ondean más banderas. De pronto estamos dos sets iguales. Empate, ¿verdad? Error.

Yo ya he ganado. El partido no ha concluido, pero yo ya he ganado. Miro de reojo a Boris y puedo ver que está acabado. Su energía ha desaparecido. Sus ojos están exánimes, sin un asomo de chispa o fuerza para seguir luchando. Su lenguaje corporal me dice que ese día ya no presentará batalla.

No se trata de una cuestión física sino mental. Boris es un superatleta y está en plena forma. Lo que se había debilitado era su determinación. Boris estaba frustrado con el partido. Solo quería marcharse de allí. Justo lo que pensé que ocurriría.

Comienzo del quinto set. Sirvo yo. Y otra vez Becker no es para mí ninguna amenaza. Conservo el servicio con facilidad. Boris solo gana dos puntos en dos juegos. Ya lo tengo encarrilado. Le rompo el servicio, conservo el mío, se lo vuelvo a romper y otra vez conservo el mío. Estoy 0-5 arriba y solo me ha llevado diez minutos. Al menos lo sentí así de rápido. Boris se las ingenió para conseguir un juego, pero perdió 1-6.

El partido había durado cuatro horas y diecisiete minutos con un calor y una humedad agobiantes: una sauna. A pesar de que el partido se había programado para la tarde, eran casi las diez de la noche. Había perdido tres kilos. Pero estaba entusiasmado; podría haber corrido un maratón. Jimmy Connors se ocupó de «desentusiasmarme» dos días después en los cuartos de final. Pero no me arrebató ni un ápice del orgullo de haberle remontado el partido a Becker después de ir dos sets abajo. Hasta entonces el tenista alemán nunca había perdido tras haber ganado los dos primeros sets.

La preparación previa da resultado

Muchas cosas me salieron redondas ese día, pero solo fui capaz de sacarles provecho porque antes del partido me había preparado para hacer frente al estilo de juego y al temperamento de Boris Becker. Cuando me tuvo contra las cuerdas, vi la manera de ganarle porque entendía su juego y su temperamento. Había salido a jugar el partido con una *sólida preparación mental*. Sabía qué quería que ocurriera y qué no. Parte de eso tenía que ver con los golpes y con la estrategia, pero también con la personalidad, tanto con la mía como con la de mi rival. Esa preparación me sirvió cuando la necesité.

Cuando la situación se volvió desesperada, tuve una brújula mental que me mantuvo en la brecha y me mostró la manera de meterme otra vez en el partido. En lugar de dejarme arrollar y resignarme a perder, me convencí de que había una manera de ganar.

Boris es un caballero. Más tarde, esa misma noche, fui a una discoteca de Manhattan llamada The Heartbreak [El Corazón Roto], en Varick Street. Cerca de la medianoche sentí que alguien me tocaba en el hombro. Era Boris. Me felicitó por el triunfo y hablamos del partido mientras nos tomábamos una cerveza. Me dijo que odiaba esas condiciones climáticas de tanto calor y humedad. Le dije que a mí me encantaban. Me dijo que se tenía que hacer algo con el asunto de los aviones que sobrevolaban las pistas durante los partidos. Le dije que me encantaban esos aviones. Bromeó un poco y me dijo que la próxima vez yo no sería tan afortunado. Cinco meses más tarde le gané en el Masters en el Madison Square Garden. No había aviones, calor ni humedad.

Cada jugador es único, pero ¡Connors no admite comparación!

Ante Jimmy Connors, mi «autovisualización» o análisis previo al partido y mis conclusiones son de un cariz completamente distinto, porque su juego y su personalidad difieren mucho de los de Becker. Sobre todo, debo aislarme de los elementos externos. En este caso no son el sol ni el viento, sino el caos que él puede crear con el público y las autoridades. Jimmy trata al público como si él fuera un director de orquesta y ellos, los músicos. Logra que hagan lo que él quiera.

En los momentos importantes, Jimmy consigue de pronto que catorce mil personas enloquezcan, lo animen solo a él y la emprendan con su oponente (a saber, yo) armando un gran alboroto. Es de esperar, así que me impongo ignorarlo. Forma parte de su plan de juego. Pero, como verás, ante Connors todo esto es más fácil decirlo que hacerlo.

(Si Jimmy hubiese estado en el lugar de Becker en el partido del US Open que acabo de describir, se habría servido del público para desestabilizarme cuando empecé a remontar el partido en el tercer set. Y cuando me puse arriba en la muerte súbita, doy por hecho que habría sacado parte de su «inventario» para interrumpir mi buena racha: una discusión con un juez de línea, un insulto, algo por el estilo. Nunca habría permitido que me encaminara tan fácilmente hacia el triunfo.)

Para jugar contra Jimmy, planeo lanzar golpes cortados sobre su *drive* (yo lo llamo «cortar en rodajas la carne asada»). Nada de pegarle duro. El objetivo es que la pelota le bote más baja. Sé que cuando impacta en la línea de saque, Connors tiende a devolverla con un *drive* cortado. Es lo que espero. Quiero estar listo para adelantarme, romperla y subir a la red.

El resto de Connors también requiere una consideración especial antes del partido. El tenista de Illinois hace gala de uno de los mejores restos de la historia. Su especialidad es aprovechar los buenos servicios en contra para armar una jugada. Se las ingenia para devolver la bola y mantenerla en juego. La pelota destinada a convertirse en un *ace* o en un golpe ganador te llega de vuelta porque Jimmy se empeña en dar continuidad al punto. Sin embargo, no necesariamente resta en busca de un golpe ganador. Sus restos, eso sí, son siempre fantásticos y, además, es capaz de pegarle a la bola con una determinada dirección (ubicándola en un lugar desde donde no puedas lanzar tu mejor tiro).

De inmediato te arrebata la ventaja que tenías al servir y la convierte en una desventaja. Y lo hace gracias a su gran intuición. En la mayoría de las ocasiones adivina adónde irá la pelota, de modo que hasta el mejor servicio obtiene respuesta.

Pero lo más importante es que *su devolución no es un resto ganador*. Eso me permitirá intentar un golpe ganador o alguna maniobra que produzca una devolución más débil de mi primer servicio. En caso de que Connors adivine mis intenciones, la bola me vendrá de vuelta. Si no es así, yo ganaré el punto. Y si yo fallo el primer saque, sé que él no me obligará a tragarme el segundo, como hace Becker.

Esto cambia por completo mi estrategia de saque. Al quitarle presión a mi segundo saque, Jimmy me permite jugar el primero con mayor libertad. Sé que un servicio que ante cualquier otro jugador sería un *ace*, con Jimmy me vendrá de vuelta. Pero no dejaré que me sorprenda. Ese es el elemento que Connors siempre lleva a la fiesta. Si permites que te moleste, terminas aflojando en el primer saque o intentando pegarle cada vez más fuerte.

Mi plan es hacer grandes saques y esperar que me los devuelva. No me preocupa sacar el segundo si fallo el primero.

La verdad es que mi segundo saque le molesta (como pronto verás). Jimmy ama el ritmo. Se alimenta de él. Mi segundo saque es liftado. Estoy convencido que le molestará un poco, porque le romperá el ritmo. Así que no me preocupa tener que sacar segundos servicios: Connors (al contrario que Becker) no me los hará pagar caro.

Mi repaso mental y plan de juego para enfrentarme a Connors

1. Esperar que Jimmy manipule al público en momentos clave. Estar preparado para la interrupción y mantener la cabeza fría.
2. Arriesgar con el primer saque. Si fallo, no me atacará en el segundo.
3. Atacar su *drive* con un tiro cortado.
4. No le gustan las bolas flojas. Pegarle sin fuerza.

Masters 1987, Madison Square Garden
Connors vs. Gilbert

Connors y yo nos enfrentamos en el Masters de 1987 pocos meses después de que él me venciera en los cuartos de final del US Open, tras mi remontada ante Becker en cinco sets. Ninguno de los dos estaba por entonces en muy buena forma. Yo había jugado cuatro torneos en cuatro continentes diferentes en cuatro semanas. Jimmy arrastraba un fuerte catarro.

Sin embargo, llegué al partido concentrado y muy motivado. Sobre todo, por el deseo de resarcirme de mi derrota anterior, una de las más duras que había sufrido. Sentía que, si me ajustaba a mi plan de juego, podía ganarle.

Salí con todo y llegué a ponerme 6-4, 4-1. Pensé que podía llegar a cerrar rápido el partido, y hasta Jimmy parecía darme la razón. Su actitud en el segundo set era absolutamente desacostumbrada, daba la impresión de estar haciendo el payaso. En un punto jugué con un ángulo muy abierto y él frenó su carrera solo al llegar a las gradas, y entonces empezó a bromear con el público (le cogió un pañuelo a un chico y se sonó la nariz). La gente se lo estaba pasando en grande. Unos minutos después se enfadó y empezó a tocarse la entrepierna (un movimiento que Michael Jackson le copió). El público se divertía y lo animaba. Pero también parecía que Jimmy estaba sufriendo los efectos del catarro; por momentos, daba la impresión de que le faltaba el aire.

Entonces, con 5-3 en su contra en la segunda manga y un set abajo, cuando Jimmy se dispone a sacar, se da la vuelta y le dice a un espectador situado a su espalda: «Tengo a Gilbert justo donde quería». Una gran sonrisa se dibuja en su rostro. El público rompe a reír y le aplaude: «*Jimbo, Jimbo!*». A mí también me gusta todo eso, claro. Supongo que Connors está cansado y se sabe fuera del partido, y que antes de irse quiere divertir un poco a sus fans. Craso error.

La siguiente vez que miro el marcador, vamos 5-5. Ha mantenido su servicio y ha roto el mío. Se ha camelado al público y me ha atrapado. Esta vez sin armar ningún alboroto, sino con un clima más distendido que ha cambiado el tenor del encuentro. No me lo puedo creer, pero se las ha ingeniado para descentrarme. Con sus gracias me ha hecho pensar que estaba acabado, y yo he perdido el foco. Darme cuenta de eso es un *shock*, tengo que espabilar. Ambos conservamos el servicio y nos vamos a la muerte súbita.

Sabía que estaría en problemas si íbamos a una tercera manga. El público empezaba a ser un factor decisivo, algo que en un tercer set le daría ventaja. Revisé mi plan: «Mantener la bola en juego. Romperle el ritmo. Hacer que intente golpes ganadores. Nada de florituras. Hay que ganarle enseguida».

Y lo hice. Connors desaprovechó la ocasión incluso tras ir 5-3 en el *tie-break*. Empatamos a 5 después de que fallara dos voleas de revés. Era mi turno. Intenté un gran servicio y se me marchó lejos. Mi segundo saque fue un golpe liftado, y la devolución de Jimmy impactó en la red. Él odiaba los tiros de baja estofa (¿recuerdas mi estrategia de saque?).

En el punto de partido intercambiamos un largo peloteo. Entonces lanza un golpe profundo de aproximación sobre mi revés. Pero estoy bien plantado y le devuelvo un golpe ganador para llevarme el partido. Su remontada no se ha consumado. El resultado final, 6-4, 7-6 (7-5). Jimbo había sacado a relucir su magia para meterse al público en el bolsillo y equilibrar el partido, pero esa vez no había sido suficiente. Sin embargo, como verás más adelante, no siempre fui tan afortunado.

Connors es un especialista a la hora de darle la vuelta a la tortilla cuando va por detrás en el marcador. Frena tu ímpetu de diferentes maneras y, descentrándote, hace que te desvíes de tu plan de juego. Intenta que juegues en sus propios términos, no en los tuyos. Puede hacerlo gastándole bromas al público, como aquella vez. O puede usar la intimidación y el coraje para tomar el control del partido.

En el Masters de 1987 me di cuenta de lo que pasaba antes de que fuera demasiado tarde. Me había adelantado siguiendo mi plan de juego y no perdí la concentración. Cuando Jimmy me «desenfocó» con éxito, fui capaz de volver sobre mis pasos porque estaba firmemente comprometido con mi táctica. Era muy sólida gracias a la planificación y al repaso mental previo al partido. Reparé en que no eran mis golpes los responsables de la remontada de Jimmy, sino mi mente y el hecho de que se hubiera debilitado.

Totalmente grandes, totalmente diferentes

Tenemos entonces a dos grandes jugadores, Becker y Connors, con juegos, estilos y temperamentos muy diferentes. Enfrentarte a ellos requiere una atención especial, un plan específico de juego y una actitud que trato de consolidar incluso antes de vernos las caras el día del partido.

Uno saca el máximo provecho de mi débil segundo servicio. El otro no. Uno orquesta a la multitud. El otro no. Becker se frustra si ve que el partido se le está escapando. A Connors le encanta estar con un pie fuera, hasta el punto de odiar que esa situación termine. Boris tiene un enorme primer saque y un gran segundo saque. Jimmy no tiene ni uno ni otro.

Antes de verme las caras con mi rival, yo he repasado concienzudamente nuestro historial de enfrentamientos, su juego y mi plan para el partido. He repasado mentalmente y con exactitud qué quiero hacer que pase. Y sé muy bien qué quiero evitar a toda costa. Sé adónde quiero ir y cómo llegar. El nadador Nelson Diebel dijo después de haber ganado la medalla de oro en Barcelona 92: «Una buena preparación mental es tan importante como una buena preparación física». Es cierto en todos los deportes, especialmente en el tenis.

Ese proceso al que me someto para plantar cara a Becker y a Connors (o a Lendl, Chang, Courier u otro jugador) es exactamente lo que deberías hacer: prepararte mentalmente para tus propios Becker y Lendl. Si eres inteligente, no pienses que por jugar un tenis de principiantes, intermedio o avanzado las ventajas no suman. Yo creo que suman incluso más. Ahora te lo explico.

Los tipos con los que juego me estudian tanto como yo a ellos. También son maestros a la hora de no dejarme hacer lo que yo pretendo hacer. Tú no tienes ese problema. Muchos de tus rivales son mentalmente perezosos antes y durante el partido.

Depende de tu nivel de juego, pero es probable que no te encuentres ni una vez al mes con un jugador que se tome en serio tu juego y sepa cómo explotar tus debilidades. Además, su modesto nivel de habilidades tenísticas lo hace vulnerable a cualquier jugador que sea bueno sacando tajada de las oportunidades que se le presentan. Una buena preparación mental temprana es una oportunidad a la espera de que la aproveches.

Debes estar listo para jugar cuando sea el momento de jugar

En la planificación y visualización tempranas, tu subconsciente empieza a extraer información de otros partidos. El cerebro comienza a tocar botones y a sintonizar el programa para ese jugador en concreto. Es difícil hacerlo con el partido ya en marcha, porque hay muchas otras cosas que empiezan a suceder. Necesitas establecer esa brújula mental antes de que el partido dé inicio, como un punto de referencia fiable que te permita tomar un rumbo ganador.

Adquiere ese nuevo hábito. Tu partido empieza antes de que el partido empiece, en tu coche o en casa, cuando repasas con calma lo que sabes de tu rival y planificas cómo usar esa información. No requiere mucho tiempo, pero hazlo antes de llegar a la pista. Para cuando el primer punto está en juego, tú ya «has jugado» con tu rival y estás metido en el partido.

La importancia de la preparación previa al partido (y un poco de juego sucio)

He aquí un gran ejemplo (aunque un poco extremo) de la tremenda ventaja que para un jugador promedio significa una buena preparación previa al partido y la desventaja de no llevarla a cabo. Cierto jugador del Club de Tenis de San Francisco se preparaba mentalmente, tenía un buen tono físico y conocía algunas argucias para enfrentarse a un tipo al que solo le interesaba llegar y ponerse a jugar. Pues bien, ocurrió lo siguiente.

Era un partido importante (le gustaba apostar cien dólares por set ante determinados jugadores), y llegó a la pista con una hora de antelación. Había pasado tiempo leyendo sus notas (sí, tenía anotadas las conclusiones a las que había llegado tras los partidos anteriores) y repasando su plan de juego. Después, hizo unos estiramientos para desentumecerse por completo.

Terminó los ejercicios de calentamiento incluso antes de que su rival llegara a las instalaciones. El «tramposo» peloteó media hora con uno de los profesores del club y, a baja intensidad, practicó los golpes que le causaban más problemas. Después volvió al vestuario para cambiarse de ropa.

Una vez revisado su plan de juego, así como sus notas, y tras los estiramientos y un gran trabajo de calentamiento, ya con el equipamiento del partido, era hora de regresar a la pista, ¿verdad? En absoluto. Era el momento de la fase final de su argucia. Se aseguró de llegar diez minutos tarde, se excusó por la demora y sugirió hacer un calentamiento más breve.

Por supuesto, su adversario se enfadó por el retraso y quiso empezar lo antes posible. Así lo hicieron. Y el incauto terminó por pagar el dinero correspondiente a su derrota por dos sets a cero. Se habría ahorrado doscientos dólares si se hubiera anticipado al comportamiento de su rival y se hubiera preparado de manera adecuada. Pero cayó en la trampa. No tenía plan, sistema, nada. Dejó que el otro jugador se hiciera con el control porque él no estaba preparado.

Lo más interesante de lo que hizo el «tramposo» es que todos sus pasos (excepto el hecho de llegar tarde) respondían a una excelente preparación. Cualquier jugador debe prepararse el partido a conciencia. Ese último giro de simular que llegaba tarde fue quizá innecesario (por no mencionar la falta de deportividad), porque ya le sacaba una buena ventaja a su rival tras haber hecho todo lo demás. Tú puedes regalarte la misma ventaja que él.

Tener el «deseo» de ganar

A la mayoría de los jugadores de tenis recreativo, ganar no les importa mucho, se dan por satisfechos con llegar al partido y perseguir un par de pelotas. Los jugadores aficionados, por lo general, corren demasiado, pero se quedan cortos a la hora de pensar. Esta descripción probablemente se ajuste a muchas de las personas con las que juegas. Si es así, tienes suerte, porque puedes sacar ventaja de su pereza mental para ganar más a menudo. Pero solo si te preocupa ganar y estás dispuesto a mentalizarte para hacerlo, solo si activas tu cerebro desde el primer instante. Hazlo, y la primera ventaja será tuya, de modo que disfrutarás de muchos puntos de partido.

Paso siguiente: tu mente está lista; ahora, asegúrate de que tu equipamiento también lo está.

2

LAS HERRAMIENTAS ESENCIALES: CÓMO EL EQUIPAMIENTO TE AYUDA A GANAR

¿QUÉ LLEVAN LOS PROFESIONALES EN ESAS BOLSAS TAN GRANDES?

> «De niño, Bradley no era muy bueno con las tareas domésticas, como limpiar su cuarto o lavar los platos. Parecía no saber cómo hacerlo.»
>
> ELAINE GILBERT, madre de Brad

Incluso el jugador que entiende la importancia de conseguir una pequeña ventaja (y de hacerlo con frecuencia) puede subestimar el rol que tiene el equipamiento de tenis para ganar partidos. La mayoría de los jugadores creen que para jugar basta con llevar zapatillas de tenis, calcetines, pantalones, camiseta, ropa interior deportiva y la raqueta. Con eso ya se sienten preparados, y hasta confían en que su rival se ocupará de llevar las pelotas. Un jugador que de verdad quiere vencer va más allá de lo elemental, y esa lista que acabo de dar es lo elemental.

El tenista profesional que se toma en serio los partidos se asegura de que el equipamiento con el que se presenta en la pista no solo le ayude, sino que además no le haga daño. Se preocupa de que cada uno de los elementos que pueda necesitar durante un partido esté a su alcance cuando llega a la pista. Por los intereses que hay en juego, los profesionales se aseguran de no olvidarse nada de lo que pueda hacerles falta. A ese nivel no hay bromas que valgan. Si perder no te hace ninguna gracia, haz lo mismo que ellos.

Mi esposa Kim piensa que me paso de la raya cuando preparo la bolsa antes de un partido. Dice que me convierto en un obseso. Llevo lo mismo para un entrenamiento que para un partido. Soy muy meticuloso y me preocupo de tenerlo todo en orden. En cierto sentido, mi bolsa es mi oficina. Mis necesidades son específicas y probablemente diferentes a las tuyas, pero aquí va la lista del equipamiento que me aseguro de llevar conmigo en el momento de llegar a la pista. Tal vez coincidas con mi esposa cuando la leas.

Mis herramientas esenciales

La bebida energética secreta: agua

El agua es la mejor bebida energética que existe. Pero, como suele ser gratis, la gente no la aprecia. Yo llevo agua y tomo agua. Y la tomo durante los partidos. A veces he perdido por no hacerlo. Por eso procuro tener siempre agua a mano, tanto en los entrenamientos como en los partidos, y beber a menudo. No solo cuando tengo sed, sino de manera constante a lo largo del entrenamiento o del partido. Evito tener sed. Cuando se tiene sed, la deshidratación ya ha hecho estragos en el cuerpo. Así que siempre llevo agua y bebo con frecuencia. Evito así la pérdida de potencia muscular y de coordinación que se sufre cuando uno comienza a deshidratarse.

Me aseguro de tener siempre agua disponible. Llevo incluso mi propia botella, por mucho que en los lugares donde juego me proporcionen agua y otras bebidas. Cuando tienes tu propia botella cerca de la silla, es más probable adquirir el hábito de darle un sorbo a menudo. En las dos horas previas al partido me tomo sin falta el equivalente a dos o tres vasos de agua, y más en los días calurosos.

La deshidratación daña el juego, incluso antes de que sepas qué ocurre. Por eso es vital tomar agua durante el partido. Es uno de los aspectos «obvios» que muchos jugadores aficionados pasan por alto. La próxima vez que veas un torneo, observa a los profesionales. Comprobarás que toman un sorbo de agua en el primer cambio de lado. ¿Porque están sedientos? No. Por seguridad. ¿A que no esperas a tener vacío el depósito de combustible para volver a llenarlo? Entonces no esperes a tener la lengua colgando para volver a tomar agua.

También me alejo de las bebidas carbonatadas. El agua es lo mejor. Y aquí va una regla de oro: toma agua antes del partido para protegerte en el primer set. Toma agua durante el primer set para protegerte en el segundo set. En otras palabras, toma agua antes de que la necesites.

Alimentos energéticos

¿Has oído hablar de los «bajones de azúcar»? Ocurren cuando caen los niveles de azúcar en sangre y de pronto te flaquean las piernas. Puede pasarte en el peor momento y sin previo aviso. La solución es simple: come algo. Pero antes de comer algo tienes que haberte preocupado de haber llevado algo contigo. Yo nunca doy por sentado que habrá comida disponible en la pista. He tenido demasiadas sorpresas. Así que me la llevo de casa.

En mi caso, fruta. Al menos, un par de plátanos, que son fáciles de digerir. Buena energía al alcance de la mano. ¿Barritas energéticas? Los nutricionistas no son muy partidarios. Dicen que a un chute de azúcar le sigue una rápida pérdida de energía. Yo no lo sé. Si fuese cierto, habría que asegurarse de tener varias barritas. Cuando la energía de una se te acabe, come otra. En cualquier caso, lleva algo. Me permito decirte lo siguiente: en caso de que necesites un impulso, una barrita de cereales es mejor que nada. Y no des por hecho que habrá una máquina expendedora o un quiosco cerca de la pista. Porque, cuando lo necesites, estará vacío.

Raquetas de repuesto

Aparte de romperte una pierna, nada te dejará fuera de combate tan rápido como romper una raqueta o una cuerda. Los profesionales cargan con muchas raquetas, hasta ocho o nueve. Seguramente pensarás: «¿Quién puede romper ocho o nueve raquetas?». Salvo McEnroe, nadie más. Pero hay más cuestiones involucradas.

Por supuesto, las raquetas de repuesto son importantes en caso de que rompas alguna. Pero yo también llevo raquetas con distinta tensión en las cuerdas. Algunas más sueltas y otras más rígidas. Si un día el control de los golpes es un problema, pruebo con un encordado más tenso para tener un mayor control. Si, en cambio, el rival me supera en potencia, elijo uno con menos tensión, para darle más fuerte a la pelota con el mismo golpe.

¿Y tú? Deberías llevar dos raquetas como mínimo. Solo un jugador descuidado (o puede que uno muy tacaño) no se preocupa por disponer de dos raquetas iguales para un partido entero. Algunos jugadores cargan con una segunda raqueta como si fuese un neumático de repuesto: usada, gastada, para salir del paso. No querrás simplemente salir del paso en un partido de tenis porque la raqueta buena ha perdido una cuerda. Dos es lo mínimo. Si te puedes dar el lujo de tener una tercera raqueta con una tensión diferente, adelante, no escatimes. En algunas situaciones te salvará el partido.

Esparadrapo o tiritas

Llevo una cantidad de esparadrapo suficiente para envolver a una momia. Quiero estar seguro de que si me sale una ampolla no me sacará del partido ni lo hará todo más difícil. Tengo los pies delicados y no me hace ninguna gracia parar cuatro o cinco veces por culpa del dolor. Lo soluciono en un segundo con un esparadrapo.

Calzado de repuesto

Turf toe [dedo de césped] suena como un caballo que acaba octavo en el Derby de Kentucky. Nada que ver. Es el término en inglés que designa la uña del dedo pulgar del pie cuando empieza a desintegrarse por chocar constantemente contra la zapatilla al jugar a tenis. Primero se desintegra y después se infecta. Te ahorraré más detalles, pero el dolor es insoportable. Es como tratar de comer palomitas de maíz con un absceso dental: una tortura. Sufría ese problema y lo solucioné retirando la uña con una cirugía. Decidí que no quería que me molestara nunca más. Pero en los días en que era un problema, cambiaba de calzado en cuanto empezaba a molestarme. Me ponía una zapatilla un número más grande, para que el pulgar no chocara con la puntera.

Las zapatillas nuevas también pueden causar ampollas y dolores. Nunca se sabe cuándo un par de zapatillas ejercerá una fricción incorrecta en los pies. Si vas a correr una buena cantidad de minutos durante un partido, un par de zapatillas nuevas que no se adaptan a tus pies se convierten en un problema doloroso. Me ocurrió en la final del torneo de Stratton Mountain en 1987, ante Jim Pugh. Por lo que fuera, el dedo meñique de mi pie derecho empezó a latir en cuanto frenaba de repente. Era como un dolor de muelas. Y no dejaba de empeorar. Mi rival estaba con una rotura arriba y 2-5 en el primer set.

En ese momento me di cuenta de que si se mantenía la situación, tendría problemas (de hecho, ya los tenía). Aunque me las arreglara para jugar a pesar del dolor, las molestias me distraían de forma mayúscula. Saqué de la bolsa una vieja zapatilla del pie derecho que llevaba de repuesto y me la puse durante un cambio de lado. Me ayudó. No perdí ningún otro juego el resto del partido y me impuse 7-5, 6-0. Recibí un cheque de 114 000 dólares con una zapatilla impecable y la otra maltrecha. Después, empecé a pensar en esa vieja zapatilla como la zapatilla de la suerte: me serviría en caso de necesitar un empujón mental. Todavía conservo mi vieja zapatilla derecha de 114 000 dólares.

Por lo general, estreno un par de zapatillas nuevas caminando por casa un par de semanas antes de calzármelas en la pista de tenis. Cuando tienes un problema en los pies como el que yo sufría, debes ser cauteloso con lo que te pones. En Stratton Mountain se me olvidó. Por suerte, tenía una bolsa bien equipada.

Calcetines de repuesto

Llevo calcetines transpirables para prevenir las ampollas. Cuando el pie se humedece por la transpiración, empieza a deslizarse dentro de las zapatillas, y eso puede ser un problema. Ocurre porque el calzado de tenis es algo más grande que el común, para darle más espacio al pulgar. Cuando los pies empiezan a deslizarse hacia delante dentro de las zapatillas, la cosa se pone fea.

En los días de mucho calor me cambio de calcetines durante el partido para prevenir las ampollas. Además, el cambio me da un pequeño empujón psicológico al vestir nuevamente algo seco. En un partido de larga duración, cuando quiero «cargar» la mente, me cambio de calcetines. Es una pequeña acción, pero me ayuda a concentrarme de nuevo y a decirle al cuerpo que me mantengo en la brecha.

Pomada antiinflamatoria

¿Tienes más de treinta y cinco años? ¿O menos de treinta y cinco años y juegas demasiado al tenis? En algún momento, algún músculo se te inflamará, especialmente después de un torneo. Hay muchos productos indicados para tratar los dolores musculares. Algunos huelen mejor que otros. Algunos funcionan mejor que otros. Encuentra uno que no huela mal y que te dé buenos resultados. Yo me aplico una pomada antiinflamatoria antes de empezar e incluso durante un partido o un entrenamiento siempre que siento alguna molestia.

Me he dado cuenta de que, a medida que pasan los años, más la uso. Primero me compraba el tubo. Después, el frasco. ¿Lo venderán en baldes? La pomada antiinflamatoria es una solución rápida para poner remedio a una contractura muscular o a un dolor de espalda. La uso antes y después de jugar. Funciona.

Ibuprofeno

El Ibuprofeno elimina los dolores. Yo tomo dos pastillas antes de los partidos y dos más cuando termina. Ayuda a relajar los músculos y las articulaciones.

Pastillas con electrolitos

En los días de mucho calor me preocupa la posibilidad de sufrir un calambre. El agua reduce las probabilidades de padecer uno, pero en caso de empezar a sentirlo tomo pastillas con electrolitos. Son efectivas y trabajan rápido. Michael Chang las podría haber usado en los cuartos de final de Roland Garros de 1989 contra Lendl. Se acalambró y apenas podía caminar. Por suerte para él, ese imprevisto desarmó la mente de Lendl. De hecho, podemos plantearnos una pregunta interesante: ¿habría ganado Chang ese inolvidable partido si el calambre no lo hubiera obligado a cambiar abruptamente de estrategia? Tal vez sí, tal vez no.

Empuñaduras

Las empuñaduras se empapan y a veces se aflojan en el transcurso del partido. No me gusta cambiar de raqueta por ese motivo, así que siempre llevo algunas empuñaduras de repuesto. Uso una empuñadura fabricada por la Rocky Mountain Sports Company. Es de un material parecido al de las toallas, solo que en tiras para envolver el mango de la raqueta.

Dejando a un lado su efectividad, las empuñaduras se han convertido para mí en un amuleto. Llevo años usándolas y he ganado mucho dinero. Cuando me enteré de que la empresa dejaba de producirlas, me preocupé. Me di prisa para comprar las quinientas que le quedaban en *stock*. Calculo que me durarán bastantes años.

Si juegas con intensidad y usas empuñadura, lleva siempre de repuesto.

Cordones

Tienes razón, ya me estoy poniendo paranoico. Pensarás: «Madre mía, ¿también lleva tirantes de repuesto?». No, pero ahora que lo mencionas...

Protector de cuerdas

Prolonga un poco la vida de las cuerdas. Cuando empiezan a deshilacharse, aplico el protector para no tener que cambiar de raqueta. Detesto cambiarla si me está funcionando. Una vez que estoy cómodo con algo, tiendo a usarlo hasta que se hace trizas. Y eso ocurre con las raquetas, las zapatillas, los calcetines, los cordones y las cuerdas.

Una gorra con visera

Siempre llevo una en la bolsa, porque a veces juego al aire libre. Durante años usé una vieja gorra raída de los Oakland Athletics. Antes tuve una de los Raiders.

Toallas

El sudor es el mecanismo que utiliza el cuerpo para enfriarse, pero también puede ser un problema. Con las manos transpiradas puede resbalarse la empuñadura cuando le pegas fuerte. Si la transpiración te entra en los ojos, dejas de ver bien. Secarse la cara, el cuello, los brazos, las manos y las piernas ayuda con creces al proceso de enfriamiento corporal. Las toallas también son geniales para otras cosas. En un partido de exhibición en Asia se me rompieron los pantalones y las autoridades me rodearon con toallas mientras me cambiaba.

También uso la toalla para algo que no guarda ninguna relación con el sudor. En los cambios de lado, me la pongo sobre la cabeza para aislarme. Me ayuda a concentrarme en lo que ocurre en el partido. Es como una minioficina. Habrás observado que muchos profesionales lo hacen como un método de reclusión casero. Hace desaparecer al público, a los jueces, al otro jugador; lo elimina todo de un plumazo. La toalla es importante si quieres sentarte y tener una pequeña charla contigo mismo.

Hielo

No me refiero al de verdad, sino al hielo artificial, que se puede llevar en la bolsa. Lo activas en caso de necesidad. Esto significa que cuando te tuerces un tobillo o sufres un tirón, lo puedes enfriar de inmediato. Pero cuidado: si lo aplicas durante demasiado tiempo, te puede quemar.

Cintas para el sudor y muñequeras

Son como minitoallas, pero de gran importancia, porque salen contigo a la pista y las puedes usar al instante.

Camisetas secas

Llevo camisetas de repuesto en la bolsa por varias razones. Por descontado, cuando la camiseta se me empapa, me la cambio enseguida. Pero también cuando las cosas no van bien (o cuando quiero un pequeño impulso). Una camiseta seca me distrae por un momento y me ayuda a darle un vuelco a la situación. Es un pequeño nuevo comienzo.

Caramelos

Otra vez, algo a lo que me he acostumbrado a modo de estímulo. Algo familiar que me relaja. No será del agrado de dentistas y nutricionistas, pero también los llevo siempre en la bolsa.

Lápiz y papel

A veces, en un entrenamiento, se me ocurre una idea acerca de un golpe o del modo de vencer a un rival de una manera más efectiva. La escribo de inmediato. Algunas ideas son de gran valor y caen en el olvido si no se anotan en el momento oportuno.

Gafas de sol

Siempre llevo un par cuando me toca jugar al aire libre y la luz directa del sol es un problema. Las gafas lo reducen considerablemente.

Todo esto es lo que un jugador del circuito lleva en la bolsa cuando lo ves con semejante carga antes de un partido: ocho o diez raquetas, comida, caramelos, empuñaduras, calcetines, camisetas, toallas, agua o zumo, cordones, todo lo necesario. Mi esposa dice que mi relación con la bolsa es como la de un niño con su mantita preferida. Pero sé muy bien que al menos una vez he necesitado todos los artículos con los que siempre cargo a cuestas.

La lista de tareas antes del vuelo

Antes de despegar, un piloto revisa una serie de tareas para asegurarse de que el avión está listo para volar, ya que una vez que las ruedas dejen de estar en contacto con el suelo será demasiado tarde. Pero, al hacer tal cosa, el piloto se mentaliza para el trabajo que tiene por delante. Su mente se concentra en los puntos específicos de la lista, pero también en el inminente vuelo. Preparar la bolsa es mi «lista para el vuelo»: me ayuda a meterme en el partido que voy a jugar.

Te recomiendo que prepares bien la bolsa si quieres ganar el partido. Conviértelo en un proceso deliberado. Es parte de mi enfoque NTP: No Te Precipites. Sales ganando de dos maneras: te aseguras de tener todas las herramientas necesarias para afrontar cualquier circunstancia en el transcurso del partido y, además, empiezas con un esquema mental correcto, centrado en el tenis.

Puede parecer que estoy exagerando, pero en absoluto es así. ¡Quiero ganar a toda costa! Cuando hay dos millones de dólares en juego, como en un torneo que jugué en Alemania, no hay que permitir que una ampolla, un calambre, el hambre, una raqueta rota, las cuerdas, las empuñaduras o los calcetines empapados, los cordones o cualquier otra cosa afecten a tus honorarios. No dejo nada al azar.

Pensarás: «Si yo jugara por dos millones de dólares, también llevaría un par de calcetines de repuesto. Pero juego para divertirme». Es cierto. Pero *ganar es mucho más divertido.*

A los jugadores que entreno siempre les digo que, si realmente no les importa ganar o perder, que no lleven el resultado del partido. Quien no ve ninguna diferencia entre ganar o perder debe de ser un pobre infeliz. Esa persona debería ver a un doctor para que le tomara el pulso.

Tu lista de equipamiento

Los requisitos diarios básicos

Para ti, la lista quizá sea más corta, pero esto es lo que deberías llevar a una pista de tenis cuando vas a jugar un partido.

1. **Agua.** Que no se te olvide. Bebe sorbos durante el partido. No esperes a tener sed. Toma agua también antes del partido.
2. **Dos raquetas.** Es lo mínimo. Y recuerda alternarlas entre partido y partido. Así te durarán más. Si juegas mucho, lleva una tercera raqueta con la tensión de las cuerdas algo más floja y una cuarta más rígida.
3. **Comida energética.** Fruta. Una barrita de cereales. Algo para un chute de azúcar.
4. **Pomada antiinflamatoria.** Si tienes más de treinta y cinco años, déjate de bromas. ¿Por qué sufrir? Lleva cualquier cosa que te ayude a jugar sin dolor.
5. **Ibuprofeno.** Ídem.
6. **Hielo químico.** Para contracturas musculares, torceduras de tobillo y problemas varios. Cuanto antes te apliques hielo, más rápida será la recuperación.
7. **Toallas.** Solo si transpiras. Y úsalas como tu propia cámara de aislamiento cuando quieras concentrarte. Póntela

sobre la cabeza durante el cambio de lado y reflexiona sobre el devenir del partido.

8. **Cintas para el sudor y muñequeras.** Otra vez, solo si transpiras. Si no transpiras, quizá deberías esforzarte más durante los partidos o jugar contra rivales más fuertes.
9. **Una gorra con visera.** La insignia del equipo la dejo a tu criterio. Pero yo recomiendo una de los Oakland Athletics o los Golden State Warriors.
10. **Camisetas secas.** Guarda varias en la bolsa, así no tendrás que acordarte de añadir una cada vez.
11. **Equipamiento adicional.** ¿Con qué frecuencia juegas? ¿En cuántos torneos te inscribes? ¿Quieres tener a mano el equipamiento necesario para ganar? Entonces decide qué elementos adicionales de emergencia pueden ser un buen seguro. Es difícil llevar demasiado y fácil quedarse corto.

El jugador completamente equipado

Es duro cargar con tantas cosas para jugar un partido de tenis, pero no es imposible. Si no, veamos el caso de Peter Pammer. (No es su nombre real. Dice que nunca se dio cuenta de que llevaba demasiadas cosas hasta que le pregunté si podía nombrarlo en el libro. «No. Por favor, no uses mi nombre.») Se trata de un jugador de fin de semana que se dedica a buscar, comprar, llevar y vestir todo lo que tenga que ver con el tenis. ¿Como qué?

Peter lleva agua de dos tipos: una con gas y otra mineral. Tres raquetas. Una visera. Coderas y rodilleras de neopreno. Una correa de lona que usa sobre el neopreno en el codo que más le duela. Chicles. Barritas energéticas. Zumo de frutas. Una pomada con propiedades analgésicas. Colirio. Caramelos de menta.

Tiene una bolsa de resina sólida que siempre lleva consigo en la pista. Antes de cada saque pasa resina por la empuñadura para tener un mejor agarre o algo así. (Usa tanta resina blanca que después de los partidos parece que haya nevado sobre las líneas de fondo.) Lleva toallas y hielo, pastillas y un guante de golf para prevenir las ampollas en la mano. Muñequeras. Cintas para el sudor. (¿Has visto a alguien usar una gorra y una cinta al mismo tiempo?) Calza zapatillas de caña alta para protegerse los tobillos.

Pese a presentarse en la pista cargado como una mula, Peter nunca ha perdido un partido por llevar demasiado equipamiento. Y es probable que haya ganado más de uno por estar bien pertrechado. Los *boy scouts* deberían concederle una medalla de honor al mérito por «Preparación Tenística de Emergencia».

Mi recomendación es que lleves mis «artículos básicos». Te asegurarás de estar listo ante cualquier emergencia, sea grande o pequeña. Y mientras estés preparando la bolsa tu cerebro sabrá que es tiempo de empezar a pensar en tenis.

Paso siguiente: ya has llenado la bolsa. Ahora estira para tener éxito.

3

HACER ESTIRAMIENTOS PARA TENER ÉXITO

En 1988 pensé que mi carrera tenística había terminado. El tobillo izquierdo parecía a punto de explotar con sacudidas intermitentes de dolor. Cuando me movía hacia ese lado, sentía como si alguien me clavara un destornillador en el tobillo y lo girara sin parar. Llegó a estar tan hinchado y me causaba tanto dolor que después de un partido largo me pasaba días casi sin poder caminar. La osteocondritis y los problemas en los tendones amenazaron con dar carpetazo a mi vida tenística. En los setenta la cirugía no habría podido resolver el problema. Pero tuve suerte: los médicos me curaron y volví a jugar sin dolor.

Después, me enfrenté a otro problema. Volver es siempre duro, pero en mi caso fue más difícil porque ponerme en forma nunca estuvo en mi lista de prioridades. Cuando tenía diecinueve o veinte años no le encontraba sentido, y a medida que pasaban los años mi actitud era la misma. Eso afectó a mi juego. Mi entrenador, Tom Chivington, había notado que mi efectividad caía de manera significativa en los partidos que duraban tres sets o más. Yo era muy obstinado y no hacía nada para cambiar la situación.

Después de la cirugía de tobillo, supe que debía trabajar duro si quería recuperar mi nivel físico (que de por sí, según Tom, no era muy bueno que digamos). Para estar mejor que antes, tenía que entrenar con gran disciplina e inteligencia.

Me lo tomé en serio. Cuando un tenista debe abandonar el circuito por una lesión y se sienta a ver los partidos por la tele, piensa que está muy lejos de ese nivel, que nunca volverá a ser competitivo. Era aterrador. Durante los meses de rehabilitación me di cuenta de que amaba competir.

Fue entonces cuando empecé a trabajar a conciencia con Mark Grabow, uno de los mayores expertos en fuerza y acondicionamiento de Estados Unidos. Es un exfutbolista que representó a la selección nacional de mi país en los Juegos Panamericanos. Había colaborado con los equipos de tenis masculino y femenino de la Universidad de Stanford, y en ese momento era el preparador físico de los Golden State Warriors, de la NBA. Entre los deportistas que ha entrenado se cuentan los tenistas Aaron Krickstein y Jennifer Capriati, y el jugador de baloncesto Chris Mullin, medalla de oro en Barcelona 92. Pero lo más importante es que había enseñado a miles de tenistas aficionados a prepararse correctamente antes de los partidos.

Mark no solo se ocupó de que yo alcanzara el mejor estado físico de mi vida, sino que, además, me inculcó un sistema de calentamiento y estiramientos que fue crucial para que empezara cada partido al máximo nivel.

Juntos perfeccionamos una rutina previa a los partidos que deberías hacer automáticamente antes de empezar a jugar. Es breve, indolora y efectiva. Mejorará tu tenis y te servirá para prevenir lesiones. Se trata de otra oportunidad a la espera de que la aproveches.

Los cuatro (o cinco) minutos mágicos de Mark

El objetivo de esta corta rutina previa tiene dos objetivos: potenciar tus habilidades tenísticas al comienzo del partido (lo cual afectará a tu manera de jugar después) y prevenir lesiones. Lo ideal sería que dedicaras veinte o veinticinco minutos a preparar el cuerpo para el estrés de jugar un partido (a cualquier nivel) antes de tocar siquiera la raqueta. Sin embargo, muy pocos jugadores aficionados lo hacen. No te preocupes, porque puede resultarte muy beneficioso incorporar a tu rutina cuatro (o cinco) minutos de las recomendaciones de Mike.

Los primeros tres minutos son para calentar los músculos. Se trata de «movimientos dinámicos de flexibilidad». El minuto siguiente consiste en estirar los grupos musculares. Estos estiramientos se llaman «movimientos estáticos de flexibilidad». El calentamiento dinámico (o en movimiento) debe hacerse primero. Los movimientos estáticos (o de estiramiento) solo deberían realizarse una vez que el músculo está caliente.

Calentamiento de flexibilidad dinámica

El tenis es un deporte cuya destreza comienza en el suelo. Todo empieza por las piernas. Esta parte del cuerpo, sus grupos musculares, es la que debería recibir más atención desde el primer momento. Los tenistas aficionados suelen calentar los brazos y las manos de manera automática. Salen a la pista, flexionan las rodillas o elevan los gemelos un par de veces (lo que yo llamo «fingir que uno está haciendo estiramientos») y enseguida se ponen a intercambiar golpes. Observa a tus amigos. Verás sobre todo brazos y manos en movimiento.

Lo que te conviene hacer en primer lugar es un calentamiento deportivo específico (en este caso, específico para el tenis), de baja intensidad, para elevar la temperatura entre la cadera y los pies, es decir, en las piernas. Estos movimientos calientan los músculos al elevar la circulación sanguínea. De esta manera, los músculos podrán contraerse con más fuerza y rapidez, y correrás un menor riesgo de sufrir lesiones. Esto significa que cuando empieces el partido te moverás mejor. Los resultados se verán reflejados en tu juego.

El calentamiento debe ser un anticipo de los movimientos de piernas que usarás durante el partido, pero con una intensidad mucho menor. Los siguientes movimientos fundamentales dejarán los grandes grupos musculares listos para la acción. Hazlos mientras tu oponente finge que se estira o juguetea con su equipamiento. El tiempo requerido es corto (entre cuatro y cinco minutos) y los resultados son valiosos. Sabrás que has hecho bien el trabajo si notas que empiezas a sudar tras los primeros movimientos. Un poco de humedad en la frente ya indica que la sangre está fluyendo. Después de eso hay que hacer estiramientos.

Rodear el cuadrado

Es el primer movimiento del calentamiento. Debes hacerlo de manera suave y a baja intensidad. Se trata de trotar alrededor de una mitad de la pista de tenis (el «cuadrado»), siempre de cara a la red.

Comienza situándote en el punto en el que la línea de dobles corta la línea de fondo. Trota a lo largo de la línea de dobles hacia la red. Un metro antes de llegar a la red, cambia de dirección y muévete lateralmente en paralelo a la red, manteniendo el ritmo. Tu cuerpo seguirá mirando a la red mientras trotas con pasos laterales. Cuando llegues al otro pasillo de dobles, cambia de dirección (sin dejar de mirar a la red) y empieza a correr hacia atrás hasta la línea de fondo. Conserva un ritmo pausado. Cuando estés otra vez en la línea de fondo, cambia de dirección (sin dejar de mirar a la red) y trota otra vez de costado hasta el pasillo opuesto.

Repite el patrón de dos a cuatro veces, aumentando la velocidad de manera gradual. Trotarás alrededor de una mitad de la pista (siempre mirando a la red) y prepararás así los músculos de las piernas con un calentamiento integral.

Aunque no hagas nada más, al correr adelante, atrás y lateralmente, las piernas te lo agradecerán. La sangre circulará por los grandes grupos musculares y verás el resultado en tu juego (por no mencionar la reducción del riesgo de sufrir lesiones). Sin embargo, Mark y yo recomendamos unos movimientos adicionales a la rutina de rodear el cuadrado para incrementar su efectividad.

Impacta con los talones en el trasero

Una vez que hayas rodeado dos veces el cuadrado, haz lo siguiente. Mientras corres hacia delante en dirección a la red (y después hacia atrás, alejándote de ella), eleva la altura de los talones. A cada paso, tócate el trasero con los talones como si intentaras pegarte patadas por detrás.

No te excedas. La clave para calentar de manera adecuada es aumentar gradualmente los movimientos. Estos continuarán el calentamiento de tus piernas, especialmente de los cuádriceps (la parte frontal de los muslos). Hazlo por lo menos una vez alrededor del círculo.

El escalador

Luego añade el siguiente ejercicio al de rodear el cuadrado, después de haber impactado con los talones en el trasero. Cuando te muevas hacia delante y hacia atrás (acercándote a la red y alejándote de ella, respectivamente), eleva las rodillas hasta cerca de la cintura. Imagina que llegas con las rodillas al pecho.

Una vuelta alrededor del círculo haciendo esto basta para que estés en disposición de correr a tope desde el primer punto del partido. Si tienes tiempo de continuar esta rutina, aprovéchalo.

Calentamiento de flexibilidad estática

Cuando los grandes grupos musculares ya están activados y han entrado en calor, es momento de dedicar un rato a los ejercicios de movimientos estáticos. Una vez que has calentado los músculos, ya puedes hacer mejores estiramientos. Se trata de un aspecto que te aportará un rango más amplio de movimientos cuando comiences el partido, y con menor riesgo de lesiones.

La cigüeña

Este ejercicio es fácil de recordar: terminarás pareciéndote a una cigüeña. Empieza cerca de la red, por si es necesario sostenerte para conservar el equilibrio. Levanta un pie hacia atrás (llevando el talón hacia el trasero) y agárrate el empeine con la mano. De modo gradual y con suavidad, tira del pie cada vez más cerca del trasero. No tires demasiado. Este movimiento te permitirá seguir estirando los cuádriceps, es decir, los músculos de los muslos.

Hazlo quince segundos por pierna, estirando y soltando poco a poco.

La reverencia ante el emperador

Con los pies un poco separados, inclínate por la cintura como si estuvieses haciendo una reverencia ante la realeza. Mantén las rodillas ligeramente flexionadas y la espalda relativamente derecha. Extiende los brazos hacia el suelo. Practica el movimiento durante diez segundos y luego repítelo.

A medida que flexionas cada vez más, sentirás cómo se estiran la parte posterior de las piernas (los isquiotibiales) y la parte inferior de la espalda. No fuerces este movimiento, ni ningún otro. Y no rebotes en un intento por conseguir un estiramiento completo. No te excedas al estirarte. Los movimientos deben ser graduales, suaves y sutiles.

La ingle flexible

En el tenis las lesiones en la ingle son muy comunes, y este sencillo ejercicio es un gran medicamento preventivo.

Separa los pies unos sesenta centímetros. Poco a poco, transfiere el peso hacia el pie derecho (sin mover los pies del suelo). Entretanto, flexiona la rodilla derecha (se moverá ligeramente hacia delante) para acomodar la transferencia de peso. Mantén el pie izquierdo firme en el suelo y la pierna extendida.

Empezarás a sentir que la ingle izquierda se estira. Mantén la posición diez segundos.

Repite el mismo movimiento con la otra pierna.

Estos ejercicios prepararán tu cuerpo para la tarea que tienes por delante. Al igual que muchos jugadores no empiezan a pensar en el partido hasta que ya está en marcha, tampoco calientan el cuerpo hasta el cuarto o quinto juego. Y esos cuatro o cinco juegos también cuentan.

Dale al cuerpo la oportunidad de arrancar en las mejores condiciones. Calienta y haz los estiramientos oportunos para alcanzar el éxito. Tus resultados al comienzo del partido serán mejores y eso repercutirá de manera notoria en los siguientes juegos. También reducirá la posibilidad de que sufras lesiones.

Solo te llevará cinco minutos. Adquiere el hábito.

Por último, si quieres prevenir la rigidez y mantenerte ágil, practica los ejercicios de flexibilidad estática después del partido. Es muy importante, sobre todo a medida que vayas cumpliendo años. Estarás mucho menos rígido al día siguiente si haces unos buenos estiramientos después de jugar y antes de quedarte frío.

Paso siguiente: tu cuerpo ya ha entrado en calor. Ahora calienta tus golpes.

4

CALENTAMIENTO EN EL MICROONDAS: DESCONGELA RÁPIDO LOS GOLPES

En el proceso de calentamiento antes de ponerte a jugar, la fase previa más importante es el calentamiento de los golpes. La mayoría de los tenistas aficionados echan a perder esta parte de la rutina o la minimizan porque no entienden lo mucho que puede contribuir al éxito.

Mi regla fundamental es *tener un plan*. Para luchar por la victoria debes reconocer el potencial de cada etapa del partido. Tener un plan te garantiza que lo conseguirás. Saber qué quieres alcanzar durante el calentamiento te impulsará a lograrlo.

EL ERROR DE LOS DOS EXTREMOS

Hay dos estilos de calentamiento que veo en los jugadores aficionados: excesivo o insuficiente. Algunos jugadores salen y calientan un mes entero. ¿Acaso esperan mejorar de repente? Eso no va a ocurrir en el calentamiento. ¿Les asusta empezar el partido? ¿Quieren perder algunos kilos? Cualquiera que sea la respuesta, seguro que conoces a alguien que hace eso (y espero que tú no seas uno de ellos). Son los que salen a la pista y trabajan todos sus golpes durante veinte minutos... ¡con tu ayuda!

No dejes que tu rival te use como lanzapelotas humano. Cuando estés listo, empieza. Dile a tu rival que te tienes que marchar temprano. Que quieres estar seguro de poder terminar el partido. O consensuad el tiempo para calentar. No dejes que te arrastre a su sesión de entrenamiento. Que practique a su debido tiempo. Esto es un calentamiento. Además, hacer eso no ayuda a nadie a mejorar su juego.

Casi todos los jugadores, sin embargo, odian el calentamiento. De hecho, cuanto peor es el jugador, menor es el tiempo que dedica a calentar. Es como la Educación Física en la escuela, una materia que solo sirve para graduarse. Malgastan el calentamiento y desperdician la oportunidad que les brinda. Lo apuran poniendo en práctica su tiro preferido mientras ignoran los más débiles, y ya arden en deseos de empezar el partido. Si eres descuidado y te precipitas en los momentos previos al partido, te garantizo que lo pagarás caro cuando tengas enfrente a tu adversario. El jugador que está preparado parte con ventaja respecto al que no aprovecha el período completo de calentamiento.

El calentamiento es la última oportunidad que tienes de preparar el terreno para someter a tu rival desde el comienzo y marcar el signo del partido; en una palabra, para aprestarte a jugar de la mejor manera posible. Traza un plan para el período de calentamiento y ejecútalo. Ahora te explico cómo.

El plan: breve y sencillo

El calentamiento no tiene por qué ser largo, pero hay tres cosas que debes cumplir:

1. Continúa el calentamiento del cuerpo y la mente que ha empezado con los estiramientos y la planificación y visualización previas al partido.
2. Ocúpate de que los ojos y el cuerpo trabajen juntos para una producción exitosa de golpes, lo que incluye *el manejo de los nervios*.
3. Aprende todo lo que puedas de tu adversario.

Los jugadores del circuito no salen a la pista hasta que han calentado. Lo que ocurre frente al público antes del partido es solo el último tramo de la preparación. Esos ejercicios solo ayudan a controlar los nervios y a soltarse. Para ti, sin embargo, el calentamiento en la pista será probablemente toda tu preparación. Por eso debes aprovecharlo al máximo. Y por eso el «tramposo» que hizo el calentamiento con el profesor del club antes del partido tenía una ventaja tremenda. Pudo coger el ritmo cuatro o cinco juegos antes de que el otro espabilara.

Cómo descongelar los golpes en siete minutos y cuarenta y cinco segundos

Aquí va un método específico de calentamiento que te garantizará estar preparado mental y físicamente al comienzo del partido. Úsalo cuando salgas a la pista. Es probable que tu rival acepte cualquier cosa que le propongas si lo haces con amabilidad. Podrás elegir tu propia versión. Se trata de que cubras todos los golpes y cumplas con una rutina. El patrón que establezcas potenciará el proceso de comunicarle al cuerpo y a la mente que el tenis forma parte de la orden del día.

Noventa segundos: volea con volea

Quieres que los ojos y las manos trabajen al unísono. No salgas a la pista y empieces a intercambiar tiros de fondo. Sobre todo si eres un jugador principiante o intermedio, y no digamos si hace varios días que no juegas.

No tiene sentido empezar con los golpes que requieren más movimientos y que hacen trabajar los grupos musculares más extensos cuando llevas una semana sin jugar un solo partido. Si juegas a menudo es diferente: querrás empezar por el fondo y después practicar las voleas. Pero la mayoría de los jugadores no tienen tanta suerte.

Dile a tu rival que quieres jugar una serie de voleas fáciles, con ambos dentro del cuadrado de saque, a dos o tres metros de la red. Es una especie de llamada de atención para la antigua coordinación ojo-mano.

Créeme, funciona. Hace que mantengas la mirada en la pelota mientras la raqueta le pega con el menor esfuerzo y el mejor contacto posible. Tu rival te pondrá mala cara cuando empieces. Olvídate de su cara. No tiene un plan, solo su habitual pereza. Esta es una manera efectiva de marcar un buen ritmo (lamentablemente, también para tu adversario).

Golpea la pelota alternando el *drive* y el revés. No muevas los pies. Solo haz buen contacto. Eso facilitará que los ojos sigan la bola y que practiques un poco el punto óptimo de la raqueta.

Cuatro minutos: tiros de fondo del modo correcto

Lo primero que debes recordar: prueba los primeros golpes profundos apurando la línea de fondo. De hecho, si la bola se va un poco larga, mejor. Apunta a la línea. Lanza los primeros cinco o seis tiros con mucha profundidad. No dejes que la bola quede corta. Pon especial atención a lo que haces. Si la bola cae dentro o cerca del cuadrado de saque, corrige el tiro y procura que la siguiente vaya hasta el fondo.

¿Por qué? Los nervios tienden a acortar los golpes. Al jugar profundo, consigues tiros más largos y estableces un patrón temprano de juego en el fondo de la pista, uno de los hábitos más saludables que puedes adquirir. En el partido es preferible lanzar una de cada cinco pelotas largas que cuatro de cada cinco cortas. Comienza entonces a jugar profundo cuanto antes.

Recuerda: no estás intentando impresionar a tu rival con la potencia de esos tiros de fondo. Empieza suelto y ligero. Trabaja gradualmente la velocidad (que no llegará a su máximo hasta el cuarto o quinto juego). Es muy importante mantener un ritmo cómodo y efectivo en los primeros compases del encuentro. A los tenistas aficionados les encanta empezar el calentamiento a tope. Evítalo. Ve despacio. Deja que tu cuerpo gane velocidad de una manera confortable.

No te escaquees

En el calentamiento, un jugador promedio evitará la parte débil de su juego (el revés) en un 70 % de las ocasiones. He visto jugadores que atrapan la pelota con la mano para no tener que probar su golpe más débil. Les encanta realizar los tiros cómodos y odian practicar los incómodos. Si llevaras la cuenta del número de veces que los evitan, te quedarías de piedra.

Tú deberías hacer lo contrario: evita el aspecto más fuerte de tu juego tanto como te sea posible. Practica el revés todo lo que puedas, hasta que le tomes el gusto. Acostúmbrate al revés. Créeme, si tu rival es inteligente, tendrás que usarlo a menudo una vez que arranque el partido. No lo ignores. Dedícale la misma cantidad de tiempo. Obtendrás tu recompensa a corto y largo plazo.

Una de las razones por las que un jugador muestra en el transcurso de los años una diferencia tan grande entre su punto débil y su punto fuerte es que se empeña en ejecutar el golpe que le gusta y evita el que no le gusta. Se retroalimenta. Pasan los meses y los años, y el jugador deja que su lado débil se vaya marchitando. Una falta de atención equivale a una falta de efectividad.

En un partido, puede tener sentido invertir los golpes. En el calentamiento, préstale un poco de atención a tu lado débil. Entre otras cosas, te dará confianza. Te acostumbrarás a usarlo. Y el calentamiento es una oportunidad para trabajarlo sin castigo.

Treinta segundos: el remate

La mayoría de los jugadores suele ignorar el remate en el calentamiento, sobre todo los principiantes e intermedios. Quizá porque es el golpe que peor se les da y el que más odian. A nadie le gusta quedar mal, y el remate te puede hacer quedar muy mal. Es el tiro más difícil de sincronizar, sobre todo cuando acabas de empezar. Por eso muchos jugadores prefieren evitarlo. Entonces ¿qué hacen? Esperan a lanzar el primer remate durante el partido. No es una posición inteligente. Creen que es mejor pasarlo por alto. No lo hagas.

El calentamiento del remate sirve para dos cosas. Por supuesto, ayuda a calentar el remate. Pero, además, contribuye a que prepares el saque, ya que implica todo lo necesario para el servicio: mirar hacia arriba, seguir la trayectoria de la bola, transferir el peso del cuerpo. Te da un poco más de tiempo para imprimirle velocidad al saque. Tu objetivo es modesto: limítate a establecer un contacto sólido. No te preocupes por la potencia. No te preocupes por los grandes ángulos. Relájate al pegarle y no intentes virguerías.

Quince segundos: el lanzamiento

El saque depende del lanzamiento de la pelota. ¿Cuándo fue la última vez que practicaste el lanzamiento? Antes de sacar, practica el lanzamiento cuatro o cinco veces. Concéntrate en hacerlo con suavidad y en dirigir la bola justo a donde quieres. Lánzala al aire y atrápala sin mover los pies. Es una gran manera de mejorar el servicio con muy poco esfuerzo. (Y si durante el partido el saque empieza a darte problemas, tómatelo con calma y practica el lanzamiento un par de veces. He descubierto que ayuda a que las cosas vuelvan a ir sobre ruedas. Si el lanzamiento se va para un lado, es imposible ejecutar un servicio fiable.)

Por último, en esta ignorada pero crucial parte del juego, no tengas miedo de interrumpir el movimiento del saque si el lanzamiento es pésimo. ¡Atrapa la pelota! Lánzala de nuevo. Los tenistas aficionados son muy capaces de perseguir una pelota mal lanzada hasta el vestuario con tal de salvar el saque.

Un minuto: el servicio

Quiero que saques cuatro veces a ambos lados, con tiros tanto abiertos como al centro de la pista. Casi todos los jugadores tienden a practicar el servicio solo hacia la zona de iguales. Por eso quiero que le pegues a ambos cuadrados. El calentamiento del saque tiene como objetivo principal establecer un buen movimiento, cómodo para ti, al comienzo del partido; así difícilmente cometerás doble faltas.

Los primeros saques deben ejecutarse con un movimiento relajado. Mantén las muñecas bien sueltas, flojas. Haz los tres o cuatro primeros saques casi con un movimiento perezoso. Apunta a la línea del servicio o más allá. Luego aumenta poco a poco la velocidad.

Debes prepararte todo lo que puedas para cuando llegue tu primer juego sirviendo. Te interesa estar cómodo con el golpe y no esperar al comienzo del partido para sacar por primera vez al lado de la ventaja. Hazlo entonces durante el calentamiento.

Treinta segundos: devolución del saque

Cuando tu rival practique el saque durante el calentamiento, no atrapes la bola: golpéala de vuelta. Practica el resto. Estoy convencido de que puede ser una de tus armas más importantes, y aun así apenas se practica. Trabájala. Y trabájala en el calentamiento. Ejecuta varias devoluciones con foco, ritmo y conexión. Recuerda: puede ser el primer tiro que te toque jugar en el partido (sobre todo si sigues mi último consejo). El momento de ponerlo en marcha es el calentamiento.

Este es el calentamiento en el microondas en siete minutos y cuarenta y cinco segundos. Es cierto que puede llevarte algunos minutos más si tu rival quiere impactar algunos remates o algún otro golpe. Pero tu juego, al menos, estará listo para echar a rodar. Hazlo y saldrás a tope (como mínimo, ya habrás entrado en calor).

Aprende del rival: un estudio rápido

El objetivo de la etapa final de la previa es ver si el rival revela algo de su juego. Esto es importante frente a alguien con quien nunca hayas jugado. Ahí va cómo hacerlo.

Dirige los tiros al medio. ¿Cómo se mueve? ¿Intenta devolver la pelota con un *drive* evitando el revés? Si nunca has visto jugar a tu adversario hasta ese momento, te acaba de decir algo. A saber: que favorece un lado sobre el otro.

Cuando suba a la red en busca de una volea, lánzale un globo sorpresa. ¿Lo devuelve sin problemas? ¿Es rápido y ágil con el trabajo de pies o más bien un tipo atolondrado?

También cuando suba a la red, tírale una bola baja a los pies. ¿Dobla las rodillas o deja caer la cabeza de la raqueta (es decir, ejecuta la «volea del perezoso»)?

Durante el peloteo, presta atención a cómo se mueve y a cómo impacta la bola en movimiento. ¿Es afilado de un lado e inconsistente del otro? ¿Tiende a abusar de algún golpe: cortado, liftado o plano? ¿Sus golpes son largos y circulares o cortos y directos?

Recuerda la siguiente regla de oro de Brad Gilbert: *los golpes más bonitos en el calentamiento son los más feos bajo presión*. Nunca te dejes impresionar por lo que veas en el calentamiento. Pero ten presente el mínimo problema o error técnico en el golpe o en los movimientos que hayas detectado en tu rival, para explotarlos luego, durante el partido.

5

CUATRO «ESPANTA-NERVIOS»: CÓMO SUPERAR LA TENSIÓN PREVIA AL PARTIDO

Por último, abordaremos el asunto de los nervios al comienzo de un partido. Sabes lo que son los nervios, ¿verdad? Estás nervioso cuando tienes miedo de algo. ¿Sabes lo que es el miedo? Un mecanismo de defensa. Es la manera que tiene el cuerpo de prepararse para resolver un problema. Cuando tu mente o tu cuerpo perciben un peligro, el miedo es una manera natural de aprestarse a afrontarlo, el mecanismo de «lucha o huye». La adrenalina empieza a fluir, se aguzan los sentidos.

Es natural ponerse nervioso antes de un gran partido, ya sea porque se trata de un torneo importante o porque vas a jugar con un rival al que le tienes ganas. Si en esas situaciones no estás nervioso, vas a perder. A los jugadores de calidad los nervios les son de gran ayuda, porque usan la parte positiva y controlan la parte negativa. Saben que la energía de los nervios puede trabajar a su favor, hace que se esfuercen más, que estén más concentrados. Esa es la parte positiva. La parte negativa puede causar estragos.

Y son verdaderos estragos. Los nervios sin control vuelven pesadas tus piernas y hacen que los pies se te queden pegados al suelo. Por culpa de los nervios, tus golpes dejan de estar «engrasados». Se te congelan. ¿Has oído hablar de que a algunos tenistas «se les encoge el brazo»? Por los nervios. Y ocurre a todos los niveles del tenis. Tal vez más entre los profesionales, por los intereses involucrados.

Los nervios hacen que dejes de pensar dentro de la pista y que intentes golpes estúpidos. Un jugador nervioso se fustigará y se dirá: «¿Por qué habré probado una dejada desde más allá de la línea de fondo?». Por los nervios. Te pueden secar el cerebro, no hay duda. Lo que antes era fácil de pronto ya no es tan fácil.

Quizá el peor caso que he visto sea lo que le ocurrió a Miroslav Mecir, a quien «se le encogió el brazo» a base de bien. En un partido de la antigua Copa Mundial por Equipos (o Copa ATP), sacaba 5-3 en el tercer set ante Connors para ganar el partido y el torneo para Checoslovaquia. Le bastaba con mantener el servicio. Pero los nervios le atenazaron y empezó a cometer dobles faltas. Al final del juego, ¡había hecho cuatro dobles faltas! La siguiente vez que le tocó el servicio (ya iban 5-5), volvió a fallar. Era tal la magnitud del problema que comenzó a sacar por abajo, de cuchara, los segundos servicios, solo para asegurarse de que la bola entrara. Dolía verlo, sentías compasión por el tipo. Era un gran jugador, pero los nervios hicieron estragos en él y perdió el partido porque no pudo controlarlos.

Yo tuve mi propia experiencia con los nervios. Jugué la Copa Davis por Estados Unidos en la derrota 3-2 frente a Australia en 1986. Yo perdí mis dos partidos. Fue una sensación horrible. Estaba deprimido y avergonzado. Sentía que había decepcionado a mi país, y en ello mucho tuvieron que ver los nervios. Quería tanto ganar para Estados Unidos que jugué rígido, nervioso, presa de la ansiedad. Quería terminar los puntos demasiado pronto. Los nervios te hacen eso.

Esa fue mi peor experiencia en el tenis, porque cargué con esas derrotas tres años enteros. Es mucho tiempo para redimirse. Cuando el equipo nacional volvió a convocarme, ya había aprendido mucho. Gané porque ardía en deseos de probarme a mí mismo y porque ya era mucho mejor manejando los nervios. Te contaré qué hago para combatirlos.

Durante el calentamiento, los nervios empezarán a afectarte de inmediato. Sentirás que no tienes ganas de moverte, te agitarás, tus movimientos serán rígidos. Tengo cuatro soluciones simples y mecánicas para liberarse de la tensión de los nervios antes de un partido.

Los «espanta-nervios» de Gilbert

1. Respira como si tuvieras asma

Cuando uno está nervioso se le altera la forma de respirar. Es lo primero que tienes que comprobar. La respiración delata el nivel de ansiedad. Y, lo más importante, también puede ayudar a controlar esa ansiedad. Cuando estás nervioso, las respiraciones son cortas, rápidas y superficiales. Así es como te sientes: agitado, inquieto y desacompasado.

Cuando eso ocurra, controla la respiración. Respira hondo, con suavidad y siguiendo un ritmo. Puedes empezar incluso antes de llegar a la pista. Si antes de un partido estoy demasiado tenso, me aseguro de respirar correctamente. Es como si tuviera asma, pero el caso es que ayuda a reducir el nerviosismo.

2. Muévete con pies ligeros

Como ya he dicho, el trabajo de pies es la parte más importante del juego. Lo es todo. Y los nervios pueden arruinarlo. El buen trabajo de pies te permite adoptar la posición correcta en el momento oportuno. Tienes entonces más opciones de llevar el juego a tu terreno. Y si cuentas con esas opciones, tendrás más posibilidades de ganar el punto. Podrás intentar el golpe cortado. O el liftado. Podrás pegarle antes. Pero, sobre todo, podrás pegarle de lleno. Un abanico de opciones. Y cuantas más opciones tengas, menos probable será que te ataquen con eficacia y más oportunidades se te presentarán para llevar el peso del punto. Todo eso es lo que el buen trabajo de pies hace en tu favor. Veamos ahora lo que el mal trabajo de pies hace en tu contra.

Si has hecho un mal trabajo de pies y llegas tarde a la bola, o esperas a que la bola llegue a donde estás, o no te encuentras en la mejor posición para pegar el tiro que quieres, tienes menos opciones. La bola está jugando contigo. Si viene en dirección a tu cuerpo, lo único que puedes hacer es sacártela de encima. El mal trabajo de pies daña la sincronización, el balance, la potencia y la consistencia.

La tensión previa al partido puede matar el trabajo de pies. Los nervios te aferran al suelo como si las zapatillas tuviesen velcro debajo de la suela. Los nervios hacen que dejes de moverte. Las piernas están como aletargadas. Los pasos rápidos, cortos y ligeros se convierten en pasos lentos, largos y pesados. Y eso se transmite a todo el cuerpo. Los golpes son malos. La sincronización es mala. El contacto es malo. Y la confianza se evapora. Te dices: «Hoy no le estoy pegando a la bola». Y todo por el mal trabajo de pies.

¿Cómo conseguir un buen trabajo de pies? Muy sencillo. Piensa en «dedos». Si te mantienes sobre los dedos de los pies (de puntillas), te ves obligado a dar pasos ligeros, rápidos, cortos. Los talones son para afianzarse en el suelo, para transportar una carga. En tenis, si clavas los talones estás muerto. Y lo primero que hacen los nervios es que pises sobre los talones. Por tanto, si quieres desarrollar un buen trabajo de pies, piensa como un bailarín de danza clásica, muévete de puntillas.

Constantemente me digo que debo mover los pies. Es una orden que me doy a mí mismo cuando estoy nervioso. «Da saltitos. Apóyate sobre la punta de los pies, Brad. ¡Hay que mantenerse ligero sobre los pies! Da saltitos.» Me repito que debo trotar, mantenerme ligero, en movimiento. Un buen trabajo de pies disipa el nerviosismo. Quiero pies ligeros, no pies pesados.

El movimiento reduce los nervios. La falta de movimiento aumenta los nervios. La gente dice: «Se puso nervioso y se quedó *helado*». No hablan de la temperatura corporal. Hablan del movimiento o de su ausencia.

Tu propio juego dirá si te sientes bien. Cuando tienes confianza miras adelante, te mueves con naturalidad y suavidad. Pero, sobre todo, te mueves. Lo mismo ocurre con los tenistas profesionales. Cuando están relajados no clavan los talones al suelo. Están con la cabeza alta, brincan, no dejan de moverse.

El jugador que está asustado, rígido o atenazado por la tensión (o simplemente exhausto) se queda parado sobre los pies. Para luchar contra la tendencia a quedarte congelado cuando estás nervioso, repítete (o más bien ordénate) que debes sostenerte sobre la punta de los pies y conservar la ligereza.

Tenlo presente no solo al calentar, sino también en los momentos de mayor presión durante el partido. Observa cómo se desenvuelve Courier antes de un gran punto. Mira cómo transfiere el peso de un pie al otro, cómo flexiona las rodillas, brincando de puntillas. ¿Está nervioso? Apuesto a que sí. Pero sabe cómo lidiar con eso. Los buenos nunca se quedan parados. Presentan batalla a los nervios y se mantienen ligeros gracias al movimiento. Como debes hacer tú. Habla contigo mismo. Recuérdate: «Dedos, no talones».

Además, tiene un beneficio extra. Es lenguaje corporal del bueno: le dice a tu rival que estás suelto (aunque no sea el caso), que no estás cansado (aunque estés exhausto), que estás lleno de confianza y optimismo (aunque te asalten las dudas).

Además de ser bueno para tu juego, afecta a la mente de tu adversario. Sobre todo, en un partido largo. Has estado luchando durante tres sets. Tu oponente busca en ti alguna señal de fatiga, nervios o resignación. Pero al otro lado de la red ve justo lo contrario. ¡Estás arriba (sobre tus dedos)! ¡Estás lleno de energía (o al menos eso parece)! Brincas con suavidad. Tu lenguaje corporal le dice que estás listo y dispuesto a pelear hasta el final. Créeme, afectará a tu rival no solo al comienzo del partido, sino también a lo largo de los sets.

3. Lee la marca

En la primera parte del calentamiento, cuando estoy ansioso y trato de serenarme, tengo otro truco para vencer los nervios. Leo la marca de la pelota. Intento ver «Wilson», «Penn» o «Slazenger» mientras la bola viene hacia mí. Notarás que tratar de ver la marca no solo ayuda a fijar la vista en la bola, sino que también ahuyenta los nervios y lleva la mente a otro estado. Al principio, seguramente no verás nada. Después, un dibujo difuminado. Si es lo máximo a lo que llegas, muy bien. Lo más importante es que has tenido ocasión de distraerte y alejar los fantasmas. Ya no piensas en los nervios. Piensas en la marca de las pelotas.

4. Canta una canción

Te parecerá extraño, pero yo desvío mi atención de los nervios entonando una canción en voz baja cuando empiezo a calentar. Pienso en una canción de Tom Petty y canto la letra para mis adentros. Procuro que las cosas fluyan con calma y todo comience de la mejor manera posible. Aunque no lo creas, funciona.

Cuando salgas a la pista y te atenace la tensión previa al partido, recuerda mis cuatro «espanta-nervios»:

1. Respira como si tuvieras asma.
2. Muévete con pies ligeros.
3. Lee la marca.
4. Canta una canción.

A lo mejor encuentras asombroso que con toda esa respiración, esos brincos, esas lecturas y esos cantos haya podido pegarle a la bola. Uso esos trucos de manera selectiva. Sobre todo, me sirven para conocer mi estado, para ver cómo me estoy moviendo y saber si los nervios son un problema. Si necesito vencer los nervios durante el calentamiento o ya en pleno partido, repaso la lista. Empiezo por la respiración y por el trabajo de pies. Quiero tenerlos bajo control de inmediato, antes de que me cuesten puntos.

Tu mente no puede pensar en dos cosas a la vez

Los nervios reducen tu efectividad durante el partido, igual que en la previa. Cuando siento presión mientras juego, hay otra cosa que hago conscientemente para reducirla.

Sé que los nervios empeoran si pienso en ellos, si empiezo a preocuparme por las consecuencias. Pues bien, reduzco esa tendencia centrándome de verdad en mi plan de juego, en los puntos críticos del partido. ¿Qué intento lograr con este saque? ¿Qué ventaja pretendo obtener de los tiros de mi rival? Pongo el foco en mi plan de juego. Desvío la atención de los nervios para centrarme en el próximo punto (¡donde siempre debería estar!). Al pensar en eso, no pienso en los nervios.

El abordaje de Connors para sacudirse los nervios

Hay otro abordaje para acabar con los nervios que podrías probar. Eso sí, que yo sepa, solo le ha funcionado a un jugador: Jimmy Connors. No he visto otra actitud como la suya para hacer frente a la presión. Su perspectiva es la siguiente: la presión, por lo general, brinda una oportunidad. A mayor presión, más oportunidades. Y Connors ama las oportunidades.

Su razonamiento es: ¿cuántas oportunidades se presentan en la final de un torneo de poca monta? No muchas. No te da fama, fortuna ni elogios. ¿Cuánta presión te pone? No mucha. Sin embargo, ¿cuántas oportunidades te ofrece la final del US Open? Un montón. Las carreras de los tenistas se forjan ahí. Las leyendas nacen ahí. ¿A cuánta presión te ves sometido? A la máxima presión.

Jimmy solo ve las oportunidades. No se centra en la presión. Sabe que las situaciones de mayor presión pueden ser las más beneficiosas para su carrera. Y realmente se pone a cien cuando hay algo grande en juego. ¿Un punto de partido en un torneo de Grand Slam? Para él, nada puede ser más divertido. Reacciona de la forma más natural. Para el resto de nosotros, no es tan natural. Prueba mis «espanta-nervios». Funcionan.

Listo para competir

Ahora ya estás listo para empezar. Estás listo para sacar ventaja de tu rival desde el comienzo del partido. Estás listo para un inicio dominante: tal vez una rotura arriba, a buen ritmo, con una buena concentración y con tu plan de juego en mente, lleno de confianza.

Ahora, que el juego dé comienzo.

Paso siguiente: empieza el partido con inteligencia.

6

UN INICIO INTELIGENTE: LLEVAR LA VOZ CANTANTE DESDE EL COMIENZO

Prepararse mentalmente, llevar un equipamiento adecuado, hacer estiramientos para triunfar, imponerte en el calentamiento... Todo lo que has leído en los capítulos anteriores proporciona la base para empezar el partido y afrontar el resto de la mejor manera posible. Arrancarás con fuerza, en plenitud física y mental, para conseguir rápido una rotura de servicio y un margen sustancial para adjudicarte el primer set. *Estarás creando un impulso positivo.*

Sé que si empiezo bien tengo más oportunidades de ganar el primer set. Déjame mostrarte por qué estadísticamente es tan importante para mí y por qué puede darte una ventaja real.

De acuerdo con un estudio de la ATP, un jugador del top 20 que gane el primer set tiene un 89,6 % de probabilidades de llevarse el partido. En el US Open, ¡Jimmy Connors ha ganado ochenta y ocho de los noventa partidos en los que comenzó anotándose el primer set! Ganar la primera manga, por tanto, tiene un peso significativo. Y un inicio sólido aumenta las oportunidades de hacerlo. Por eso me preparo a conciencia para el comienzo del partido. Y por eso tú deberías hacer lo mismo.

Golpea rápido

El siguiente paso es el punto de transición que va de la preparación previa al meollo del partido. Considero que los dos primeros juegos forman parte de esa transición. Yo uso ese período, quizá ignorado por mi adversario, para afilar mi juego. Busco esos momentos del partido en los que mi rival está confuso, en la luna, cuando no entiende ni es capaz de explotar las dinámicas de la situación.

En el máximo nivel del tenis, eso no ocurre con frecuencia, pero a medida que descendemos en el *ranking*, más oportunidades se descuidan. La diferencia entre un jugador del top 10 y otro que trata de entrar en el top 25 no son los golpes de tenis, sino la parte mental del juego. Yo mismo lo descubrí en mi odisea desde la jungla del tenis hasta el top 10. Eso mismo ocurre con los jugadores de fin de semana. Dejan pasar una inmensa cantidad de oportunidades porque su juego mental es débil.

En ese período de «transición» es donde se presentan esas oportunidades. Distintos elementos aparecen por primera y única vez y pueden ser un valor o un lastre, según como los abordes. Es muy posible que tu rival ni siquiera los reconozca o que, si no es así, no esté seguro de cómo capitalizarlos.

Antes de estar inmerso en el fragor de la batalla, dispones de ese período intermedio en el que es crucial saber qué hacer para sacar ventaja.

CÓMO EMPEZAR DEL MEJOR MODO POSIBLE

1. Nunca saques primero.
2. Arranca el partido como Ivan Lendl.
3. Juega correctamente los dos primeros juegos.
4. Usa el primer descanso.

1. Nunca saques primero

Aquí va una apuesta que puedes ganar el 90 % de las veces con tus amigos: «¿Qué opciones tiene el jugador que gana el sorteo (girando la raqueta o tirando una moneda)?». La mayoría de las veces responderán que las opciones son sacar/recibir o elegir de qué lado empezar el partido. ¡Error! Hay otra posibilidad: darle la primera opción al otro jugador. Saber todo esto y cómo usarlo puede ser importante. Ahora verás por qué.

Casi todos los jugadores quieren ganar el sorteo para elegir el primer servicio. Pues bien, yo creo que casi siempre deberías elegir recibir primero. Muchos jugadores están convencidos de que sacar primero es importante. Cuando tu rival gira la raqueta y te informa que tu elección de «arriba» o «abajo» ha sido la perdedora, ¿has pensado alguna vez que a lo mejor ha hecho trampa para sacar primero? No pasa nada. No discutas con un jugador que quiere sacar primero. Es más, ayúdalo a hacerlo y elige recibir primero si ganas el sorteo.

Tus rivales creerán que sacar primero les da ventaja, pero casi nunca es así. De hecho, tienen una gran desventaja. A nivel profesional del tenis masculino, en general es preferible sacar primero. Pero, con algunas excepciones, este no es el caso en el tenis recreativo. Aquí va por qué.

Seis razones para no sacar primero

1. El primer servicio no es una gran amenaza

¿Has oído la expresión: «El primero que mantiene el saque gana el partido»? A nivel de clubes suele ser casi una certeza. ¿Hasta qué punto es peligroso el saque de tu adversario? ¿Y el tuyo? La ventaja de sacar primero puede aplicarse al tenis profesional, pero a ningún otro nivel. (Por cierto, si tienes un gran servicio, felicidades, pero eres una excepción a la regla.) Descúbrelo tú mismo. Lleva un registro de las veces que conservas el saque en distintos partidos. Aquí van algunas estadísticas del promedio de servicios mantenidos por profesionales: Edberg, 85,2 %; Stich, 87,2 %; Courier, 84,5 %; Agassi, 80,2 %; Becker; 84,4 %; yo mismo, 77,9 % (fuente: estadísticas de la ATP correspondientes a 1991). ¿Cuál es tu porcentaje?

2. Al principio el servicio es más débil

Es muy probable que el saque de un jugador aficionado típico no sea un arma letal, ni siquiera en las mejores circunstancias. Y será mucho menos amenazador si aún no ha entrado en calor, si no está metido en el partido y si todavía no está relajado ni cómodo con el saque, algo que seguramente describe las condiciones de tu rival al sacar en el primer juego. ¿No es asombroso que nadie gane su primer servicio del partido?

A nivel profesional, en cambio, se presta mucha atención al saque. En el calentamiento es la mayor preocupación de los jugadores. En la mayoría de los casos, el saque tiene que funcionar, y muy bien, si quieren ganar, por lo que se aseguran de dedicarle mucho tiempo antes del comienzo del partido. Ni siquiera un profesional saca con todo su potencial en los primeros compases del encuentro, y por supuesto que tampoco lo hará tu rival en el club. Un saque mediocre que no supere todos los obstáculos iniciales se convierte en inútil, incluso en un lastre.

3. Dedica más tiempo a calentar

El saque es un movimiento físico complejo. Se trata de un golpe que no consiste simplemente en bloquear la pelota y mandarla de vuelta por encima de la red.

Pero una cosa está clara: el servicio es más fácil de ejecutar si ya has entrado en calor. Dejar que el rival saque primero (sin haber entrado del todo en calor) te brinda un tiempo adicional para soltarte, para relajarte en pleno partido, pegar más bolas y *estar más preparado para sacar después con el máximo potencial.* Robas un poco de tiempo real del partido para asentarte. Te servirá cuando vayas a la línea para servir en el segundo juego del partido.

4. El efecto psicológico

Piensa en cómo reaccionarías si tu rival eligiera dejarte sacar primero. ¿Qué pasaría por tu cabeza? «¿Crees que no puedo sacar? ¡Te voy a mostrar que puedo hacerlo!» La reacción natural sería más o menos esa. Una reacción tonta.

Tratar de servir con más potencia es un grave error. Es la garantía para fallar. Por eso hay que conceder a los rivales la oportunidad de que se desmoralicen sirviendo primero.

5. Perder el primer juego no es perder

Uno de los momentos más propicios para adjudicarse una rotura es el primer saque del rival en el partido. Especialmente si se trata del primer juego. De todos modos, si tu rival se las apaña para mantener su saque, no has perdido nada. Tu rival solo ha hecho lo que tenía que hacer: mantener el servicio.

Técnicamente, el partido está «con el servicio igualado» aunque no hayas sacado ni una sola pelota. Tácticamente, que tu rival mantenga ese primer juego del partido es el menor de los daños.

6. Una rotura temprana puede ser muy importante

Todo mi enfoque de cómo ganar se basa en aprovechar las pequeñas oportunidades que se nos presentan: propiciarlas, explotarlas y buscar más. Cada una por separado puede parecer poco significativa, pero en conjunto aportan una oportunidad sustancial de ganar. Esa es la razón por la que el primer juego del partido es tan importante.

Muchos jugadores empiezan el partido con la sensación de que perder el servicio no es ningún drama. Eso pensaba yo cuando jugaba al tenis en la universidad. «Hay mucho tiempo para recuperarlo», me decía. Tal vez sí, tal vez no. Lo que es seguro es que una rotura temprana te concede una ventaja real.

Disfrutar de esa ventaja es uno de los objetivos de concentrarse antes del partido, hacer los estiramientos oportunos, calentar conforme a un plan de trabajo y elegir jugar primero al resto. Si tienes éxito (y deberías tenerlo entre un 25 y un 35 % de las veces), te habrás procurado más oportunidades de ganar el partido ya antes de haber sacado.

Te habrás situado en una posición ventajosa para lo que está por venir. Tienes una rotura en tu haber. Puedes forzar al rival a ser agresivo muy pronto (en un intento por devolverte de inmediato la rotura). Esto puede serte útil para mantener tu primer servicio mientras el adversario fuerza los tiros y comete errores. Si tienes suerte, se pondrá todavía más presión encima en su segundo juego al servicio, lo que te brindará oportunidades fáciles para anotarte una segunda rotura. Este es el escenario ideal. Y sucede.

Piensa a dónde te puede conducir la situación: ¡tres juegos a cero con dos roturas! Es una ventaja enorme; cualquiera que apueste diez centavos lo hará por tu victoria. Deberías ganar el partido. Tal vez no, pero tienes todas las papeletas. Un jugador con dos roturas arriba en el primer set debería ganarlo, y un jugador que gana el primer set tiene muchas probabilidades de llevarse el segundo. Y, a menos que juguéis al mejor de cinco sets, es cuanto necesitas para ganar.

Ese es tu objetivo. Pensarás: «No es un objetivo. Es una fantasía». No creas. No es un objetivo fácil, por supuesto, pero es lo que estás intentando conseguir. Quieres empezar fuerte. Anular a tu rival con la mayor contundencia y rapidez posible. Hacerlo correr. Un buen jugador en un buen día podrá deshacerse de tu dominio. Pero la mayoría no serán capaces de hacerlo si continúas aprovechando las oportunidades y evitando la tentación de ceder a la pereza mental a la hora de prestarle atención al «juego externo». En vez de empezar el partido con la idea de trabajar para meterte en él, comienza con el objetivo de sacar a tu rival del partido.

Yo uso la estrategia de ceder a mi oponente el primer servicio un 15 % de los partidos que juego. La razón para no hacerlo más a menudo es obvia. Los profesionales calientan como es debido. Y en general su saque es un arma muy peligrosa. Aun así, hay excepciones incluso al máximo nivel. Nunca me preocupa ceder el primer servicio a Michael Chang o a Jimmy Connors. (Habrás notado que rara vez Chang y Connors eligen sacar primero cuando tienen la opción, por las razones que ya he detallado.) Incluso he dejado que McEnroe y Lendl saquen primero solo para descolocarlos un poco al comienzo del partido.

Sin embargo, ¿qué hay de cederle el primer servicio a alguien como Boris Becker (con su extraordinario saque)? La ventaja potencial que yo obtengo en ese caso es similar a la tuya. Por muy grande que sea su saque, no lo ejecutará a tope en los primeros juegos. Y a Becker el saque a veces no le funciona del todo bien con el partido recién empezado, de modo que mi elección puede resultar efectiva incluso ante él.

Otra opción cuando gano el sorteo (aunque la pongo menos en práctica) consiste en cederle la elección a mi rival. Es un pequeño ardid cuando el ambiente es un poco tenso ya de entrada. Al ceder la elección a mi oponente, lo que pretendo es incomodarlo. Básicamente le estoy diciendo: «Tu saque no es para mí una amenaza. Puedes elegir». Si elige sacar, es lo que yo quería, en cualquier caso. Si elige que saque yo, está admitiendo que no se siente seguro con su servicio. Me puede salir el tiro por la culata si lo que yo quería era restar primero. Pero, por lo general, el rival elige sacar primero.

Las excepciones a la regla

¿Cuándo no deberías dejar que el rival saque primero? Obviamente, si te enfrentas a un rival que saca fuerte de verdad y usa esta cualidad como una de sus principales armas, no dejes de entrada que la ponga en liza. Puede ser el caso, dependiendo de tu nivel de juego y el de tu oponente ese día en particular. Pero no ocurrirá con frecuencia.

1. El viento y el sol

Cuando juegas al aire libre, el sol es un factor importante. Si da de cara en el lado del sacador, querrás ejercer tus opciones correctamente cuando gire la raqueta en el sorteo. Como sabes, puedes elegir sacar o recibir, o bien en qué lado empezar. Elegir el lado en el que empezar es clave cuando el sol es un problema. En el primer juego, elige que el sol esté a tus espaldas. (Si los elementos externos pasan a ser un factor, nunca le entregues la opción a tu rival.)

Tu rival (si presta atención) elegirá que tú saques primero, para no tener que lidiar con el sol de frente en su primer servicio. No hay problema, porque de todos modos se verá obligado a disputar el primer juego con el sol de frente. Intenta un par de globos en los primeros puntos para que el sol lo deslumbre desde el principio.

Pero también te puede sonreír la fortuna. Una vez que has elegido tener el sol a tus espaldas, tu rival podría optar por sacar primero de todos modos, ¡con el sol dándole en la cara! Si eso ocurre, seguro que ese jugador no es ninguna lumbrera.

El viento puede ser otro factor importante si juegas al aire libre. Una vez me tocó enfrentarme a Mark Edmunson en Las Vegas con vientos de hasta ochenta kilómetros por hora. ¡En un punto corrí para pegarle a la bola de revés y el viento de pronto me la puso para golpear un *drive*! Después, lancé un globo con el marco de la raqueta que se marchó por encima de la valla lateral, pero el viento la trajo de nuevo a la pista y se convirtió en un golpe ganador. Perdí el partido, pero no sin antes sufrir una severa irritación cutánea a causa del viento.

Si el sol no es un factor que tener en cuenta (un día nublado, un partido nocturno), el viento es lo primero que entra en la ecuación. Si sopla de una línea de fondo a la otra, elijo empezar el partido con el viento en contra. Hay más margen de error, porque el viento impedirá que las bolas se vayan largas. En la mayoría de los casos, a tu rival no le importará el viento tanto como el sol. Los jugadores suelen elegir sacar primero. Eso significa que lo harán con el viento a favor. En esas circunstancias es más difícil meter la bola en el cuadro de servicio. Será una primera ventaja para ti.

Por eso, como regla general, me gusta empezar con el sol a mis espaldas y con el viento de cara, si puedo elegir. Tú deberías hacer lo mismo. Si eso significa tener que sacar primero, no te preocupes. Incluso en ese caso partirás con cierta ventaja.

2. *Arranca el partido como Ivan Lendl*

Ivan Lendl es uno de los pegadores más potentes de la historia del tenis. Casi se puede oír a la bola que sale despedida de su raqueta decir: «¡Ay!». La revienta. Pero hay algo que no sabes. Nunca empieza pisando a fondo el acelerador. Ivan da mucha importancia a ir progresando gradualmente hasta alcanzar el tope de su velocidad y potencia. Tiene muy claro que uno no está en disposición de dar lo máximo en los primeros compases del partido. Los nervios, el público, las nuevas condiciones y otros factores hacen casi imposible soltarse de entrada. Ivan no lo hace. Por eso al principio mantiene su juego bajo control.

En los primeros tres o cuatro juegos impacta la bola al 65-75 % de su potencial. De manera deliberada, se resiste a la urgencia de dar un raquetazo. Quiere trabajar a un buen ritmo. Entiende que el método correcto es empezar desde abajo e ir escalando. Es muy difícil bajar el ritmo si comienzas pegando demasiado fuerte a la bola. Puedes pasarte el resto del partido buscando el ritmo. Ivan nunca comete ese error.

Y lo mismo vale para el saque. Castigar la pelota antes de que cuerpo y mente estén aclimatados al partido puede arruinarte el servicio durante toda la jornada. El saque es complejo. Ni siquiera Lendl busca el mejor saque de entrada.

Cuando me enfrenté a él por primera vez en Hartford en 1982, no podía creer que el gran Lendl estuviera lanzando golpes tan fáciles de devolver. Pensaba: «Estos tiros parecían más potentes cuando lo vi jugar con otros rivales». Eso fue durante los primeros cuatro juegos. En el quinto, metió una marcha más. De pronto me llegó un servicio que ni siquiera vi. Empecé a impactar tarde en todas las bolas. Me empezó a mover de derecha a izquierda, y viceversa. No conseguía encontrar la posición idónea para ningún golpe. Y me pasó por encima: 6-2, 6-2. Había ido escalando hacia su máximo de velocidad y potencia, y lo usó cuando llegó a la cima. No antes.

El enfoque de Lendl es el correcto. Comienza por debajo de tu máximo potencial en los primeros juegos. No intentes gustarte en esos primeros tiros. Ve construyendo un ritmo sólido y confortable. Lo conseguirás si resistes la tentación de pegarle fuerte a la bola y ganar por la vía rápida.

3. Juega correctamente los dos primeros juegos

Los dos primeros juegos de un partido determinan la temperatura de lo que sigue. La actitud mental y física que se establece al comienzo es de gran valor porque puede marcar el rumbo hacia una victoria más sencilla. Tú y tu rival sacáis y restáis por primera vez. Os adaptáis juntos al balanceo del barco y trabajáis para ganar velocidad. Hay una serie de consideraciones que añadir al enfoque de Lendl en lo que a los primeros juegos se refiere.

No cometas errores no forzados

Recuerda que durante esos dos primeros juegos no estarás tan suelto como más adelante. Aunque hayas hecho un buen calentamiento, no estarás del todo listo. Por eso, no cometas errores no forzados. Confía en tus golpes, pero no intentes impresionar a tu rival. Limítate a meter la bola. Procura establecer un patrón de juego consistente para pasar con éxito la pelota al otro lado de la red.

Saca con sensatez

Cuando sacas por primera vez, es fácil incurrir en la doble falta. No cedas a la tentación de pegarle fuerte. Es el momento del partido en el que se mete la pata con mayor facilidad. No te arriesgues a regalarle un primer juego a tu oponente. Tus objetivos deben ser modestos: 1) que la bola entre; 2) que se dirija al lado débil de tu rival.

Muchos jugadores se muestran apáticos en el primer juego en el que sacan. Parece no importarles. Si dejas que ya de entrada tu rival te rompa el servicio, lo espabilarás. Le inyectarás adrenalina. Le regalarás la oportunidad de presionarte. Y la presión puede afectar a tu juego. Por eso te conviene sacar con sensatez. Mantén la bola en juego desde el principio. Minimiza los errores.

No te relajes

Los tenistas que sirven primero y mantienen el saque (o restan primero y consiguen romper el servicio del rival) casi siempre se dejan ir en el siguiente juego. Hay una sensación de: «He pasado la prueba. Ahora me puedo relajar un poco». Pum: el otro les gana el juego sin ceder un solo punto. No le pongas las cosas tan fáciles a tu oponente.

Recuerda, si sacas primero y mantienes el servicio, una rotura en el siguiente juego será «más larga». Me refiero a que, si rompes el servicio de tu rival en el segundo juego y después vuelves a mantener el tuyo, te pondrás 3-0 arriba. Psicológicamente resulta mucho más pesado de lo que es en realidad. Es solo una rotura. Pero supone una diferencia de tres juegos. Tu rival lo acusa. Y eso significa que es bueno para ti.

Si en el primer juego te toca restar y logras la rotura (eso es lo que deberías intentar y conseguir), no descuides tu saque en el segundo juego. En esos casos, muchos tenistas caen en el error de confiarse demasiado pronto. No persigas los *aces*. Y, dependiendo del nivel de juego de tu adversario, no peques de ambicioso. Te sorprenderá ver lo que ocurre en tu primer juego al servicio si te limitas a mantener la bola dentro de la pista.

Pon enseguida a prueba a tu rival

En esos primeros compases del partido también me gusta trabajar mi juego en la red. No fuerces la situación, pero, si se presenta la oportunidad, no la desaproveches. Yo procuro hacerlo cuando voy 40-0 arriba y puedo permitirme arriesgar un punto. El otro jugador está un poco tenso. No ha podido pegar muchos tiros y seguramente te regalará alguno.

4. *Usa el primer descanso*

A menudo me preguntan por qué los profesionales se toman un descanso después del primer juego. ¿Por qué no cambiar de campo sin tomarse un respiro? Buena pregunta. Apuesto a que nunca has visto a un jugador del circuito renunciar a la oportunidad de sentarse después de haber disputado el primer juego. Está claro que no es por fatiga. Respuesta: no es para descansar, sino para pensar.

Los cambios de lado sirven para recomponerse física y mentalmente. El primero del encuentro tiene un valor añadido porque brinda la oportunidad de evaluar la situación antes de que ocurra algo determinante. En mi caso, lo aprovecho para repasar mi plan de juego.

Tomo un sorbo de agua, me enjugo el sudor, me relajo, pero, sobre todo, pienso. Reviso mi estrategia. ¿Qué quiero forzar que ocurra? ¿Qué quiero evitar que ocurra? En los siguientes cambios de lado repaso cualquier cosa que me haya sorprendido. ¿Mi rival me ha hecho daño con algo? Me doy una pequeña charla motivacional: «Mantén tu plan de juego. No peques de ambicioso. Sé paciente. Recuerda meter el primer servicio y buscar su revés».

Ese primer cambio de lado es muy importante porque el comienzo del partido es un período que puede desestabilizar a cualquiera. Ocurren muchas cosas y se hacen muchos ajustes. Es fácil perder el foco, el plan, la actitud. El primer cambio de lado es único y fundamental para tus propósitos. El partido todavía no tiene un patrón de juego claro. No te fijas en lo que ha ido bien o mal. Todavía estás en proceso de imponerle tu plan de juego a tu oponente.

Me doy cuenta de que el tenis es un acontecimiento social y que los cambios de lado son el momento idóneo para socializar en la pista. Es la oportunidad de ponerte al día con las últimas novedades y cotilleos, o de hablar del propio partido. En el primer cambio de lado todavía no estás preparado para ponerte una toalla sobre la cabeza y empezar a meditar. Pero un jugador empeñado en ganar estará más dispuesto a postergar la charla hasta después del partido.

Todavía estarás tratando de hacerte con el dominio del partido. Si has logrado una rotura, querrás mantener tu servicio. Si has perdido el servicio, querrás romper el de tu oponente. Ese cambio de lado inicial te da la oportunidad de abordar el trabajo con calma, repasando mentalmente todos los puntos de tu plan: «Meter el primer saque. No pecar de ambicioso. Hacer que corra».

Para mí, el cambio de lado es como mi cámara de aislamiento. Un tenista inteligente acumula información mientras se desarrolla el juego. Y usa esa información en su provecho. El cambio de lado te proporciona un tiempo sin interrupciones para repasar y planear.

Observa a los profesionales que ves en la tele. En los cambios de lado no hablan con el público ni con los recogepelotas. Están concentrados. Por eso cada tanto se ponen la toalla sobre la cabeza. Quieren tomarse un respiro y pensar en lo que está ocurriendo. No desaproveches la oportunidad.

Juega al tenis como si hicieras negocios

Una persona de negocios inteligente siempre está buscando la mejor manera de hacer crecer su empresa. En cambio, no deja de sorprenderme ver cómo hay jugadores que salen a la pista y dejan de pensar. En el cambio de lado toman asiento y parecen una vaca lamiendo un bloque de sal. Por su cabeza no parece asomar ni un solo pensamiento. Un jugador inteligente busca todo el tiempo la manera de aumentar sus probabilidades de ganar. Nunca deja de pensar. Siempre está analizando lo que ocurre en el partido.

Puede ser una buena idea llevar un cuaderno en la bolsa, para consultarlo antes del partido (y en su transcurso). Si quieres, incluye una lista de tus fortalezas, de las debilidades de tu rival y de tus principales objetivos al enfrentarte a ese jugador. También puedes llevar anotado algún consejo de tu entrenador. Todo lo que hayas pensado antes del partido. Se trata de información importante pero fácil de olvidar durante el fragor del partido. En el cambio de lado, saca el cuaderno de la bolsa y repásalo.

En los cursillos de tenis que imparto, algunos adultos me han dicho que juegan para relajarse. Me parece perfecto. Entonces les digo que cuando empiecen a jugar al tenis para ganar, recuerden mis consejos. Ganar siempre me ha parecido más relajante que perder.

Uno de los mayores prejuicios que tienen los tenistas aficionados es que el aspecto mental apenas cuenta en el juego.

Algunos de los grandes nombres del tenis pensaban igual. Por suerte para mí.

Paso siguiente: Juega con inteligencia sacando provecho de todo lo que veas durante el partido.

II

JUGAR CON INTELIGENCIA: ENCONTRAR LA MANERA DE GANAR

«Brad siempre se las ingenia para calar a sus rivales, acaso más que cualquier otro jugador.»

ALLAN FOX, *TENNIS MAGAZINE*

7

LA LLAVE DEL TRIUNFO

El *New York Times* dice que soy muy bueno haciendo jugar mal a mis rivales. Arthur Ashe estaba de acuerdo: «Brad no tiene ningún golpe que recuerdes después del partido». Y con toda la razón. Yo no entusiasmo a la gente. No me meto al público en el bolsillo. En mi repertorio no hay ningún tiro espectacular. Gano por mi habilidad para poner en práctica con éxito mi estrategia básica de juego: maximizar mis virtudes y minimizar mis errores. Eso significa quedar con frecuencia en posición de pegar el tiro que me gusta en vez del que no me gusta.

Al mismo tiempo, quiero maximizar las debilidades de mi oponente y minimizar sus puntos fuertes. Quiero que lance golpes que no le gustan desde posiciones incómodas. Si optase por el mano a mano, perdería. En cambio, soy bueno trabajando mis virtudes frente a las debilidades de mi rival.

El objetivo de mi plan es poner el juego de mi adversario en su contra. Pude lograrlo ante McEnroe aquella noche de 1987 en el Masters de Nueva York (hablaré detenidamente sobre este partido más adelante), ante Becker en el US Open del mismo año y ante muchos más en distintos lugares.

Después detallaré mis claves para sacar a un jugador de su plan A y hacer que trate de vencerte con su plan B, mis consejos para desmenuzar el golpeo y la estrategia de tu rival y transformar su ventaja en una ventaja para ti.

¿Quién le hace qué a quién?

Para seguir con éxito un plan es necesario entender qué ocurre en el partido, con tu juego y con el del rival, y con la interacción de ambos. Mi entrenador en Pepperdine, Allen Fox, solía decirme: «Durante un partido siempre hay que preguntarse quién le hace qué a quién». Eso significa saber cómo y por qué se ganan y se pierden los puntos; en definitiva, saber lo que pasa en la pista.

¿Pierdes puntos porque tu rival sube con éxito a la red o porque sus restos te destrozan el segundo saque? ¿Tu adversario te supera desde la línea de fondo? ¿Te machaca con el remate? ¿Tus *drives* se quedan cortos? ¿Te mete un *passing shot* cuando subes a la red (y de qué lado)? ¿Corre para buscar el *drive* en vez de impactar la bola con el revés? ¿Es bueno desde la línea de fondo hasta que lo presionas subiendo a la red? ¿Cómo es su estilo de juego: defensivo, de saque y volea u otro?

En tenis, la respuesta correcta a cualquier situación durante el partido solo puede determinarse averiguando «qué le hace qué a quién». Un jugador exitoso conoce la respuesta. Tal vez desconozca los números exactos y los porcentajes (por ejemplo, 62 % de efectividad en el primer servicio), pero percibe lo que está ocurriendo. Es una habilidad que se puede desarrollar con trabajo.

La mayoría de los jugadores aficionados no saben quién le hace qué a quién durante un partido. No prestan atención. No observan ni analizan lo que sucede en la pista. Te costará creerlo, pero tuve un jugador en uno de mis cursos intensivos que una vez no reparó en que su rival era zurdo hasta la mitad del primer set. «Ahora me doy cuenta de por qué los puntos en los que tiraba al lado de la ventaja volvían con tanta fuerza.» ¡Apagáramos! Le estaba pegando al *drive* de su rival pensando que era su revés. Queda claro que no sabía lo que estaba ocurriendo en la pista.

La combinación para la cerradura

Cada estilo de juego es como una cerradura con combinación. Sin la combinación es difícil abrirla, pero una vez que se averigua es de lo más sencillo. Saber qué le hace qué a quién te da la combinación de la cerradura.

A mí me resultó relativamente fácil aplicarlo en mis primeros partidos como profesional. De niño vivía cerca de Oakland y estaba loco por los deportes. Me encantaban los Raiders, los 49ers y los Giants en fútbol americano, los Athletics en béisbol y los Warriors en baloncesto. Durante sus partidos, siempre trataba de averiguar qué iba a ocurrir a continuación, quién iba a hacer qué.

Uno de mis ídolos era el jugador de fútbol americano Kenny Stabler, de los Raiders, apodado la Serpiente. Lo observaba en su puesto de *quarterback* e intentaba adivinar qué jugada iba a elegir a continuación. ¿Lanzaría el balón a Casper o a Balitnikoff, y de acuerdo con qué sistema de juego? O, en los Athletics, ¿lanzaría Catfish Hunter un *knockdown pitch* justo después de que alguien hubiera conseguido un *home run*? (Respuesta: sí.) ¿O cómo serían las posiciones internas y externas para distintos bateadores en diferentes situaciones? ¿Cómo se las arreglarían los Warriors para pasarle la pelota a Rick Barry a diez segundos del final del partido? Para mí era automático desentrañar esos lances de partido. Me encantaba analizar lo que pasaba en el campo.

Tiempo después, cuando ingresé en el circuito de tenis, era lo mismo. Estudié un montón, pero no libros, sino el juego de los tenistas. Cada vez que salía uno nuevo, iba a verlo y analizaba su juego. O algún compañero me avisaba: «Boris Becker, de Alemania, en la pista tres». Y yo iba a verlo.

El Gordo Fritz y mi pequeño libro negro

Al principio veía los partidos más por curiosidad que por un objetivo determinado. No me tomaba el trabajo de usar esa información mientras jugaba. Eso cambió en mi tercer mes en el circuito. Un día me tocó enfrentarme a Fritz Buehning, un tipo grandote con un saque poderoso. Era demasiado corpulento para correr de un lado a otro por la pista, pero cuando el saque le funcionaba, no le hacía falta moverse demasiado. Parecía un juez de línea de la Universidad de California en Los Ángeles, su *alma mater*. Le llamaban Fratz (abreviatura de Fat Fritz [el Gordo Fritz]). Pensé que sería pan comido.

Como era habitual en mí en aquellos días, salí a la pista sin prepararme, con la sola expectativa de que, si jugaba bien, ganaría. No le había dedicado un solo pensamiento a Fratz: ni a su juego ni a cómo explotarlo en mi provecho. Perdí en dos sets: 6-2, 6-2. Lo que más me fastidió fue saber que si hubiera pensado un poco en el juego de Fratz (antes y durante el partido), seguro que le habría derrotado. ¿Un tipo grandote que no es nada rápido y al que le cuesta flexionar las rodillas? Una perita en dulce. Bastaba con moverlo de un lado a otro y, cuando subiera a la red, lanzarle golpes que cayeran a sus pies y algún que otro globo. No dediqué ni un solo pensamiento a la táctica, por eso me barrió de la pista.

Después de esa experiencia me tomé en serio la tarea de recabar información acerca de mis adversarios y usarla en su contra. Comencé a tomar notas. Fue entonces cuando inauguré mi pequeño libro negro.

Hoy muchos jugadores tienen su pequeño libro negro con nombres y números. Yannick Noah tenía tantos que incluso necesitaba ayuda para transportarlos. Pero mi pequeño libro negro era diferente. Contenía nombres, pero eran nombres de tenistas. Contenía números, pero eran números de errores no forzados, tiros ganadores y tiros forzados en determinados golpes. Contaba errores en voleas de revés, remates y tiros de fondo de ambos lados. Anotaba la cantidad de golpes ganadores en esos tiros y veía lo que a cada jugador le gustaba hacer en determinadas situaciones.

La mayoría de los jugadores aficionados miran los partidos como si estuviesen viendo a alguien jugando a la Nintendo. Se limitan a mirar. Yo miraba los partidos como si estudiase para un examen de Historia. En 1984, cuando vi por primera vez a Boris (en Filadelfia), detecté que cuando le atacaban el revés le encantaba jugar en paralelo. Y que, si bien tenía un *drive* descomunal, cuando empezaba a fallar, todo su juego se resentía. Como ya has visto, tiempo después usé esa información sobre él para ganarle algunas veces, incluido nuestro enfrentamiento en el US Open de 1987.

Números, patrones y tendencias. Veía a Paul Annacone subir a la red en cada punto importante, y lo anotaba. Veía a McEnroe sacar abierto en la zona de ventaja cuando necesitaba un punto, y lo anotaba. Resalté que Connors a veces tenía problemas cuando los tiros le llegaban a baja altura a su *drive*.

El detector de mentiras del tenis: la presión

Cuando observaba y estudiaba a un jugador durante varios sets, veía que terminaba por seguir patrones predecibles. Sobre todo, bajo presión. La presión es el detector de mentiras definitivo. Es entonces cuando los golpes dicen la verdad. ¿Qué hace un jugador en un punto importante? Rehúye (o trata de rehuir) el tiro con el que no se siente cómodo. Es entonces cuando los defectos se magnifican, cuando se puede ver el «verdadero» juego de tu oponente.

Así es como funciona la presión. Cuando un jugador con un revés justito va ganando 4-2, tal vez se apañe bien con ese revés. Sin presión, ¿verdad? Está tranquilo y arriba en el marcador. Pero cuando pierde 2-4, los nervios pueden hacer que su revés se tambalee. ¿Y en un punto de set? Olvídalo. La presión va siempre al meollo del asunto. Bajo presión, un jugador tratará de evitar como sea un golpe en el que no tiene confianza. Yo quiero averiguar cuál es ese golpe para obligarle a utilizarlo bajo presión.

Por ejemplo, si tu rival no destaca por su revés, sabes que en un punto importante hará todo lo posible para utilizar el *drive*. Es entonces cuando yo lo sondeo tirándole primero abierto hacia su *drive*. Una vez que lo tengo casi fuera de la pista, le pego hacia su revés, porque sé que no le dará tiempo a cambiar de posición para devolver la pelota con un *drive*. Si lo hiciera, le pegaría a la bola desequilibrado. Así es como se usa la información acerca del oponente en su contra.

Agassi a primera vista

Descubrí a Andre Agassi en 1986 en Stratton Mountain. Ahí estaba ese chico pequeño y esquelético con el pelo revuelto, que cortaba la bola como nunca había visto hacerlo a nadie. ¡Era increíble! Y había gente que me decía que no iba a llegar muy alto porque no le había ido bien como júnior. No comulgué con esa opinión.

En realidad, lo había visto por primera vez cuando participé en el torneo Allan King Classic, en Las Vegas, en 1981. Por casualidad lo vi entrenarse en una pista detrás del hotel Caesar's Palace. Ya en ese momento tan temprano de su trayectoria me llamó la atención su destreza y potencia para atacar la bola en su fase ascendente tras el bote. Tenía once años.

Me tomó un tiempo darme cuenta de que el chico con el pelo decolorado de Stratton Mountain era el mismo que había visto en Las Vegas cinco años antes. Solo que su pelo era más brillante y sus golpes más impresionantes. En 1986 escribí en mi libro negro que sus golpes eran brutales. Sobre todo desde media pista, donde tenía la gran habilidad de golpear la bola en pleno ascenso y «desestructurarla». Irradiaba confianza. Le pegaba a la bola con un cañón, así que podía imaginar la presión que podía trasladar a su rival. También anoté que su volea no parecía muy fuerte, pero que el resto de su juego era tan bueno que ese detalle no importaba mucho.

Cuando Andre perdió las finales de tres Grand Slams (dos Roland Garros y un US Open), pensé que quizá sus golpes eran grandes pero su corazón demasiado pequeño. Hasta que en Wimbledon en 1992 demostró todo lo que tenía dentro. Y era mucho. El corazón de Andre pesaba una tonelada.

Es curioso. Muchas de las primeras observaciones que anoté en mi pequeño libro negro aún hoy son ciertas. Pero algunas ya no. Vi a Mats Wilander por primera vez en Bangkok en 1981. Lo estudié mientras disputaba un partido y no vi nada especial: no tenía un gran servicio, tampoco potencia ni tiros fuera de lo normal. Supuse que sería otro sólido jugador sueco más. Tuve razón en el potencial de Andre y me equivoqué en el de Mats. Siete meses después, Wilander ganó Roland Garros. Tuve que añadir algunas notas en la sección «Wilander» de mi pequeño libro negro.

Observé que Stefan Edberg prefería jugar cruzadas sus voleas de *drive*. Escribí que su revés a una mano era uno de los mejores del circuito (el de Lendl era el otro). Pero también anoté que su *drive* no era peligroso: me parecía demasiado débil para un jugador top. Su empuñadura era mala y la ejecución de ese golpe no impresionaba tanto como el resto de su repertorio. Créeme, escribí eso porque había muy poco que pudiera anotar sobre él que fuera negativo.

Seguí apuntando pequeños detalles en los que reparaba. Después, cuando tenía que disputar un partido, echaba un vistazo a mi cuaderno. Era como los informes que elaboran los ojeadores de béisbol para que el lanzador sepa las tendencias de los bateadores y, por otro lado, para que el bateador sepa qué le gusta hacer al lanzador en determinadas situaciones. Esa labor me dio una buena idea acerca de qué esperar y me ayudó a pensar en lo que debía hacer para que mis rivales no pudieran ejecutar los tiros con los que se sentían más cómodos.

Sé un buen ojeador

Elabora tus propios informes como ojeador. Cuando estés en el club, observando a un tenista al que esperas enfrentarte pronto, presta atención a su juego. ¿Dónde comete errores? ¿Qué tiro le gusta más? ¿Machaca el remate pero falla la volea? ¿Lanza un gran *drive* con mucho ángulo pero falla en el paralelo? ¿Es rápido para llegar a la red pero lento para cambiar de dirección?

¿Tiene un gran primer saque pero no un buen segundo servicio? ¿Es consistente con su revés salvo cuando se le ataca? ¿Sube a la red en las bolas cortas? ¿Es capaz de hacer un buen tiro de aproximación y sabe jugar golpes liftados o cortados? ¿Qué hace cuando necesita lanzar un *passing shot* de *drive*, lo ejecuta cruzado o en paralelo? ¿Utiliza el *passing shot* de revés?

¿En qué medida es malo su revés? ¿Cómo se desenvuelve bajo presión?

Busca patrones en su juego. ¿Cómo gana los puntos? ¿Cómo los pierde? ¿Cuál es su estilo de juego?

Observa un set y haz un seguimiento. Cuando pierda o gane un punto, anota lo que hayas visto. Presta especial atención a lo que hace en un punto de juego o de set. Verás un patrón de debilidades y fortalezas. Es parte de lo que usarás antes del partido en tu preparación y durante el partido al decidir cómo jugar.

Conócete a ti mismo (y tu estilo de tenis)

Haz contigo mismo lo que haces con los demás. Analiza tu propio juego. Tal vez pienses que conoces tus fortalezas y debilidades, pero quizá no seas tan malo (o tan bueno) como crees. Toma nota después de un partido o pídele a un amigo que vea un set y detecte quién le hace qué a quién.

Toma una clase con el profesor o la profesora del club. Pero no una como las que recibes habitualmente. Invítale a un café y pregúntale qué le diría a tu contrincante para que te ganara. ¿En qué aspecto del juego eres vulnerable? ¿Cuáles son tus puntos fuertes? Que analice tu juego (y el de tu rival, ya que estáis). Y págale por su tiempo: es tan valioso como golpear a la bola.

Cuando vayas a disputar un partido, dile a un amigo que haga un seguimiento de tu juego. Descubre cuántas dobles faltas y errores no forzados has cometido y cuántos tiros ganadores has contabilizado.

Créeme, esto tiene una importancia vital para un jugador pensante. Una compañía de Florida fabrica un ordenador de bolsillo que permite hacer eso. El Tennis Analyst te proporciona la información de por qué has ganado o perdido. Si estás demasiado ocupado para anotar todos esos datos, ese dispositivo hará el seguimiento por ti. Es el reconocimiento de lo importante que es saber qué le hace qué a quién.

«Un tonto es alguien que no sabe lo que no sabe.»

ANÓNIMO

Creo que los deportistas más eficaces son aquellos que conocen sus debilidades. Por supuesto que saben de lo que son capaces, pero casi tan importante como eso es saber lo que no pueden hacer.

El jugador de fútbol americano Kenny Stabler es un hermoso ejemplo. Conocía sus limitaciones y trabajaba alrededor de ellas. Sabía que no podía lanzar largo, así que entrenó el pase de catorce o dieciocho yardas hasta que rozó la perfección. Dado que sabía que tenía pies lentos, cuando daba un paso atrás y conseguían atraparlo, aceptaba el castigo en vez de arriesgar un error estúpido emprendiendo una carrera.

Buscaba los huecos y, si no los había, aceptaba que lo derribaran. No arriesgaba intentando algo que sabía que no podía hacer. Stabler era un deportista muy inteligente. Maximizaba sus fortalezas.

Pero casi tan importante como eso es que Kenny Stabler minimizaba sus debilidades. (¿Te suena? Maximiza, minimiza.) Y era duro como el demonio. Tienes que amar esa combinación. Ganó la Super Bowl con los Raiders, ¿vale? En los años ochenta, Joe Montana hizo lo mismo. Sabía lo que podía hacer y sabía lo que no podía hacer. Yo intenté llevar esos mismos valores a la pista de tenis, y tú deberías hacer lo mismo.

Una mejor comprensión de tu juego (con las aportaciones del profesor del club) te llevará a cosechar mejores resultados. Entenderás con claridad qué aspectos debes trabajar. Tus tácticas en la pista serán más calculadas y menos aleatorias.

Toma notas durante y después de la clase

También recomiendo que saques el cuaderno en los cambios de lado y anotes la información de lo que está ocurriendo en el partido. Cuanto más lo hagas, más te servirá como un ordenador que registra información acerca de quién le hace qué a quién.

Y, por supuesto, el mejor momento para guardar la información es justo después del partido. *Dedica siempre un momento a repasar lo que acaba de suceder en el encuentro. Califícate con una nota y llega a alguna conclusión sobre lo que has hecho bien y lo que has hecho mal. Añade información sobre tu rival. ¿Por qué has ganado o perdido?* Es asombroso lo perspicaz que uno puede llegar a ser si pone el foco en los diferentes aspectos del juego.

Al haber recabado toda esa información antes, durante y después del partido, podrás usarla en tu provecho. Enseguida veremos cómo.

Llegar a las conclusiones equivocadas

Mantuve mi libreta con mis informes hasta 1986. Después me di cuenta de que estaba demasiado influido por la creencia de que podía ganar cualquier partido. Ante cualquier jugador al que consideraba peor que yo, pensaba: «No hay manera de que pierda contra este tipo. ¡Juega como un fontanero!».

Mi reacción al juego de Wilander es un ejemplo de ello. No pensé que fuese un fontanero, solo que no tenía nada especial. Una actitud equivocada para encarar un partido. También era un error caer en la posición opuesta. Veía a Becker y pensaba: «Maldita sea, no hay manera de ganarle. ¡Juega de maravilla!». No es bueno afrontar un partido pensando que no puedes ganar a tu oponente.

Me negué a suponer otra cosa salvo que la única forma de ganar un partido era entregándome en cuerpo y alma, luchando a muerte cada partido. Entonces dejé de analizar a los jugadores. Le pedí a mi entrenador, Tom Chivington, que me relevara en la tarea de ojeador. Empezó a ocuparse de esa labor y me comunicaba su análisis de mi rival antes de cada partido.

Para elaborar tus propios informes, céntrate en lo básico: fortalezas, debilidades, patrones, errores no forzados, tiros favoritos en determinadas situaciones. Puedes hacerlo mientras miras un partido. Puedes hacerlo después de un partido. Pero hazlo. Al saber «quién le hace qué a quién», podrás capitalizar una ventaja enorme. A continuación, te ofrezco un gran ejemplo de cómo usé esa ventaja para ganarle a un buen amigo.

La combinación de la cerradura de Krickstein

En un torneo disputado en Brisbane, Australia, me enfrenté a Aaron Krickstein. Nos llevábamos bien fuera de la pista y más de una vez nos habíamos entrenado juntos, pero durante el partido era solo otro tipo que trataba de sacarme el dinero del fondo universitario de mis hijos. Como cualquier otro contrincante, intentaba mandarme a casa. No me era difícil motivarme cuando jugaba contra él; lo más duro era hacer frente a su *drive*, un verdadero cañón. Aaron controlaba el partido con golpes ganadores desde la línea de fondo y a menudo no me quedaba otra que jugar a la defensiva.

Durante muchos años no tuve mucha suerte ante Krickstein, porque no sabía cómo neutralizar su potencia. Me hacía correr hasta que me obligaba a abrirme hacia algún lado, y entonces me remataba con un golpe ganador. En Brisbane estaba haciéndolo de nuevo.

Entonces ocurrió algo que llamó mi atención. Le lancé un revés cortado que aterrizó sin que yo lo pretendiera en el lado de su *drive*. Corrió y la devolvió. Pero nada especial, solo un *drive* rutinario en lugar del cañonazo al que me tenía acostumbrado. Lo intenté de nuevo un poco después. Esta vez le lancé deliberadamente un suave tiro cortado hacia su *drive*. Corrió. Golpeó la bola con escasa potencia y la pude devolver sin problemas. En mi cabeza se encendió una luz.

¿Había descubierto algo? A Krickstein le encantaba plantarse en el fondo de su campo, donde la pelota le llegaba más mansa y podía sacudirla con un poderoso efecto, y yo le estaba allanando el camino. Pero bastaba con lanzarle un suave golpe cortado que aterrizara justo antes de la línea de saque para que ya no pudiera ejecutar su tiro favorito. No podía darle a la pelota desde abajo porque le llegaba demasiado baja. Significaba que no podía lanzarme su golpe liftado. Y mi tiro era suave, de modo que no le daba a la bola la velocidad necesaria para que él me devolviera el golpe liftado. Debía lanzármela desde una posición incómoda y a la carrera.

Aaron no lograba pegar un tiro que forzara un error mío o que se convirtiera en un golpe ganador. Me devolvía una bola fácil y yo le lanzaba un *drive* profundo hacia su revés. Él se encontraba de repente descolocado jugando un tiro que no era su primera elección. Haría una devolución débil y yo estaría al acecho. A partir de entonces fue fácil.

La recompensa

Apliqué parte de la fórmula, como tú deberías hacer con tus rivales. Había minimizado la potencia del gran *drive* de Krickstein desde el fondo de la pista y maximizado un aspecto más débil de su juego. De pronto me encontré obligándolo a que intentara superarme con un revés que no era tan fuerte como su extraordinario *drive*. Cuando hice ese descubrimiento me ganaba 3-2. A partir de ese momento me anoté seis juegos seguidos, lo derroté en dos sets y me embolsé 32 400 dólares. Al saber «quién le hace qué a quién» y ser capaz de capitalizarlo, hallé una solución a su arma letal.

A lo mejor piensas que soy algo un poco torpe por no haberme dado cuenta antes. Estaba tan preocupado con su *drive* que nunca se me había ocurrido que debía obligarlo a lanzar ese golpe desde otra posición, sobre todo más cerca de la red. Lo descubrí por accidente. Pero una vez que lo hice, lo aproveché a manos llenas.

Así fue como usé la información acerca de un jugador en contra de ese mismo jugador. Reconoce. Analiza. Capitaliza. Ahora permíteme darte la combinación de las cerraduras de los tenistas con los que sueles jugar en los torneos, en los entrenamientos o en tu cita habitual de los martes. Cuando te enfrentes a un estilo en particular o a un problema, sabrás cuáles son tus mejores opciones para capitalizar la situación.

Paso siguiente: qué hacer y cuándo hacerlo.

8

DESTRUYE EL PLAN DE JUEGO DE TU ADVERSARIO

IDENTIFICA EL PROBLEMA

Seguro que tienes claro cuáles son los rivales que te presentan más problemas, aquellos cuyo estilo de juego o repertorio de golpes te supera con mayor frecuencia. Puede tratarse de un jugador de saque y volea o de uno defensivo. De un zurdo que siempre te trae de cabeza. De alguien muy rápido o con un primer saque excepcional. Y, por supuesto, también habrá jugadores con una combinación de todas esas habilidades.

Todo tenista, del nivel que sea, tiene al menos un rival que lo incomoda. Pensarás: «Su juego no combina muy bien con el mío». Ese rival, para mí, es Ivan Lendl. Nunca he podido ganarle. En mi cuenta de nuestros enfrentamientos sigo a cero. Lendl es para mí una especie de versión tenística de Darth Vader. Mi hijo Zack me dio un dinosaurio de juguete para que lo llevara en la bolsa cuando me tocara jugar con Lendl. «Quizá lo asuste, papá», me decía. Ojalá. Cuando Ivan me ve salir a la pista, debe de ser difícil para él no ponerse a salivar. Me ha ganado dieciséis veces seguidas.

En el circuito, ganar a tu «némesis» es aún más difícil, porque los profesionales desarrollan su juego a tal nivel de excelencia que es muy complicado encontrarles las grietas. Incluso cuando se ven forzados a mantenerse lejos de sus golpes predilectos, sus demás recursos son tan buenos que terminan por capear el temporal. Por eso me cuesta tanto ganar a Lendl.

Cuando lo obligo a abandonar su plan A, me gana con su plan B. Y estoy seguro de que Ivan no tiene ningún plan C. Por suerte, no he tenido que ganarme la vida enfrentándome solo a él. Tampoco tú. Sin embargo, debe de haber rivales que te traen de cabeza como me ocurre a mí con Ivan. Ante esos jugadores, ten en cuenta lo que sigue.

El típico jugador aficionado o de fin de semana tiene una sola dimensión. Es bastante fácil de descifrar. Por lo general, tiene un solo tiro que le gusta y con el que se desenvuelve bastante bien. Juega con un determinado estilo y lo sigue a rajatabla. Hazle cambiar de estilo y apártalo de su tiro favorito, y ganarás, porque su alternativa no será, ni de lejos, tan efectiva. Es más, probablemente sea bastante mala. ¿Cómo hacerlo, entonces?

Primero, las malas noticias

He aquí la verdad: algunos días no podrás hacer nada dentro de la pista. No serás capaz de darle la vuelta. Tu rival aplicará con éxito su estilo y perderás. Atacará con éxito tus debilidades, hará que juegues el partido a su ritmo y caerás derrotado. Algunos días no podrás ganar, hagas lo que hagas. Esa lección la he aprendido enfrentándome a Lendl.

Ahora, las buenas noticias

Voy a contarte otra cosa que he aprendido y que pongo en práctica cada vez que compito en una pista de tenis. Casi siempre hay una manera de ganar. Tienes que descubrir cuál es. Los jugadores aficionados no lo creen. Tú probablemente tampoco. Y todo porque has caído en una trampa muy común.

No sobrestimes ni subestimes

Los jugadores aficionados suelen encarar los partidos de forma equivocada. Dan por sentado que los golpes estéticos significan algo. Que un mejor estado físico tiene más peso del que realmente tiene. Que, si tu rival tiene más habilidades naturales o más experiencia que tú, cuenta con más probabilidades de ganar. Piensan que los enfrentamientos del pasado determinan los resultados del futuro. Esta clase de razonamientos te harán perder, porque conducen a conclusiones erróneas.

Por eso dejé de ojear a mis oponentes y delegué esa tarea en mi entrenador. Había empezado a hacer conjeturas acerca de quién iba a ganar o perder, a sobrestimar o subestimar a los jugadores. Como resultado, daba por hecho que ganaría o que caería derrotado. Dar por hecho que vas a vencer hará que pierdas, y lo mismo ocurrirá si piensas que vas a perder.

Lo único que quería suponer era que podía ganar cualquier partido ante cualquier rival si físicamente me empleaba a fondo en la pista o, sobre todo, si trabajaba duro con la cabeza. Afronto los partidos con mi casco y mi almuerzo, con la idea de ganarme el jornal. Creo que vencer o caer derrotado no depende tanto del rival como de mí mismo. En gran medida, depende de ti.

Pero si esto es cierto, ¿por qué nunca he podido ganar a Lendl? Muy sencillo: porque tuve mis oportunidades y las dejé escapar. En la tercera parte del libro, acerca del aspecto mental, te explicaré por qué un tipo como Lendl trata primero de ganarte con la raqueta. Si eso no le funciona, lo hace con la astucia deportiva. En los días en que yo podría ganarle con el físico, él me vence apoyándose en el aspecto mental o emocional. En eso es un maestro. La cuestión es que podría haberle ganado alguna vez, pero él sabe cómo recuperar el control del partido cuando ve que se le está escapando.

Al saber «quién le hace qué a quién», uno está en posición de considerar sus opciones y de capitalizar la mejor. Más adelante te contaré cómo sacar ventaja de los siguientes tipos de jugadores, golpes o situaciones que pueden darte problemas en la pista:

- El jugador defensivo
- El jugador veloz

- El ataque a tu revés
- El servicio
- La devolución del saque
- El jugador de saque y volea
- El servicio débil
- El servicio de un zurdo
- El cañonero

El jugador defensivo

Seguro que tienes identificados a los jugadores defensivos a los que te toca enfrentarte. Y tal vez tú seas uno de ellos. No te sientas mal. A mí también me han acusado de ser un jugador defensivo. Un partido que jugué ante Boris Becker en las semifinales del torneo ATP de Cincinnati en 1989 fue descrito del siguiente modo: «Fue como ver a un hombre persiguiendo a una gallina con un palo durante una hora y media». Yo era la gallina. Boris tenía el palo.

Esa descripción quizá fue certera, pero la gallina ganó el partido en tres sets, devolviendo cada pelota una y otra vez. Ese día fui un gran jugador defensivo. De hecho, gané el torneo tras imponerme a Sampras, Chang y Edberg.

Pongámonos de acuerdo sobre qué significa ser un tenista defensivo. Ese tipo de jugador se queda en el fondo de la pista y devuelve todo lo que le llega. No hace uso del ritmo, de la profundidad, de los golpes con efecto ni de los tiros con mucho ángulo. Tampoco hace gala de lanzamientos sutiles. ¡Pero te vuelve loco!

Lo devuelve todo. Persigue cada bola sin descanso. Está casado con la línea de fondo y puede quedarse ahí todo el día. A medida que perfecciona su juego, puede desarrollar los golpes con efecto y la profundidad, y quizá también el ritmo. Pero mantiene su plan básico de juego: devolver todo lo que le llegue.

Una variante de este tipo de jugador es el que recurre con frecuencia al globo defensivo. Harold Solomon perfeccionó ese estilo y Andrea Yeager fue también bastante bueno: ambos devolvían la bola muy por encima de la red, profunda y con un golpe extremadamente liftado. Thomas Muster y José Higueras usan hoy esa misma técnica. Se quedan en el fondo de la pista y lanzan unos tiros duros y liftados que rebotan a la altura del hombro.

Los globos defensivos son frustrantes porque hipnotizan. Más pronto que tarde, dejas de pensar. Recibes esas bolas altas sin errores una y otra vez, poniendo a prueba tu paciencia. La principal característica del especialista en globos defensivos es que repite el mismo tiro sin cesar.

El juego del tenista defensivo puede ser muy efectivo ante un rival que no sepa cómo contrarrestarlo y acabe frustrándose, como le ocurrió a Boris conmigo. Hacia el final del partido de Cincinnati, todo lo que Boris quería hacer era marcharse y tomarse alguna pastilla para el dolor de cabeza. Estaba listo para perder.

La variedad del jugador defensivo aficionado

Un día estaba viendo un partido entre dos jugadores de nivel 4.0 (intermedio/avanzado) en mi club de San Francisco, después de un entrenamiento. Uno de ellos es el clásico tenista defensivo. Su nombre es Mason Grigsby, apodado el Gran Grigsby porque es muy consistente desde el fondo de la pista. En un intercambio de golpes, su rival le lanzó una buena dejada, y él subió a la red. Pensé que no tendría ninguna oportunidad de devolverla, pero llegó y la pasó al otro lado.

El Gran Grigsby quedó entonces en posición de cerrar el punto en la red. Eso pensé yo. Pero, para mi sorpresa (e incluso antes de que su tiro aterrizara en el otro lado de la cancha), se volvió y regresó a la seguridad de la línea de fondo. El clásico jugador defensivo. Pasó de estar a casi un metro de la red a correr de regreso a la línea de fondo, sin molestarse siquiera en ver la clase de tiro que su rival iba a lanzar. No quería saber nada de la red. El fondo era su zona de confort. Ese estilo de juego es típico del tenista defensivo y puede ponerte contra las cuerdas si no sabes cómo contrarrestarlo.

Derrotar a este tipo de jugador es muy duro, porque los puntos se hacen eternos y es fácil que se te agote la paciencia. Björn Borg y Chris Evert fueron los mejores de todos los tiempos en ese aspecto. Hoy en día, sus grandes exponentes son Alberto Mancini, Todd Witsken y Michael Chang, antes de que incorporara a su arsenal un poco de juego en la red. Todos ellos se han especializado en un estilo que consiste básicamente en devolverlo todo.

Chang es particularmente duro, porque llega a todas las bolas. Los músculos de sus muslos y sus pantorrillas están extremadamente desarrollados, como si tuviese el doble de altura, y gracias a ello alcanza una velocidad tremenda y es capaz de llevar a cabo una excelente cobertura de la pista, quizá la mejor del mundo. Dicen que de niño Michael podía correr más rápido que su sombra. El problema para mí estriba en que es más rápido que todos mis tiros. Sin embargo, la velocidad por sí sola no gana partidos. Ahora te explico cómo juego contra él (y le he ganado) y cómo puedes aplicar mi técnica para vencer a tu jugador defensivo favorito.

1. LA PACIENCIA ES TU MEJOR ALIADA

El éxito del jugador defensivo promedio se basa en el mismo principio que la gota malaya. Es tediosa. Es repetitiva. Es lenta. Ocurre lo mismo una y otra vez. Te sacará de quicio. A esos jugadores les encanta ser un frontón humano. Tírale una pelota y te la lanzará de vuelta. Te superará en velocidad. Te superará en tenacidad. Te superará en resistencia. Tu mente empezará a descomponerse.

Prepárate para sufrir

Cuando vas al dentista te preparas mentalmente. Te dices: «Va a doler, pero pasará rápido». Adoptas cierta mentalidad. Para cuando oyes: «Abre bien la boca. Esto te va a doler un poco», ya estás mentalmente preparado para sufrir. Pues bien, ante el jugador defensivo debes hacer eso mismo. Prepárate para sufrir. El esquema mental adecuado es importante. Puede que no te sirva con el dentista, pero con el jugador defensivo te vendrá de perlas.

Es necesario que te prepares mentalmente para lo que está por venir porque el estilo del jugador defensivo te afecta sobre todo a la cabeza. Frente a un jugador así, debes entrar en el partido sabiendo que cada peloteo va a ser largo. Tendrás que lanzar cuatro, cinco, seis, siete o más golpes de lo habitual. Y cuando pegues un buen tiro y esperes un golpe ganador o una devolución defectuosa, el jugador defensivo se ocupará de que la bola llegue a tu lado. Mentalmente, debes estar listo para infinidad de pelotas por encima de la red. Sé consciente. Asúmelo. Espéralo. Aquí va el porqué.

Los jugadores defensivos pueden ser tediosos y repetitivos, pero también son muy consistentes y pacientes. La consistencia es su primer activo. Algo que a cualquier nivel de juego constituye una herramienta valiosa. A nivel de clubes, entre jugadores promedio, puede ser más valiosa aún. La consistencia es difícil de vencer. En el circuito hay que anotarse golpes ganadores para vencer a otro jugador. Sin embargo, a otros niveles suele ganar el jugador que mantiene la bola en juego, ¡y en eso el tenista defensivo es un maestro! Los errores no forzados determinan el resultado en mayor medida que los tiros espectaculares. Esa es la clave del juego del tenista defensivo, y también la clave para derrotarle. Su juego puede ser muy consistente, pero también muy limitado. Si eres pacientes y sabes cómo sacar ventaja de su juego, podrás contrarrestarlo e imponerte. Eso es lo que ocurrió con Chang. Otros jugadores profesionales empezaron a explotar en beneficio propio su juego defensivo de fondo. Comenzaron a neutralizar su velocidad (más adelante desarrollaré este aspecto) y a explotar su juego unidimensional. Hasta que desarrolló su juego en la red y mejoró su saque, Chang no era difícil de ganar. Después volvió a la senda de las victorias.

Por qué pierdes con un jugador defensivo

El tenista defensivo te gana porque tú eliges el plan de juego equivocado. Cuantas más pelotas te devuelve, más frustración sientes. Pierdes la paciencia. Le pones más intensidad al juego, intentas tiros cada vez mejores, más profundos, más fuertes, con más ángulo. Terminas probando tiros que jamás has dominado. Tiros que ni siquiera McEnroe intentaría. Pero el jugador defensivo te los sigue devolviendo hasta que fallas.

Sabe que terminarás por cometer un error no forzado. O quizá te rindas y empieces tú también a empujar la pelota de vuelta. Si es así, vas a perder. Él es mejor pasando la bola al otro lado. Por eso es importante mantener la actitud, reconocer que la paciencia es una gran aliada cuando tu contrincante es un jugador defensivo.

Después de haberte preparado mentalmente para un largo día en la oficina, con puntos que van y vienen, hay otras tácticas que pueden decantar el partido a tu favor.

2. SUBE A LA RED

El objetivo principal frente a un tenista defensivo es obligarlo a jugar algunos golpes de verdad. En lugar de «devolver» o «mantener el juego», como es habitual en él, querrás forzarlo a intentar algo específico. Debes sacarlo de su zona de confort. La primera manera de conseguirlo es subiendo a la red. Aunque no acostumbres a hacerlo, debes subir a la red. Eso significa que cuando te venga una bola corta (incluso una media) debes dirigirte a la red. Ataca, pero de la manera correcta. No intentes golpes ganadores desde el fondo de la pista u otros tiros con un bajo porcentaje de eficacia. Mejor sube a la red cuando se te presente la oportunidad. Incluso, de vez en cuando, aunque no se te presente.

De este modo le molestarás, lo empujarás a salir de su zona de confort y a decidir qué tiro específico se supone que debe probar. ¿Un *passing shot* cruzado? ¿Un paralelo? ¿Un tiro al cuerpo? ¿Un globo? De pronto se enfrentará al problema de tener que tomar decisiones rápidas.

¡El jugador defensivo no quiere pensar en todo eso! Es mucho más fácil seguir pasando la pelota una y otra vez hacia ese campo tan amplio que le ofreces cuando te quedas en el fondo. Le das tanto espacio que es difícil que falle. ¡Arrebátale esa ventaja! Reduce sus opciones reduciéndole el blanco. Sinceramente, creo que, si pudieras subir a la red sin la raqueta en la mano, le ganarías algunos puntos. La sola visión de una persona ahí delante le rompe los esquemas. Pero mejor que lleves la raqueta por si logra pasar la bola por encima de la red.

Una pequeña advertencia. No estoy sugiriendo que subas a la red al comienzo de cada punto (salvo que te sientas cómodo haciéndolo). Sé selectivo. En pelotas cortas, sube con regularidad. En pelotas de media pista, si tienes una buena oportunidad de lanzar un tiro de aproximación decente, considera la opción de subir. ¿En una pelota profunda? De vez en cuando, solo por el efecto sorpresa. ¿Qué tal en el segundo saque de tu oponente? Buena idea. ¿Y en su primer saque? Ahí verás que empieza a sentirse incómodo. Te gustará su reacción.

Por supuesto, lo que tratas de hacer es desestabilizar su juego, que esté pendiente de ti y no de la pelota. Empezará a apurar tiros y a cometer errores. De pronto, te dará el elemento que en el tenis de aficionados es la clave de la victoria: errores no forzados. El jugador defensivo que empieza a cometer errores no forzados está condenado a perder.

3. ATRÁELO A LA RED

Hay otra opción cuyo objetivo también es sacarlo de su zona de confort, forzarlo a abandonar su campamento base en la línea de fondo.

Consiste en atraerlo a la red, como hice yo con Krickstein. Obligarlo a jugar algunos tiros en la red. Que saque a relucir su tiro de aproximación, su volea de revés (ni en sueños), su remate (imposible si jugáis bajo un sol radiante), su volea media (llámame enseguida si mete alguna) y cualquier otra opción que se te ocurra. Al intentar todo eso, deberá pasar de su plan A a un improvisado plan B.

Para conseguirlo, tienes que lanzar algunos tiros cortos. Si piensas que no eres capaz de ejecutar esa clase de tiros, practícalos. Recuerda, lo has hecho por accidente infinidad de veces. Ahora inténtalo a propósito. Porque una vez que lo hagas con eficacia, podrás tenderle una trampa. El jugador defensivo odia la red.

El Gran Grigsby intenta una volea

¿Recuerdas al Gran Grigsby, el jugador defensivo al que atrajeron a la red? Aquí va el resto de la historia. Después de haber corrido hasta cerca de la red y haber lanzado una bola larga a su rival, corrió de regreso a su propia línea de fondo. El rival insistió con la dejada. Y el Gran Grigsby volvió a la carga por segunda vez. Y de nuevo pegó a la bola por encima de la red hacia la línea de fondo. Y otra vez se dio la vuelta y corrió de regreso a su propia línea de fondo. El tema se ponía interesante. Su rival hizo su tercera dejada consecutiva. ¡Nunca había visto a un jugador intentar tantas dejadas consecutivas y salirse con la suya! Piénsalo. ¿Habría una cuarta?

No. El Gran Grigsby corrió hacia la red de nuevo. Por alguna razón, finalmente decidió aprovechar su posición en la pista y terminar el punto. Entonces pegó una volea. O al menos quiero pensar que lo intentó. A juzgar por su golpe, cuesta decirlo. No solo se le fue la bola por un lateral a dos metros de la línea, sino que además impactó con la raqueta en la red. Ahí empecé a entender por qué seguía refugiándose en el fondo de la pista.

Tres veces consecutivas se vio atraído a la red. Dos veces volvió de inmediato a su zona confort. Actuaba como si fuese ilegal estar cerca de la red. Después le pregunté por qué no se había quedado ahí la primera vez. Me dijo (y esto es clave para abrir una grieta en el juego del tenista defensivo): «Solo me siento cómodo en el fondo de la pista». Por lo que había visto, entendí perfectamente su manera de pensar. Sácalo de su zona de confort y le ganarás.

4. MÁS SUAVE ES MÁS FUERTE

En la mayoría de los casos, el jugador defensivo se alimenta de la potencia de su rival. Le encanta tomar lo que le suministras (energía en forma de una bola fuerte) y devolvértelo. ¡Cuanto más fuerte le pegues a la pelota, más fuerte le pegará él también! Solo que no es él quien le pega duro, sino tú. Y cuanto más duro le pegues, más probable es que cometas un error. Él se limita a dejar quieta su raqueta (y con los marcos actuales, más anchos, es cuanto tiene que hacer) y, como por arte de magia, la pelota vuelve más fuerte. Pero no es magia. Es física. Tira una bola a la pared sin ningún efecto, y volverá sin efecto. Tira una bola a la pared con efecto, y volverá con efecto. En el caso del jugador defensivo, él es la pared y tú el efecto. La pared normalmente gana.

El tenista de nivel intermedio que se enfrenta a un jugador defensivo suele caer en la trampa de intentar pegarle a la bola cada vez más fuerte para ganar el punto. El otro, mientras tanto, se asienta en la línea de fondo y bloquea cañonazo tras cañonazo. Y eso le encanta, porque en algún momento te pasarás de rosca y cometerás un error. En algún momento tirarás una por encima de la valla o contra la red. Y él ni siquiera te dirá «gracias» por haberle hecho todo el trabajo.

5. PEGA PRIMERO EL SEGUNDO SERVICIO

Los profesores de los clubes suelen decir que los tenistas de fin de semana tienen dos servicios: uno lento y otro más lento. Hay mucha verdad en eso. Mientras que en el circuito alguien como Goran Ivanisevic puede disparar un saque de doscientos kilómetros por hora, un jugador aficionado a duras penas alcanza la mitad de esa velocidad. Así pues, no debes preocuparte por conseguir *aces* o golpes ganadores con el saque. Especialmente, ante un jugador defensivo. De hecho, frente a él hay que pensar en términos de «segundo saque».

Esto le quita ritmo, hace que tenga que trabajárselo. Haz que se vea obligado a pegarle a la pelota. Eso no le gusta. Si intenta generar su propio ritmo, verás que empieza a cometer errores no forzados. Y si se ve empujado a devolverte un saque suave, seguro que el tiro se le queda corto. Cuando eso ocurra, habrás recibido un billete para subir a la red. Úsalo.

Sin ánimo de insultar

Déjame aclarar algo que a lo mejor habrás pensado cuando he dicho que Borg, Evert, Chang, Krickstein y otros jugadores podrían calificarse como jugadores defensivos. Por supuesto que unos tenistas de ese calibre no se limitan a empujar la bola o a bloquearla. No les quiero faltar al respeto cuando los llamo «jugadores defensivos». Han llevado ese estilo a su máximo nivel. A diferencia de los jugadores a los que tú te enfrentas, no les molesta que sus contrincantes suban a la red.

Cuando yo subo a la red ante Michael Chang, él tiene diez maneras de superarme. El problema es que, si no subo a la red, él me devolverá la bola por toda la eternidad. Me enfrenté a él en unas semifinales y perdí 6-0 el primer set. Empecé a subir a la red en el segundo set, ¡y estuve cerca de ganarle! ¿Por qué no empecé antes a hacerlo? Es lo que todavía me pregunto. En cualquier caso, salvo que seas mejor que ellos en el estilo que ponen en práctica, tienes que encontrar el modo de vencerlos.

La próxima vez que te enfrentes a un jugador defensivo, haz algo de lo que te he aconsejado. Tómate tu tiempo para acostumbrarte a las nuevas tácticas. Aprende a descubrir cuándo hacer qué y qué funciona mejor para ti. Obtendrás buenos resultados. Te sentirás cada vez más cómodo y verás que gozas de puntos de partido mucho más a menudo.

El jugador veloz

Cada tanto te enfrentarás a un rival muy rápido. Llega a todas las dejadas. Cubre todos los globos. Los tiros que lo sacan de la pista no le suponen un problema. Son como chinches de agua. Se escabullen por todas partes y tú tienes que esforzarte cada vez más para lograr un tiro fuera de su alcance. Olvídalo. Llegará a todas las bolas. Y para cuando consigas tu primer golpe ganador (y a lo mejor es el único que te anotarás en todo el partido), es probable que ya hayas cometido una larga lista de errores no forzados.

Michael Chang tiene esa clase de velocidad. Yo le juego abierto sobre su *drive* y subo a la red. Pero él corre y devuelve la bola. Yo le lanzo una volea a su revés y empiezo a saborear el punto ganado; creo que no hay manera de que llegue. Pero Chang llega y le pega. Y, para colmo, me supera con un *passing shot*. Menuda velocidad y cobertura. Es rapidísimo.

¿Quién sería tu Michael Chang, el jugador con una velocidad inusual? Aquí comparto un abordaje muy directo para minimizar su ventaja.

No permitas que un velocista corra

A los jugadores veloces les encanta correr y pegarle a la pelota a la carrera. Juega bien abierto hacia el lado de la ventaja, y te lanzarán un buen golpe de *drive* a la carrera. Y harán lo mismo del otro lado. Son muy buenos en eso porque, gracias a su velocidad, llegan a un montón de bolas y tienen un montón de práctica.

No dejes que usen su velocidad. Apártalos de su principal activo. ¿Cómo? Lánzales bolas profundas al medio. Ocúpate de que jueguen cada vez más cerca de tu zona de confort. De pronto, en lugar de correr en pos de la pelota (lo que más les gusta), tus tiros los obligarán a apartarse de la bola, a desviarse de su camino. No les des respiro ni les permitas explotar su velocidad. Imagina que el lugar en el que se encuentra tu rival, el que sea, es un blanco de tiro y él, la diana.

No intentes lanzar golpes fuera de su alcance. Parte de su éxito radica en la cantidad de errores que cometes en esos intentos. No trates de dificultarles la llegada a tus tiros. ¡Hazlo más fácil! Dirígeles la bola al cuerpo y observa lo que pasa. Medirán mal tus golpes. Empezarán a devolverte la pelota sin equilibrio. Sus tiros serán débiles cada vez más a menudo.

Pero recuerda que todas estas tácticas hay que usarlas con prudencia e inteligencia. Cuando descubras algo que funciona, no abuses de ello. Mézclalo con el resto de tu repertorio. Mantén al rival fuera de ritmo obligándolo a adivinar qué vas a hacer a continuación. Los resultados serán aún mejores.

El ataque a tu revés

Una de las primeras tácticas de tenis que descubre cualquier jugador es el «ataque al revés». El revés es el golpe más débil para la inmensa mayoría de los jugadores aficionados. Si por algún motivo te toca enfrentarte a un desconocido al que no has podido espiar antes, lo más conveniente es que pongas a prueba su revés. Es automático: casi todos los jugadores tienen mejor *drive* que revés, incluyéndote a ti y a tus adversarios.

¿Qué hacer entonces cuando tu propio revés es cuestionable y te enfrentas a un jugador que se aprovecha sin cesar de ese punto débil? Hasta que tomes clases con tu profesor para mejorar este aspecto, ¿hay alguna manera de minimizar el daño? Sí, la hay.

1. Sé conservador con tu revés

Cuando te atacan el revés, instintivamente intentas un golpe mejor que el que puedes ejecutar con confianza. Procuras mostrarse como un jugador avanzado, pero en lugar de eso te conviertes en un principiante. Cuando tu rival sube a la red, tu mente sufre un cortocircuito: «Crisis. Peligro en la red. ¡Haz algo!». El problema es que tienes unos recursos limitados para «hacer algo» en tu lado del revés. Tu cerebro le dice al cuerpo que haga más. Entras en pánico y te apresuras a lanzar un tiro desesperado que se va lejos o se estrella en la red.

Tienes que hacer lo opuesto. Piensa en «menos» y no en «más». Limítate a pasar la maldita bola por encima de la red. No te preocupes por ejecutar la gran devolución de revés. Sé conservador. Sé paciente con tu revés. Tu primer objetivo es evitar el error no forzado. Como primera medida, obliga a tu rival a probar por lo menos un tiro extra.

En caso de que responda sistemáticamente a tu revés conservador con una volea ganadora, considera otras variantes. Pero primero oblígalo a devolverte la bola. Y hazlo sin intentar con tu revés más de lo que puedes lograr con él. Sobre todo, asegúrate de no cometer errores monumentales con tu limitado revés.

2. Ejectua un *Drive* invertido en el momento adecuado

Pensarás que es demasiado obvio. Te encantaría poder siempre anticiparte y acomodar el cuerpo para devolver un *drive* cuando te atacan el revés. Lo importante es entender cuándo puedes hacerlo con la mayor efectividad posible.

Si el rival le pega constantemente a tu revés, pero sin ritmo ni profundidad, tómatelo como una invitación a devolver la bola con un *drive* invertido. Anticípate y sacude la pelota con tu *drive*. Remátala. Cuando empieces a aprovechar esa oportunidad, el rival intentará lastimarte con un tiro mejor, más veloz y profundo. Si lo consigue, estarás en apuros, pero si pudiera hacerlo con tanta facilidad no pegaría corto desde el principio. Oblígalo a aumentar la dificultad de sus tiros de ataque a tu revés.

Una vez más: la selección de tiros es importante. El jugador que busca todo el tiempo el *drive* invertido termina por atascarse, por golpear desequilibrado, y al final pierde más puntos de lo debido, sin mencionar que se cansará más deprisa. Aprovecha la oportunidad de ejecutar el *drive* invertido solo cuando a los golpes de tu rival les falte profundidad o ritmo.

Pero ten en cuenta que invertir el golpeo cerca del pasillo, en el lado de la ventaja (para un diestro), te puede dejar muy abierto y fuera de la pista. En esa situación debes intentar un golpe ganador o un tiro que fuerce a tu rival. De lo contrario, te puede poner en una encrucijada, porque tendrá todo el campo para una devolución fácil. Invertir el golpeo de la bola en el lado de iguales (o más cerca de la línea central), te deja en el medio de la pista, y entonces no necesitas lanzar un tiro tan ambicioso.

3. Sube a la red

El rival no puede obligarte a devolverle un revés desde el fondo de la pista si has subido a la red. Incluso si tu volea de revés es débil, será mejor que tu revés de fondo en ese día en particular. Una volea débil o mal ejecutada, por lo general, se convierte en una dejada ganadora.

Si estás perdiendo muchos puntos con el revés de fondo, ocupa una posición en la pista desde la que no tengas que usarlo. Busca la oportunidad de subir a la red.

4. Ataca el segundo servicio

Hay otra manera de tomar la delantera y evitar que tu rival tenga ocasión de presionarte el revés. Te brinda la posibilidad (a veces menospreciada) de subir rápido a la red. La mayoría de los jugadores no piensan en «atacar» el saque del oponente. Sin embargo, si su segundo servicio es el habitual (lo que vendría a ser una variación de la bola blanda), no te debería resultar difícil usarlo como argumento para presionar y subir a la red. Basta con que te sitúes uno o dos pasos más adelante de lo acostumbrado. En cuanto devuelvas el servicio, sube enseguida a la red.

De una tacada sacas de la ecuación tu vulnerable revés y fuerzas al rival a probar un tiro más difícil.

Sé razonable. No intentes un golpe ganador al restar el segundo saque de tu rival. Busca sobre todo la colocación, que la bola entre, e intenta dirigirla a su revés. Donde las dan las toman. ¿Qué te parecen los resultados?

Recuerda que esto es lo que significa jugar al tenis: probar y explorar. Cierra la puerta a la posibilidad de que tu oponente ataque tus flaquezas y encuentra la manera de ir a la caza de sus puntos débiles.

5. No olvides el globo

Muchos jugadores cometen el error de intentar un mismo tiro una y otra vez aunque no les funcione. A veces lo hacen durante todo el partido. Puede ser un tiro de aproximación en paralelo, un saque cortado, una volea de *drive*, un *drive* profundo o un remate. O un revés de fondo. No se rinden nunca, con la esperanza de que funcione. Si no te apañas con un determinado tiro, tienes que probar algo diferente para evitar la derrota.

Llega un momento en que es importante renunciar a corregir el golpe y empezar a ganar puntos. Y en el caso de un revés que no funciona (sea cual sea el motivo), hay una opción cuando los errores cuestan juegos: el globo.

Si tu rival sube a la red por el lado de tu revés y no has podido meter un *passing shot* desde aquel tiro afortunado que conseguiste en el calentamiento, recuerda el globo. Descubre si es capaz de devolver la pelota con un remate. Hazlo una vez. Dos. Tres o cuatro veces. Tal vez se maree de mirar tanto hacia arriba y tenga que sentarse. Que demuestre que puede pegar un remate. No una, sino varias veces. Y preferentemente lanza el globo bien alto hacia el lado de su revés.

Cuando un adversario inteligente ve que tienes un problema en particular, debes evitar que empiece a explotarlo. Tienes que impedir que una herida superficial se convierta en una hemorragia, y la manera de hacerlo es conociendo y poniendo en práctica las alternativas a tu alcance.

El servicio

Pregúntale a un experto cuál es el tiro más importante en el tenis, y te dirá que el servicio. ¿De verdad es tan importante? Tal vez lo sea en el circuito profesional. En el caso de los jugadores aficionados, la respuesta es más dudosa. ¿Con cuánta frecuencia tus rivales consiguen *aces* o saques ganadores? ¿Cuántas veces su servicio los deja en una posición favorable para cerrar el punto? Más importante: ¿cuántas veces mantienen el servicio? Probablemente, no tantas como debieran.

Los profesionales mantienen cuatro de cada cinco juegos al servicio. Mi porcentaje es del 77,9 %, y eso que no soy un gran sacador. Pete Sampras y Michael Stich pueden rozar el 90 %. Para los tenistas aficionados, el mantenimiento del servicio se sitúa en torno al 50 %. El saque quizá sea el tiro más importante, pero para la mayoría de los tenistas aficionados no lo es. Incluso entre las mujeres profesionales el saque no es un arma tan importante. Podía serlo para Martina Navratilova (en su apogeo) y Steffi Graf, pero generalmente no es un activo del que decir que es «el golpe más importante del tenis».

No estoy siendo crítico. Yo mismo no soy muy dado a controlar el juego desde el servicio. Sí soy bueno manejándolo para evitar que lo explote mi rival. La clave es colocarse bien y mantener un buen porcentaje de acierto en el primer saque.

Los jugadores aficionados solo usan el saque para empezar el punto. Es una de las razones por las que hay tantas roturas de servicio. El saque es el golpe más difícil de aprender y de pegar, *sobre todo bajo presión*. La mayoría de las veces, tu servicio le brindará a tu oponente la oportunidad de hacerse con el dominio del juego. ¿Por qué? Porque para casi todos los jugadores aficionados el resto es un golpe mucho más factible, más aún ahora que las raquetas son más potentes. *Sobre todo, bajo presión.*

Es así porque cuesta menos reaccionar que actuar, y la devolución del saque es una reacción. Un *swing* corto (a mitad de camino entre un *swing* y un bloqueo) puede brindar de inmediato al restador el dominio del punto. Suma la cantidad de dobles faltas que cometes en momentos clave (una manera de regalar puntos y juegos), y verás por qué el saque no te resulta tan ventajoso como a los grandes sacadores (Pete Sampras, Michael Stich, Richard Krajicek o Goran Ivanisevic, por ejemplo).

Si hay un tiro que se puede desarrollar para ayudar a la causa, ese es el servicio. Puedo decirlo porque he visto a infinidad de jugadores en clubes y parques públicos de todo el mundo durante veinte años. Si consigues desarrollar un saque fiable, profundo y con variantes, pronto estarás buscando a nuevos rivales. Tus amigos se cansarán de perder contigo. Pero buena suerte. Jimmy Connors ha completado toda su carrera sin un saque amenazador, pero ha desarrollado el mejor resto del circuito (hasta la aparición de Agassi) y ha ganado más de un centenar de torneos. Así pues, hasta que no incorpores a tu arsenal esa nueva gran arma (la que se convertirá en «el tiro más importante de tu juego»), te voy a proporcionar algo más en lo que pensar.

La devolución del saque

Te diré cuál es el tiro que puede convertirse en el más importante con un mínimo de trabajo: la devolución del saque. Resulta mucho más fácil mejorar este aspecto que conseguir un gran saque. Con un resto sólido presionarás constantemente a tu adversario, capitalizarás sus saques débiles y neutralizarás sus buenos servicios.

La devolución del saque es una oportunidad de atacar a tu rival donde más le duele, arrebatarle el dominio del juego y amenazarlo con la rotura. Un jugador que lucha todo el tiempo por mantener el servicio es como un boxeador contra las cuerdas. Solo se preocupa por sobrevivir. Saber que un servicio va a ser siempre neutralizado le inflige un gran daño físico y mental, como también saber que le sacarán ventaja una y otra vez, que está condenado a luchar a brazo partido para evitar la rotura.

¿Tan importante es? Pregúntale a Connors. Es capaz de neutralizar el saque de su rival y después trabajar el punto hasta transformarlo en una ventaja. A nivel profesional, ha hecho del resto su tiro más importante. Una vez, se enfrentó a Roscoe Tanner en Wimbledon y soportó casi veinticinco *aces*. Jimmy ganó el partido de todos modos. Montó grandes jugadas a partir de los demás servicios de Tanner o se las apañó para mantener los puntos en juego hasta poder capitalizarlos.

Otro ejemplo demoledor es la final de Wimbledon de 1992 entre Andre Agassi y Goran Ivanisevic. Andre recibió la friolera de treinta y siete *aces*. Eso equivale a nueve juegos solo de *aces*. A lo que hay que sumar los golpes ganadores de Goran. ¿Cómo se las arregló Andre para mantenerse en el partido e incluso ganarlo? Lo consiguió porque es un monstruo en el resto, incluso mejor que Connors, al menos según John McEnroe, un jugador con un gran servicio que se ha enfrentado a ambos.

Se produjo entonces una gran paridad entre un supersacador que llevaba más de doscientos *aces* en el torneo y un gran restador. ¿Quién ganó? El gran restador. Saber cuáles son tus opciones en una devolución de saque puede procurarte resultados rápidos con poco esfuerzo.

Lo que quiero mostrarte es cómo puedes capitalizar el saque rival cuando sabes qué táctica emplear con el resto. Ya se trate de un gran saque y volea, de un primer o segundo saques débiles o de cualquier otra cosa, serás capaz de minimizar el servicio de tu oponente y maximizar tu devolución de saque. Obtendrás grandes resultados.

El jugador de saque y volea

Los grandes jugadores de saque y volea son duros de pelar cuando se ponen a tono. Tipos como Edberg o Ivanisevic (también McEnroe en su mejor momento) te trasladan tanta presión para que intentes golpes cada vez mejores que la balanza del partido termina por inclinarse a su favor de manera indefectible. Una cosa es probar un *passing shot* de revés con la red cubierta y cuando el partido acaba de empezar, y otra muy diferente hacerlo en un punto de set o de partido. En los puntos clave, yo prefiero tener que lanzar una volea de cerca que jugármela con un *passing shot* desde el fondo de la pista con el rival en la red.

Stefan es uno de los contrincantes más complicados. Practica el saque y volea en cada punto. Te obliga a intentar tiros difíciles una y otra vez. Más allá de que su saque no sea tan rápido como el de Becker, se impulsa de tal forma al ejecutar el servicio que de un solo salto se sitúa en el cuadrado de saque para impactar la primera volea. Y con la volea nunca falla. Es como si te atacara un enjambre de abejas: no paran de aparecer y de clavarte su aguijón.

La cruel verdad es que, si un jugador de saque y volea tiene su día, ya puedes despedirte. Pero eso no significa tirar la toalla, porque hay tácticas para alejar a ese tipo de jugadores de su zona de confort. Agassi las usó con éxito en la final de Wimbledon de 1992, así que tú también puedes ponerlas en práctica a tu nivel. No tendrás que enfrentarte a ataques como los de Ivanisevic, pero sí a rivales muy capaces de acompañar su saque y causarte problemas. Aquí van algunas tácticas que pueden serte útiles. Sé que funcionan porque las usé cuando derroté a Edberg en las semifinales del Abierto de Los Ángeles de 1991, cuando él era el número uno del *ranking*.

1. Mira el objeto correcto en movimiento, con calma

Cuando tu rival empieza a atacar desde la red, la naturaleza humana te llevará a mirarlo a él en vez de a la pelota. Ocurre a todos los niveles, principiante, intermedio y avanzado, pues responde a un impulso automático. Pero no es el jugador el que ataca, sino la pelota. El jugador no pasa la red, es la pelota la que lo hace. Mira la pelota. Concéntrate en la pelota.

A los jugadores que asisten a mis cursos intensivos les enseño a mirar la pelota lo antes posible. ¡Empieza a mirarla cuando todavía esté en el tubo! Lamentablemente, a muchos jugadores, de todos los niveles, les distrae el cuerpo del rival acercándose a ellos mientras la bola viaja por encima de la red. El foco pasa de la bola al cuerpo.

Un buen contacto es casi imposible si miras al jugador atacante con un ojo y a la bola con el otro. Por eso muchas devoluciones se marchan fuera (demasiado largas o con un ángulo demasiado abierto) o se quedan cortas. Le regalas el punto a tu rival. Lo sé porque me ha ocurrido en muchas ocasiones, sobre todo ante McEnroe. Él subía de vez en cuando, y otras veces se quedaba en el fondo de la pista. Entonces te pillaba desprevenido y de pronto lo veías subir tras un saque. Ahí es cuando yo hacía todo lo que no debía hacer. Apartaba un poco la mirada de la pelota. Apuraba la devolución. Y, aunque me las arreglara para devolver la bola por encima de la red, ahí estaba él esperando. Con Edberg (que no ha dejado de subir a la red tras un saque desde que tenía siete años) puedes preverlo, por lo que frente a él es más fácil centrarse en la pelota y moverse con naturalidad.

Necesitas eliminar de tu mente al sacador, como hace José Canseco, el gran bateador de los Texas Rangers, con el lanzador. Solo ve la bola de béisbol. Si no lo hiciera, fallaría todo el tiempo. Ted Williams, el último bateador en conseguir un *hit* en el 40 % de sus turnos con el bate a lo largo de una temporada, decía que veía la bola con tanta nitidez que podía distinguir sus costuras mientras giraba en dirección al plato. Así es como se mira un objeto en movimiento.

Enseguida notarás lo que ocurre cuando miras la pelota de forma automática. Ves al sacador, pero en la periferia de tu campo visual. Tu foco principal es la bola. Con el correr del tiempo, cada vez verás más al oponente con tu nivel de visión «secundario». Para muchos jugadores es al revés. Ven a su rival con el foco principal y la bola como un objeto secundario.

Cuando empieces a percibir la bola con mayor claridad, recuerda mantener la calma, no cedas al ataque de pánico. Ante un jugador que se te abalanza, la tendencia habitual es aumentar la velocidad del golpeo, sacudirse de encima la pelota. Tiendes a perder equilibrio y forma. Tu objetivo principal, el objetivo que producirá los mejores resultados, es alcanzar un *swing* rítmico, controlado y consistente. El mismo que ejecutarías si el sacador no subiera a la red.

Con el foco puesto en la pelota y un *swing* menos frenético, mejorarás el contacto de tus golpes. Mira la bola, no a la persona que le va a pegar. No te precipites con el *swing*. Ahora estás en posición de empezar a tomar ciertas decisiones con tu resto que pueden causarle algunos problemas al jugador que sube asiduamente a la red.

2. Tira una devolución suave

Cuando un rival te ataca subiendo a la red, la respuesta natural es tratar de golpear la bola con fuerza para superar al jugador antes de que este cubra la red. Es una reacción instintiva, el impulso de «pelea o huye». No puedes huir cuando te atacan a la red, así que presentas batalla, y la respuesta usual cuando peleas es tratar de golpear la bola con más fuerza. Resístete. Imprímele menos velocidad a tu devolución de saque. Resiste el impulso de pegarle fuerte y rápido.

En primer lugar, porque un *swing* fuerte y rápido causa errores. Si el pánico te empuja a querer hacer algo de inmediato, perderás un punto. Más importante aún es que el jugador de saque y volea sabrá manejar esa potencia y usarla en tu contra: la resolverá con un golpe corto y con mucho ángulo que te llegará de vuelta incluso antes de que termines de armar tu *swing* de devolución.

Un voleador más flojo también obtendrá alguna ventaja de una devolución potente. ¿Cómo? El error más común que comete un mal voleador es pegarle a la bola con un *swing* demasiado amplio. Un resto fuerte impide que pueda cometer ese error. El voleador se limita a empuñar la raqueta, hacer contacto y abrir la volea con un mayor ángulo. Lo conviertes en mejor voleador de lo que es.

Una devolución suave puede ayudarte a lograr algo más importante. Para cuando tu rival llegue a la pelota, esta ya estará cayendo por debajo del nivel de la red (o por lo menos habrá empezado su descenso). El voleador tendrá que pegarle hacia arriba. Pegarle a una pelota por debajo del nivel de la red es mucho más difícil que hacerlo por encima. John McEnroe era capaz de imprimirle un ángulo imposible y sacarse de la manga un golpe ganador, pero dudo que tu rival pueda hacerlo. Te aseguro que no le gustará una devolución suave y baja en descenso. Su volea (si es que puede llevarla a cabo) no será profunda ni baja, de modo que no constituirá un problema para ti.

Obviamente, también puedes hacer que la pelota se hunda bajo la red con un golpe liftado. Es un tiro mucho más difícil de ejecutar, pero igual de efectivo. Cualquiera de los dos funciona. Lo ideal es alternarlos. Pégale de vez en cuando con menos fuerza. Variando tus tiros harás que a tu adversario le atenacen las dudas todo el tiempo.

3. Rómpela hacia el cuerpo de tu rival

Cuando subo a la red frente a Ivan Lendl, me aseguro de tener al día las cuotas de mi plan de salud. Yo lo llamo Terminator. Una de sus tácticas consiste en «buscar y destruir». Puede tanto superarte como derribarte. Por supuesto, la mayoría de los jugadores del circuito pueden lidiar con un tiro al cuerpo desde la línea de fondo, pero Lendl te alcanza incluso cuando está bien cerca de ti. Una vez me dio tan fuerte que llevé tatuada en el pecho la marca Wilson por una semana.

Pero es legítimo. Después de todo, un jugador que cubre la red está reduciendo tus vías de escape. Te roba la pista (con su cuerpo) y te fuerza a buscar un objetivo mucho más pequeño. Una manera de escapar es avanzar hacia él. Un corredor en el fútbol americano generalmente intenta esquivar a los placadores. Cuando era necesario, Eric Dickerson agachaba la cabeza y derribaba al placador.

Ivan no tiene miedo de perforar a su manera a quien osa subir a la red. Quiere que tengas en mente que puede jugar cruzado. Que puede lanzar un golpe paralelo. O intentar un globo. O ponerte la bola justo en el estómago a ciento cincuenta kilómetros por hora. Puede hacerte parecer un idiota de muchas maneras. Y al golpear a su rival, suma otra posibilidad por la que su adversario debe preocuparse. Tú puedes hacer lo mismo. No seas amable.

El jugador que quiera acompañar su saque con una carrera hacia la red debe saber que no tienes miedo de acertarle a él. Así tendrá que sopesar una opción más.

¿Cuándo hacerlo? Cuando tus otras opciones se vean limitadas, cuando el voleador te haya cerrado los tiros más fáciles y te fuerce a intentar tiros más difíciles para ganar el punto. En ese momento, buscar el cuerpo del rival pasa a ser juego limpio.

Pero no te lastimes probando un *swing* exagerado. Cuando te digo que «la rompas», no me refiero a que impactes en la pelota con un braceo errático o que traces un *swing* pasado de vueltas. Dale de lleno con un *swing* de alta velocidad, pero sin perder el control. Muchos jugadores tienden a darle a la pelota con la muñeca suelta cuando quieren pegarle duro. Es todo brazo y mano. Pégale duro, pero sin hacerte daño.

Hazlo suficientes veces para que al voleador le asalten las dudas. Una de las recompensas adicionales es que intentará pegarle a la bola cuando esta se iría fuera si la dejaran pasar. Porque la pelota le llega más rápido, porque el factor sorpresa funciona, porque cuesta más juzgar la distancia de la bola cuando viene directamente a tu encuentro. Los jugadores suelen defenderse con un *swing* rápido a modo de reflejo cuando la pelota se dirige a su cuerpo, aunque sea una mala pelota.

Recuerda, de todos modos, la caballerosidad deportiva. No es apropiado pegarle a alguien que está en una actitud pasiva. En otras palabras, si lanzas un remate demasiado cerca o si tienes otra opción que sea un tiro fácil para anotarte un golpe ganador, es inapropiado castigar a alguien solo para captar su atención. Pero si te están encerrando y te obligan a buscar tiros muy difíciles para sacar el punto adelante, tu rival es un blanco legítimo. Pon la mira en su ombligo y adelante.

4. Responde con un resto cruzado

Te doy ahora una regla que se aplica de modo general siempre que devuelvas un saque, pero sobre todo cuando el sacador te ataca subiendo a la red. Responde con un resto cruzado siempre que te sea posible.

Un resto cruzado es una buena idea por la logística que implica. Cuando intentas devolver en paralelo, pones en juego los laterales. Coqueteas con pegarle ancho. Que se te marche por poco significa que has perdido un punto sin hacer que el rival le pegue a la pelota siquiera. Además, como sabes, la red es más alta en los lados que en el centro. Finalmente, si le pegas a la bola en diagonal o cruzado tienes más campo para acertar. Razones bastante sólidas para probar el resto cruzado si tienes la posibilidad. Más campo, menos red y ausencia de líneas laterales.

El resto cruzado proporciona una ventaja adicional: cuando devuelves la bola en diagonal, tu contrincante está obligado a ejecutar una volea mucho más difícil. Si quiere golpear a campo abierto (lejos de ti), tendrá que pegarle en paralelo. De pronto debe hacer un tiro para el que dispone de menos campo y para el que debe hacer frente a una red más alta y a las líneas laterales (esto se aplica tanto en el lado de iguales como en el de ventaja). O puede decidirse por la opción contraria y devolverla al mismo lugar, lo que te viene muy bien porque te ahorras una buena carrera.

Entonces, como regla general (especialmente en puntos importantes), responde al saque con un resto cruzado. Serás recompensado con más pelotas dentro y tu rival fallará más voleas cuando suba a la red.

5. Aprende a amar el globo

Los jugadores aficionados suelen despreciar el globo cuando les toca restar porque es un tiro que en esa situación parece difícil. Dale una oportunidad. Recuerda que ni siquiera precisa de un gran *swing*. Básicamente, tienes que bloquear el servicio del rival usando la propia potencia del sacador. Intenta siempre lanzar el globo hacia el revés de tu contrincante. Obtendrás buenos resultados.

El factor sorpresa es lo más importante en esta respuesta. El jugador de saque y volea que espera recibir *passing shots* por los costados procurará estar cada vez más cerca de la red. Si de vez en cuando le juegas un globo, lo forzarás a protegerse, a no abalanzarse demasiado sobre la red. Cuando tengas enfrente a alguien que pretende instalarse en la red, lánzale un globo hacia su revés. Lo pondrás a prueba.

Esta es una respuesta que rara vez verás en el circuito, porque es muy difícil responder con un globo al servicio de un jugador profesional, y porque a ese nivel los globos suelen resolverse fácilmente. Pero entre aficionados puede ser una opción útil para devolver un saque.

6. Mezcla y combina

Las tácticas que he sugerido funcionan. El jugador de saque y volea tiende a ponerte a la defensiva y a hacerte correr. Nunca consigues mantener un ritmo y todo es reacción. Al sumar mis sugerencias a lo que haces de manera regular, serás menos previsible y menos defensivo, y podrás recurrir a más variantes. Obligarás al jugador de saque y volea a esforzarse más para ganar un punto. Poco a poco, sus errores empezarán a acumularse. Y te llevarás el gato al agua.

Además, ten en cuenta que, en un juego de saque y volea, los puntos suelen durar menos. Puede ser extremadamente molesto enfrentarte a un rival que gana los puntos tan rápido una y otra vez. No pierdas la perspectiva. Un punto es un punto, da lo mismo si se obtiene con un *ace* o tras un intercambio de veinte golpes. Si tu rival saca y volea y gana puntos, mantén la calma y resiste la tentación de pegarle con furia.

Andre Agassi nunca perdió la calma pese al saco de *aces* que Ivanisevic le metió en la final de Wimbledon de 1992. Siguió buscando los mejores tiros al resto y no permitió que los golpes ganadores de Goran al saque le pusieran nervioso. Deberías hacer lo mismo. Mantén la calma cuando tu rival empiece a cerrar rápido los puntos. Oblígalo a lanzar tiros muy variados. No le regales ningún punto. Si es capaz de sacar provecho de lo que hace durante todo el partido, merece ganar. Pero no le pongas las cosas fáciles.

El servicio débil

El jugador que puede sacar ventaja del débil servicio de su rival tiene un tremendo activo. En mi juego, el saque se me vuelve en mi contra, y te explico por qué. Mi primer servicio es bastante bueno. El día que estoy «enchufado», puede ser muy efectivo. En 1991 me enfrenté a Agassi en las semifinales del torneo de San Francisco, y metí quince *aces* y conseguí una buena cantidad de golpes ganadores. Le gané 6-1, 6-2. Pero eso fue con mi primer servicio. Con el segundo es otra historia.

El segundo saque me saca de quicio. Toda mi carrera he tenido un segundo saque débil. Es algo que no he sido capaz de superar. Hay una pequeña presión extra con ese segundo saque, especialmente en puntos importantes o ante restadores muy hábiles en rentabilizar esa debilidad. Mi segundo saque es pésimo, y me ha costado muchos puntos ante jugadores que saben cómo aprovecharlo.

Lendl es el mejor (o el peor) para mí. Cuando espera mi segundo saque, es como Freddy Krueger. Lo devora. Becker también se alimenta de mi segundo saque. McEnroe hacía lo mismo, pero no usando la potencia de Lendl o Becker, sino picando la pelota y subiendo a la red. Sea como fuere, enseguida me toman la delantera.

Entonces ¿qué ocurre? Para protegerme ante un jugador que ataca mi segundo saque, procuro al menos meter el primero. Para hacer eso, tengo que asegurarlo, lo que reduce su efectividad. Puedes ver la progresión. Al saber cómo rentabilizar un segundo saque débil (el mío), el receptor (Lendl) me fuerza a cambiar el primer saque o a sufrir las consecuencias. Por suerte, soy bueno con mi primer saque; no necesariamente es potente, pero lo lanzo con una buena dirección, con consistencia y movimiento. Maximizo mi primer saque porque el segundo me vuelve muy vulnerable.

Ese es tu objetivo ante un jugador con un segundo saque mediocre. Quieres obligarlo a ser más cauteloso con el primer saque.

Ese saque sin gracia es el que recibirás con mayor frecuencia como tenista aficionado. Ya sea un primer saque insulso o un segundo saque débil, verás a menudo el saque sin gracia. Lo verás en los momentos más importantes del partido, cuando el sacador está más nervioso y se le encoge el brazo. La bola te llega sin velocidad, profundidad ni efecto. Es como ver caer la arena de un reloj. El tiempo no pasa. Ahí tienes una oportunidad que no debes desaprovechar.

El problema es que esa pelota a la espera de ser devorada despierta a la bestia que llevas dentro. Sabes que la oportunidad está llamando a tu puerta. Pero en lugar de abrir la puerta, la quieres destrozar. ¡Pum, todo lo fuerte que puedas! ¡Pum, todo lo amplio que puedas! ¡Pum, todo lo profundo que puedas! ¡Pum! Pero tu remate se va a las nubes. Error no forzado. Una estupidez. «Demasiado palo», como se diría en el golf. Si te ocurre varias veces, acabas desarrollando inseguridades y cambias de táctica.

Más pronto que tarde te encontrarás devolviendo sin gracia esa bola sin gracia. Tenías una oportunidad delante de las narices y se la has regalado a tu rival. Le das vueltas al asunto. Cada tanto reúnes de nuevo el valor para probar un golpe feroz ante uno débil. Y estrellas la bola en la valla del fondo. Entonces recurres otra vez a la devolución infantil. Pero hay un modo de solucionarlo.

Aquí están las tácticas que deberías usar para rentabilizar el saque débil de tu oponente.

1. Muévete dentro de la línea de fondo

Esperar un saque débil en el lugar habitual o detrás de la línea de fondo significa que tendrás que correr hacia delante para devolverlo. Sales apresuradamente para llegar a la bola, y eso hace que el golpe sea más difícil. Sitúate dos o tres pasos dentro de la pista, dependiendo de lo malo que sea el saque. Desde esa posición apenas tendrás que adelantarte para ejecutar un *swing* con normalidad.

2. Mantén los pies en movimiento

Cuanto más fácil es el tiro, más vago se vuelve el jugador. No es que los receptores no traten de matar la bola, es que dejan de hacer lo necesario para pegarle con fuerza. Pretenden darle a la pelota con un golpeo repentino, como si quisieran cazar un colibrí con una red para mariposas, todo muñeca y brazo. Es como si el cerebro les dijera: «No voy a sudar por esto. Un tiro fácil. ¡Tómate un respiro!». Ante un saque débil, uno tiende a relajarse. Una pésima manera de actuar.

La pereza se manifiesta primero en el trabajo de pies. Veo pasos largos o, si no, ausencia de pasos. El jugador espera la pelota en su lugar o apura hasta el último segundo para salir corriendo a pegarle. Lo que debes hacer es mantenerte en movimiento con pasos cortos. Como hacen Lendl y Connors cuando esperan un saque débil. Ligeros, rápidos y de puntillas. Llegan a la bola con mayor consistencia y mucho mejor balance y sincronización. Empieza a mover los pies antes del lanzamiento de tu rival. Mantén los pies ligeros y sueltos cuando intuyas que viene un saque débil.

3. Acorta la empuñadura y el gesto hacia atrás

El impulso de pegarle demasiado fuerte disminuye si acortas la empuñadura. El objetivo es acortar el *swing* manteniendo el control de la raqueta. He visto a jugadores acortar la empuñadura hasta quince centímetros. Eso es demasiado, o, al menos, innecesario. Basta con que desplaces la mano cuatro o cinco centímetros hacia la cabeza de la raqueta. De ese modo tendrás más capacidad para controlar la situación. Y, psicológicamente, con una empuñadura más corta tenderás a reducir el impulso de exagerar el *swing*.

4. Pégale con la raqueta, no con tu ego

Incluso si sigues los consejos anteriores, es probable que empieces a acumular errores no forzados si no eres capaz de controlar el impulso de reventar la bola. Yo lo llamo el síndrome de los «ojos grandes»: el jugador visualiza el saque débil con el afán de destruirlo, los ojos se le agrandan antes de hora y la mente sufre un cortocircuito. ¿El resultado? Un error no forzado. Mantén los ojos dentro de tu cabeza. Solo quieres hacer una buena devolución. Pégale entonces con la raqueta, no con tu ego. Eso vale para cualquier tiro flojo: voleas, remates, tiros de fondo... Maneja tus tiros. La potencia es menos importante que la colocación. Cuando veas que viene ese segundo saque infantil, da prioridad a la colocación del resto hacia el lado débil de tu rival. Cuando del otro lado de la red tu rival vea que rentabilizas de forma consistente esos segundos saques débiles, empezará a ejecutar un primer saque menos potente. Lo habrás obligado a cambiar su juego. ¡Ventaja para ti!

El servicio de un zurdo

El jugador zurdo tiene dos ventajas ante ti si eres diestro: una en la cabeza y la otra en la pista. Veamos primero esta última.

Para un zurdo, el lado más sólido de la pista es el de la ventaja. Es el lado desde el que puede sacar hacia tu revés con mayor facilidad. Puede sacarte de la pista si es capaz de servir bien abierto. El lado más fuerte de un sacador diestro ante un zurdo es el lado de iguales. De nuevo, porque es más fácil sacarle al revés de un zurdo en el lado de iguales con un saque con efecto.

Entonces estamos empatados, ¿no? Por un lado, tú tienes una ventaja en el saque (el lado de iguales) y, por el otro, el zurdo goza de su propia ventaja (el lado de la ventaja). El problema para los diestros es que la mayoría de los puntos de ventaja se dan con más frecuencia en el lado de la ventaja que en el de iguales. ¿Por qué crees que recibió ese nombre? Esto significa que el zurdo tiene más oportunidades de anotarse un punto de juego en el lado que favorece a su servicio. Puede sacar a los diestros de la pista en esos puntos que cuentan más.

Un jugador diestro tiene muchas más dificultades para castigar al zurdo en el lado de la ventaja. Si intentas mover al zurdo hacia el lado de la ventaja, te verás obligado a ejecutar un saque más complejo (con menos campo, la red más alta y un ángulo más difícil). Incluso si te sale bien, la bola seguirá llegando al *drive* del zurdo (que supuestamente es su golpe más fuerte). Si sacas a su revés, lo dejas en el medio de la pista. No son las mejores opciones cuando quieres empezar bien el punto.

Una vez más, tendrás que reducir las ventajas que tiene el zurdo minimizando sus fortalezas. Aquí va cómo hacerlo.

1. Sé un gato callejero

Si te enfrentas a un zurdo con una consistente habilidad para sacarte del lado de la ventaja mediante un servicio abierto a tu revés, tendrás que hacer trampa. Me refiero a que tendrás que moverte más cerca del pasillo de dobles del lado de la ventaja. Así reducirás notablemente el área en la que el sacador quiere poner la bola. Acércate al pasillo de dobles (y avanza unos pasos hacia la red) al recibir el saque.

Un gráfico de pastel para el tenis

Esto lo explicará mejor y vale para cualquier otro aspecto. Depende de la posición en la que te sitúes durante un punto, renuncias en mayor o menor medida a ciertas partes de la pista. Me vienen a la cabeza los gráficos de pastel del *USA Today*. Si te colocas en el centro exacto de la línea de fondo, el rival tiene dos partes iguales del pastel a las que dirigir el golpe: el lado de iguales y el lado de la ventaja. Si te mueves a la derecha, ¿qué ocurre? Que el lado izquierdo del pastel aumenta de tamaño. Y si te desplazas a la izquierda, es el lado derecho el que aumenta. Por supuesto, un lado más grande es un objetivo más fácil para el adversario.

Así pues, cuando te enfrentes al saque de un zurdo en el lado de la ventaja, muévete hacia la izquierda y déjale una porción fina del pastel en el lado de tu revés y un buen trozo en el lado de tu *drive*. Entonces le será más difícil servir hacia tu revés para sacarte de la pista. Lo tientas con más campo en el lado de tu *drive*, pero para beneficiarse de esa circunstancia se verá obligado a ejecutar un saque plano hacia el centro, que presenta más dificultades.

Es probable que de cualquier modo hagas este ajuste. Lo que te sugiero es que te «sobreajustes». Que no sea un secreto. Que no lo hagas a hurtadillas. Hazlo a lo grande. Hazle saber a tu rival que estás sacando ventaja de la situación. *Fuérzalo a servir hacia tu* drive. *Fuérzalo a dirigir la pelota al centro de la pista del lado de la ventaja*. Y fuérzalo en los puntos importantes, cuando tengas dos o tres puntos de ventaja. Con 0-40, sitúate en el pasillo (o incluso fuera de la línea de dobles). Observa lo que hace. Te encantará. Introduce algún ajuste si te hace daño con el saque al centro. Encuentra una posición para recibir en la que tu rival tenga problemas para servir hacia tu revés y no pueda superar tu *drive*.

Estarás perturbando su rutina preferida. Le quitarás lo que más le gusta hacer y lo obligarás a aceptar una opción secundaria. Le negarás la oportunidad de hacer valer rutinariamente su punto fuerte contra tu costado más débil. No tendrá más remedio que poner en práctica un saque más difícil hacia tu lado más fuerte. Eso es exactamente lo que quieres conseguir.

Ahora, las consecuencias. ¿Recibirás algún *ace* por el medio? Por supuesto. Pero desafía a tu rival a hacer esa maniobra. El zurdo verá esa enorme porción de pastel que le has concedido y empezará a cambiar su juego. Al principio, movido por la codicia, buscará el *ace* con ahínco, como para darte una lección: «Lo siento, pero no puedes evitar tu lado del revés conmigo». Recuerda, estás desafiándolo. Incordiándolo. Poniéndolo a prueba. Si no logra el *ace*, la bola se irá fuera o caerá en tu zona preferida. Si entra, reviéntala. El zurdo tendrá que decidir si intenta un golpe hacia el lado de tu revés, aunque le hayas dejado una porción muy fina del pastel. Un par de errores e intentará golpear de nuevo al centro.

Si justo ese día está inspirado, tendrás que entregar parte de la calle que habías reclamado. Tendrás que cederle una porción del pastel más pequeña del lado de tu *drive*. Pero lo más probable es que empieces a ver cómo incurre en errores. Comenzará a dirigir su saque a esa pequeña abertura en el lado de tu revés (y cometerá faltas) o a quemar la bola al centro buscando un *ace*. Le habrás hecho cambiar su juego, y algo con lo que podía castigarte se convertirá en algo no tan efectivo.

¿Funciona todo el rato? No, pero lo suficiente para constituir un factor disruptivo capaz de cambiar el juego de tu oponente, sobre todo si no paras de hacer ajustes. Desplaza todo el tiempo tu posición para que el rival tenga que reaccionar a lo que tú haces. Sigue modificando el gráfico de pastel. Haz esa maniobra cuando te puedan ver. La siguiente vez, muévete justo después de que realice el lanzamiento y le sea imposible verte. Quítale el foco de la pelota y dirígelo a ti. Especialmente con 40-0 o 0-40. Ahora puedes restregárselo en la cara.

2. Nunca des crédito a un zurdo

Por tanto, el zurdo goza de una ventaja en la pista con la que tienes que lidiar. ¿Y qué decir de la ventaja psicológica? Esta segunda ventaja es algo más sutil, pero igual de común. Tanto entre aficionados como en el circuito profesional, los jugadores suelen ponerse nerviosos cuando se enfrentan a un zurdo. Nos ponemos mucha presión y tendemos a pensar que estamos condenados a perder. A mí antes me preocupaba mucho. Sentía que McEnroe o Connors tenían de por sí tantas cualidades que era injusto que contaran con esa ventaja extra de ser zurdos.

Al contrario que Connors, McEnroe sí extraía el máximo rendimiento del saque. Su servicio, con ese movimiento en forma de gran gancho, era infernal. Se abría mucho (lo que se conoce como el «abrelatas», un servicio muy cortado), picaba bajo y te sacaba de la pista hacia las gradas. Intenta devolver un golpe ganador con tu rival en la red mientras tú estás sentado en la primera fila de asientos. Difícil. Solo de pensarlo, uno ya entra en una dinámica de perdedor.

Lo que tenía que hacer era decirme que la ventaja posicional podía minimizarse de algún modo. Que podía reducir la efectividad de su mejor saque con una colocación adecuada. Desde ese momento pensaba que el zurdo y yo jugábamos en igualdad de condiciones. Lo simplificaba. Dejaba de decirme que el zurdo gozaba de una gran ventaja. Dejaba de preocuparme porque sabía que el zurdo estaría en desventaja cuando yo sacara del lado de iguales.

Lo mejor que puedes hacer para neutralizar la ventaja psicológica es enfrentarte a muchos zurdos. Acostumbrarte a saber que, al jugar con un zurdo, cuando lanzas un *drive* hacia el lado de iguales, la bola se dirigirá a su revés, probablemente su lado más débil; que, si tiras un globo paralelo del lado de iguales, caerá también en el lado de su revés. Ante un zurdo, tus tácticas habituales se invierten. Cuando incluyas a más zurdos en tu agenda de partidos, verás cómo esa supuesta ventaja se evapora.

La puesta en práctica ante McEnroe

¿Te acuerdas del partido que jugué con McEnroe en el Madison Square Garden en el Masters de 1986? (Después de que yo le ganara, se retiró y estuvo seis meses apartado de las pistas de tenis.) En ese partido me impuse porque apliqué la estrategia que te acabo de explicar. Había perdido con él algunos meses antes, pero por muy poco. Caí 4-6 en la tercera manga, pero por primera vez sentí que podía derrotarlo. Pensé mucho en eso cuando supe que tenía que volver a enfrentarme a él en el Madison Square Garden.

En mi preparación para ese partido decidí llevar a cabo exactamente lo que acabo de explicar. Procuré ocupar el pasillo de dobles del lado de la ventaja cuando él sacaba. Además, daba unos pasos hacia la red cuando McEnroe se disponía a ejecutar el segundo servicio. Sabía que al adelantarme me mostraría más agresivo. Fue un acierto. Si McEnroe percibía que te atenazaban la dudas, era como si oliera la sangre y sacaba provecho de tu indecisión.

En ese partido, yo tenía dos metas: neutralizar su saque tipo abrelatas (muy cortado) en el lado de la ventaja y ser más agresivo. ¿Qué ocurrió? Hacia el final del segundo set su saque había comenzado a debilitarse. Intentaba enviarlo al centro del lado de la ventaja (yo le estaba ofreciendo esa porción más grande del pastel) y empezó a fallar. No mucho, pero el caso es que fallaba más de lo habitual. Debió de tomarse como un desafío que yo me situara en el medio del pasillo para recibir su primer saque. Solo para tentarlo a que fuera por el centro. Pero ese día no pudo hacerlo tanto como para hacerme daño. Fallaba tanto que tuvo que resignarse y empezar a sacar hacia mi *drive*. Entonces empecé a variar mis devoluciones, reventando la bola una vez y jugando suave la siguiente. Eso lo mantuvo fuera de eje.

Había minimizado su arma más letal, de modo que Mac estaba obligado a intentar vencerme con algo distinto. Normalmente, Mac se las arreglaba para adaptarse a la nueva situación y derrotarte de todos modos, pero no fue así esa noche en el Madison Square Garden. Si a mí me funcionó contra él, créeme, a ti te funcionará contra el zurdo al que tengas enfrente.

El cañonero

El cañonero. El bombardero. El sacador que sirve con munición de gran calibre. Hoy en día, al menos a nivel profesional, los saques son más rápidos y potentes. Las nuevas raquetas convierten cualquier bola desgastada en un misil balístico. De hecho, las pelotas de tenis me parecen diferentes a las de algunos años atrás. Creo que son más duras. Eso, combinado con las últimas raquetas, se traduce en más artillería para los sacadores. Stich, Krajicek, Wheaton y otros jugadores están cambiando el tenis con esa potencia. Créeme, esa evolución no solo se debe a su mecánica de saque.

Sobre hierba se puede convertir casi en un despropósito. En la final de Wimbledon de 1991 entre Stich y Becker, ¡cada punto duró de media menos de tres segundos! En la semifinal de ese año, Stich derrotó a Edberg pese a que Edberg nunca perdió su saque. El poder del servicio.

Cuando me encuentro con un rival especialmente inspirado al saque, que anota *aces* como si tal cosa, no hay mucho que hacer. Me refiero a que para devolver un saque primero hay que verlo. Cuando la pelota te llega a más de doscientos kilómetros por hora, te pasa por delante de las narices antes de que puedas parpadear. Es como la historia del vaquero que alardea de ser el pistolero más rápido del Oeste. Alguien en la cantina le dice: «Demuéstralo, amigo». Entonces el vaquero se planta con las manos sobre las pistolas y se queda parado. Cinco segundos después dice: «¿Quieres verlo otra vez?». Así es jugar con un cañonero como Pete Sampras. «¿Quieres verlo otra vez?». Y mi respuesta es: «¡No!».

Es muy improbable que alguna vez recibas un saque que supere la barrera del sonido. Pero te tocará hacer frente a algunos servicios lo bastante fuertes para ponerte a la defensiva, que te forzarán a cometer errores o a devolver restos débiles. En esa tesitura existen varias tácticas que debes tener presentes.

1. Muévete tres pasos atrás

Cuando alguien te supere con un golpe o un estilo en particular, debes cambiar lo que hayas venido haciendo. Dale una visión diferente de ti al jugador que se está paseando al otro lado de la red. Así lo obligarás a reaccionar a lo que tú haces. Esto vale para casi cualquier situación en el tenis, también para esta. Cuando alguien aparece con un saque que no puedes manejar, cambia de posición en la pista para recibirlo.

Primero, da algunos pasos atrás. No caigas en la mentalidad de macho alfa: «Aquí me planto. ¡No me importa lo fuerte que sea tu saque!». No seas orgulloso. Desplázate atrás. Basta con un metro y medio. La distancia extra puede darte mayor poder de reacción ante la pelota.

2. Muévete tres pasos adelante

Después, muévete hacia la red. Ubícate más adentro de lo habitual respecto a la línea de saque. Intenta bloquear la pelota.

Acorta la empuñadura y haz contacto frente a tu cuerpo. Por supuesto, la idea es romperle el ritmo al sacador. Lo obligas a pensar. Intentas hacerle cambiar lo que está haciendo. Y ten por seguro que moverte hacia delante o hacia atrás hará justo eso.

Cuando el sacador ve que te acercas, como desafiándolo, el resultado es predecible: le pegará más fuerte. Y cuando te desplaces un metro y medio detrás de la línea de fondo, intentará sacar ventaja de los ángulos disponibles, más abiertos hacia cualquiera de los lados. En ambas situaciones, ¿qué es lo que ocurre? Lo has obligado a cambiar su juego.

Suena demasiado simple, ¿verdad? Pero funciona. Björn Borg se ubicaba en Wimbledon más de tres metros por detrás de la línea de fondo, y lo ganó cinco años consecutivos. Michael Chang poco menos que se situó sobre la línea de saque obligado por los calambres, y forzó a Lendl a cometer una doble falta cuando disfrutaba de un punto de partido en Roland Garros. Michael destrozó mentalmente a Lendl con esa maniobra. Sí, funciona.

3. Acorta tu raqueta

El gran saque llega demasiado rápido. No tienes tiempo para reaccionar. Mucho más difícil es si para pegarle debes hacer un *swing* completo con la mano en el extremo de la empuñadura. Haz que la raqueta sea más manejable acortando la empuñadura un par de centímetros hacia la cabeza. Tendrás un control mayor y serás capaz de moverla más rápido para ejecutar el resto.

4. Acorta el *swing* por la mitad

Cuando te sientas acribillado por un gran saque, acorta tu *swing*. Piensa en llevar a cabo solo la mitad. Si eso no funciona, piensa únicamente en bloquear el servicio. Agassi bloqueó el saque de su rival y consiguió golpes ganadores varias veces para adjudicarse su primer título de Wimbledon. Usa el ritmo que te proporciona el adversario para hacer un buen contacto. Es muy efectivo en todos los niveles del juego y usualmente ignorado por los tenistas aficionados. Quieren pegarle fuerte a una pelota fuerte, por eso se ven tantos golpes fallidos, tiros a destiempo y puntos regalados.

Incomódale

Si eres capaz de disminuir la efectividad del mejor servicio de tu rival, habrás dado un gran paso para ganar el partido. Si es un zurdo con un buen saque abrelatas, sitúate en la calle y fuérzalo a superarte por el medio. Si juegas ante un diestro que puede golpear a la bola por el medio en el lado de iguales, muévete hacia tu izquierda y concédele una porción estrecha del pastel para que pruebe tu revés. Y ve alternado.

Si alguien te supera con solidez con su saque, tienes que trabajar con su mente. Muévete a tu nueva posición cuando te pueda ver (pero antes de que ajuste el movimiento previo al saque). Luego, muévete tras su lanzamiento para que no pueda verte. Saltar de un lado a otro con la sola expectativa de distraer a tu rival es muestra de poco espíritu deportivo. Pero moverte con el propósito de situarte en una nueva posición es una acción de juego legítima.

Le rompes el ritmo, la cadencia mental. En vez de pulverizarte con un saque en particular, lo obligas a que intente superarte con algo más.

Cuando veas un partido por televisión, ponte en la piel de quien recibe. Observa cómo se posiciona para que el rival esté lejos de poder ejecutar su saque más dañino. Luego pruébalo en tus propios partidos.

Paso siguiente: reconocer las oportunidades que se te presentan durante el partido (oler la sangre).

9

LOS SIETE PUNTOS DE VENTAJA ESCONDIDOS

Dinámicas mortales

Los tenistas aficionados tienden a considerar la mayoría de los puntos y juegos de un partido como si fuesen prácticamente iguales. El segundo punto del juego es equivalente al cuarto, 15-15 no es diferente de 30-30. El tercer juego del primer set no se distingue de un 4-4 en el segundo set. Con la excepción de los puntos de ventaja, casi todo se toma como si tuviera la misma importancia. (Nota: para abreviar, llamaremos «puntos de ventaja» tanto a los puntos de rotura como a cualquier punto de ventaja; es decir, cualquier punto que permita ganar un juego es llamado «punto de ventaja».)

Sin embargo, hay diferencias significativas en el impacto específico que ciertos puntos y juegos pueden tener en la inercia y el resultado de un partido. Hay determinados momentos que son dinámicos y volátiles y tienen un peso psicológico y estratégico que puede contribuir a tu causa o dañarla.

Los puntos de ventaja llaman la atención

Sabemos que un punto de ventaja representa una oportunidad. El jugador que tiene uno y lo aprovecha se lleva el juego. Es la clase de oportunidad que todos los tenistas, desde el último hasta el primero del *ranking*, entienden de la misma manera. En un punto de ventaja (especialmente si se trata de un punto de set o de partido), uno rompe a sudar mientras se le acelera el corazón y le sube la presión sanguínea. Eso, al menos, es lo que debería ocurrir. Muchos jugadores no se despiertan hasta que hay un punto de ventaja, para ellos o para su rival, porque no es hasta entonces cuando el juego puede caer de un lado o del otro.

Como todos reconocen el impacto de un punto de ventaja, los jugadores se excitan un poco cuando llega uno. Difícilmente pillarán a sus rivales desprevenidos. ¿Cuándo fue la última vez que ganaste un punto de ventaja sin saberlo? («¿Acabo de llevarme el juego?») Es muy raro que ocurra tal cosa. ¿Y un punto de set? Imposible que no lo supieras. Y lo mismo vale para tus oponentes. Los puntos de ventaja no pasan inadvertidos. Son obvios y merecen nuestro respeto.

Apreciar el momento: el «botín durmiente»

En mi propio enfoque acerca de cómo construir un triunfo, busco esas dinámicas o «situaciones de impacto» que son subestimadas por el rival. No incluyo los puntos de ventaja, porque todos los tenistas saben muy bien lo que está en juego. Sin embargo, hay momentos importantes durante un partido que afectan significativamente a la dinámica del juego pero apenas merecen atención. Los llamo «puntos de ventaja escondidos». Se trata de situaciones que brindan la oportunidad de disfrutar de un punto de ventaja, que producen o interrumpen una dinámica, que vuelven a meter al jugador en el partido o consolidan su dominio en instantes críticos.

Por lo general, hay momentos que en opinión de tu oponente no proporcionan una recompensa especial. Cuando aparezcan, tu rival estará dormido y podrás acceder libremente al botín, al menos en el tenis de aficionados. Ahí es cuando puedes obtener una gran recompensa por el solo hecho de estar alerta al potencial de la situación. A eso lo llamo «apreciar el momento», reconocer la importancia dinámica de las coyunturas cruciales de un partido.

Esos puntos y juegos subestimados por tu rival pueden tener un impacto tremendo en el devenir del partido. Solo con reconocerlos cuando ocurren (y ocurren con frecuencia) ya obtendrás una ventaja significativa. Pero si encima los juegas con inteligencia, tu porcentaje de triunfos aumentará.

Tu sistema de seguridad en el tenis

Cuando llega uno de esos momentos, una alarma se dispara en mi cabeza. Así como un comienzo dominante puede tener un gran efecto en lo que sigue, sé que esas oportunidades escondidas o subestimadas pueden influir decisivamente en el desarrollo del partido. Quiero reconocerlas cuando se presenten, estar alerta y aprovecharlas de la mejor manera posible. Aquí van algunas de las que durante estos años he reconocido como especialmente importantes para mí, en las que lucho para que mi mente siga un rumbo, para estar centrado y desplegar un tenis inteligente.

Los siete puntos de ventaja escondidos

1. El punto de preparación
2. El juego de preparación
3. Los juegos que mandan
4. Ampliar la ventaja
5. Evitar que el partido se te escape
6. Tácticas para la muerte súbita
7. Cerrar el partido

Son situaciones específicas que sobrevienen y deberías reconocer porque merecen la máxima atención. Te las traduzco.

1. El punto de preparación

Para algunos profesionales (los que no ganan dinero) y para la mayoría de los jugadores aficionados, hay dos tipos de punto: los puntos de ventaja y el resto. Error. Yo considero clave el punto que me permite acceder a mí o a mi rival a la ventaja, porque ofrece una gran recompensa: la oportunidad de ganar un juego. Llamo «punto de preparación» a cualquier punto que precede a un punto de ventaja. Los puntos jugados con 0-30, 30-0, 15-30, 30-15, 30-30 y 40-40 son de preparación para ambos jugadores.

Cuando me encuentro ante uno de estos puntos, las alarmas se disparan en mi cabeza, sobre todo con 30-30 (o 40-40), cuando ambos estamos a un paso de acceder a un punto de ventaja. Son puntos a los que se les puede sacar mucho jugo. Brindan una gran oportunidad porque deciden quién tendrá ocasión de llevarse el juego. Y si son la antesala de un punto de set o de partido, el valor del punto de preparación se multiplica (pienso en esos momentos como «superpuntos de preparación»).

Si gano el punto con 30-30 o 40-40 en el marcador, estaré a uno solo de adjudicarme el juego. Mi rival, sin embargo, estará a tres puntos. Una gran diferencia. Si gano el punto con 30-15 (para ponerme 40-15), la diferencia será aún mayor. Psicológicamente, todo es positivo. Ganarlo me permite alcanzar una posición mental sólida, esté sacando o restando. Entre aficionados, si tu rival está al servicio y tú ganas el punto de preparación (para llegar al punto de ventaja), quizá no tengas que hacer nada más. Basta una doble falta para que te anotes el juego.

No me cabe duda de que, si gozo de suficientes oportunidades de tener un punto de ventaja (y limito las de mi adversario), probablemente gane el partido. Y es en los puntos de preparación donde se gestan esas oportunidades. En béisbol no puedes conseguir un *hit* hasta que vas al plato con el bate en las manos. En tenis no puedes ganar un juego sin una oportunidad de anotártelo. El punto de preparación puede brindarte la oportunidad de acercarte al plato (o de mantener lejos al rival). Es muy importante y merece mi respeto.

Lo mejor del punto de preparación entre los aficionados es que, en general, tu rival no será consciente del peso que acarrea. Tenderá a jugarlo como cualquier otro punto, sin una dedicación especial: el 30-15 no le llama la atención, el 30-30 no lo pone en alerta. Su despertador es el punto de ventaja, no el punto que le precede, el punto de preparación.

Asegúrate, por tanto, de estar mentalmente concentrado y físicamente preparado, y de tener claro el plan. Es en ese momento cuando pillarás desprevenido a tu rival.

Regla número 1: ¡métela o devuélvela!

Cuando llega un punto de preparación (sea para mí o para el otro jugador), aguzo los sentidos. Mi primer objetivo es el siguiente: ¡meter la bola o devolverla dentro! Esto significa que si estoy sacando debo meterla y que si estoy restando debo devolverla dentro de la pista, preferentemente a un lugar que fuerce un tiro débil de mi rival. Es muy importante con 30-30 o con 40-40. Esos puntos requieren mayor precaución. O, dicho de otro modo, menos casualidades, menos descuidos.

Si estás 40-0 arriba y al saque, te puedes dar el lujo de pegarle duro y buscar tu *ace* del año. Si estás al resto, puedes intentar una devolución espectacular. Pero no con 30-30 o 40-40. Deja que tu rival busque la gloria. Al sacar con 30-0, el jugador tiende a descuidar su juego porque piensa que la ventaja es mayor de lo que realmente es. ¡Presta atención! Gana ese punto y después tendrás tres oportunidades consecutivas. Procura que el primer saque entre. Evita la doble falta.

Es sorprendente la frecuencia con la que, en un punto de preparación, los jugadores aficionados cometen una doble falta o devuelven un tiro demasiado largo o lo estrellan en la red. Le brindan una oportunidad al rival (o se la niegan a sí mismos) por no entender el significado del punto y lo que implica en la dinámica del partido. Eso es tenis sin inteligencia.

Regla número 2: sé sensato después del saque

Una vez que el punto está en juego, sé sensato. No te vengas arriba ni pretendas ser brillante. Evita los errores estúpidos. Es asombroso ver lo mucho que los jugadores aficionados buscan el «tiro milagroso» en mitad de un peloteo en el que ninguno de los dos contrincantes tiene ventaja. Eso puede estar bien si disfrutan de una gran ventaja, aunque nunca me gusta verlo y detesto hacerlo. En momentos cruciales, un tiro arriesgado es síntoma de que el jugador no entiende el juego. Deja que tu rival juegue sin cerebro cuando los tiros son trascendentales.

Esto no significa que tengas que desplegar un tenis ramplón. Significa que debes manejar los tiros, evitando los golpes con un porcentaje bajo de acierto, aquellos que implican un riesgo innecesario en momentos inoportunos. Y esa es la estrategia que debes seguir en los puntos de ventaja escondidos.

La presión paraliza

Ganar el punto de preparación puede ponerte presión encima. Todos los tenistas están más tensos cuando hay algo en juego. Perder un punto de preparación puede poner en peligro el juego, el set o el partido. La presión se verá reflejada en tus golpes y en tu confianza, de ahí que en cierta medida paralice a la mayoría de los jugadores aficionados. Reconocer la importancia de ganar un punto de preparación y abordarlo de la manera correcta trasladará la presión a tu rival.

2. El juego de preparación

Cada juego que puede colocar a un tenista a un solo juego de ganar el set es un juego de preparación. Es similar al punto de preparación en el sentido de que, por lo común, no se considera especial, sino un juego más. Pero claro que es especial. Y lo voy a demostrar con la final de Wimbledon de 1992.

El juego de preparación con 4-4 o 5-5 en el marcador, cuando ambos jugadores tienen la oportunidad de ponerse a un juego de ganar el set, tiene un enorme valor dinámico. Si rompes el saque de tu oponente, servirás para llevarte el set. Si mantienes el saque (con 4-4 o 5-5), tu rival tendrá la presión de saber que si no conserva el servicio perderá el set o el partido. Saber que debes mantener el servicio para no perder supone una presión significativa para la mayoría de los jugadores aficionados.

También puede suponer una presión significativa para un profesional. Todo lo que debía hacer Goran Ivanisevic para mantenerse con vida en el quinto set ante Andre Agassi en la final de Wimbledon de 1992 era conservar el servicio. Pero Goran sabía que si no lo hacía con 4-5 perdería el partido. ¿Presión? Por mucho que acumulase más de doscientos *aces* en todo el torneo y treinta y siete solo ese día, ¡comenzó el juego con cuatro saques fallidos! En el punto de partido, su primer servicio impactó casi medio metro por debajo de la parte superior de la red. Esa es la presión de mantener el servicio o perder el partido. Y esa misma presión es la que pretendemos trasladar a nuestro rival en un juego de preparación.

Goran declaró después a la prensa: «Por primera vez en el partido tenía la cabeza en las nubes. En vez de pensar en mi plan antes del lanzamiento, me puse a hacerlo cuando la pelota ya estaba en el aire y yo todavía no la había golpeado». La presión hizo su trabajo, y todo porque Agassi se había anotado el juego de preparación. Andre entendió a la perfección la dinámica de ganar el juego de preparación cuando sirvió con 4-4 en el quinto set.

Agassi dijo después que quería «aguantar el tiempo suficiente para llevar a Goran a pensar que iba a sacar para salvar el partido». Sabía que una enorme presión recaería sobre los hombros (y el brazo) de Ivanisevic. Andre se mostró muy sólido y efectivo al saque en el juego de preparación, con 4-4, dejando a Goran en 15. Jugó alerta, con estabilidad y sensatez. Sin arriesgar ningún tiro. Es un ejemplo clásico de cómo entender la dinámica de la situación. Debajo de ese pelo largo teñido había un cerebro pensante como el de un viejo profesor de tenis. Tú puedes hacer lo mismo en tus partidos si prestas la debida atención.

Cuando llega un juego de preparación (especialmente en el 4 o 5 iguales), en tu cabeza debería encenderse una luz roja con la señal: «Presta atención. Se ha elevado la apuesta. No te descuides. No pierdas la concentración. La oportunidad llama a tu puerta». Tu nivel de concentración debería redoblarse. Cada punto es ahora un gran punto. Cada punto te ayuda o te daña cada vez más.

El «crítico» séptimo juego no es tan crítico

Tengo razones para no comulgar con la creencia de que el séptimo juego resulta crítico en el devenir de un set. Es crítico si implica que un jugador quede a cuatro puntos (un juego) de llevarse el set. Esto puede ocurrir en el 2-4 o el 4-2. Pero no tiene tanta importancia en el 3-3 entre aficionados. El juego «crítico» en el set, para mí, es el juego de preparación, el que acerca a un jugador a ganarlo.

Juega como una boa constrictora

En esos momentos críticos del partido, lo que quiero es jugar como una boa constrictora. ¿Sabes cómo mata la boa constrictora? No aplasta a su presa, la sofoca. Cada vez que la víctima exhala, la boa constrictora aprieta un poco más. Cada vez que respira, la presa inhala un poco menos. Pronto no podrá respirar en absoluto. Morirá por sofocación. Nada espectacular. Solo una presión constante. Y ese es mi abordaje en los juegos de preparación, en los que si ganas te sitúas a cuatro puntos de llevarte el set (o el partido).

No fuerces los tiros. No pierdas la paciencia. No intentes sacarte un golpe de la chistera. Solo sigue apretando. Cuando estoy disputando un juego de preparación, trato de que mi rival cometa errores, se impaciente o intente desesperadamente un tiro brillante. Y en el momento crucial en que un jugador puede quedar a cuatro puntos de adjudicarse el set al ganar el juego, doy prioridad a la constancia. Quiero que mi rival tenga que luchar con uñas y dientes por todo lo que desea conseguir. Agassi jugó como una boa constrictora cuando sacó con 4-4 en el quinto set.

En el tenis recreativo, los puntos y los juegos de preparación suelen disputarse con ligereza, sin consideración por su peso. Un jugador que reconoce el potencial de esas situaciones se limitará a pasar la bola por encima de la red. El rival le concederá los puntos por su juego descuidado y su manera descuidada de pensar.

3. Los juego que mandan

Los dos primeros juegos del segundo set (en un partido al mejor de tres) son, para mí, «los juegos que mandan». En ese momento tienes la oportunidad de dar continuidad a tu dominio sobre tu rival después de haber ganado el primer set, o bien de meterte otra vez en el partido después de haber caído en la primera manga. A esto es a lo que me refiero.

Si te llevas el primer set, las estadísticas dicen que deberías ganar el partido (recuerda: entre los profesionales, ocurre el 90 % de las veces). Si pierdes el primer set, estás en apuros. Sin embargo, hay una razón por la que todavía hay partido después del primer set. Ganarlo no garantiza el triunfo. Perderlo no necesariamente es sinónimo de derrota. Pero, ganes o pierdas, esos dos primeros juegos del segundo set afectan de manera significativa a la dinámica de lo que resta de partido.

Regla número 1: cuidado con el oso herido

Supongamos que has ganado el primer set. Tu rival entiende que si aspira a darle la vuelta al partido tendrá un largo camino por recorrer. Dependiendo de su actitud o temperamento, pueden ocurrir dos cosas. Puede abandonarse al desánimo y sentir que no es su día, y entonces dejará de intentarlo. Si es así, estupendo. Los mansos podrán heredar la Tierra, pero no ganarán muchos partidos de tenis. Sin embargo, es mucho más probable que enfrente tengas a un oso herido. Y un oso herido es peligroso. Lo has lastimado ganándole el primer set. Ahora estará más concentrado y su motivación será altísima. Debe jugar mejor, y lo sabe. Está preparado para pelear en el comienzo del segundo set.

En cuanto a ti, es crucial que mantengas el empuje que te ha llevado a ganar el primer set. Por eso te conviene empezar de inmediato el segundo. Debes cerrar la puerta a cualquier atisbo de esperanza que pueda albergar tu adversario, en un momento en que está muy motivado y lleno de energía, con sed de venganza. ¡Cree que puede darle la vuelta al partido! Y por descontado que puede hacerlo. Un buen competidor está convencido de que se puede recuperar de cualquier bache. Debes minar esas esperanzas jugando con paso firme al comienzo del segundo set.

El perro que tenemos dentro

El espíritu competitivo es una cualidad interesante. Todos los tenistas lo tienen, en mayor o menor medida. Tu tarea consiste en aplastar ese espíritu en tu adversario, destruir cualquier idea que tenga de ganarte ese día. Pero incluso quienes acostumbran a darse enseguida por vencidos tienen alguna reserva de espíritu de lucha. Creen que pueden ganar. Lo mejor en ese caso es que no hace falta demasiado para convencerlos de lo contrario, de que en realidad no van a ganar. Un día nublado puede ser suficiente para desalentarlos. Para la mayoría, sin embargo, hace falta más que eso para que piensen: «Hoy voy a perder». Cuánto más es lo que nunca se sabe.

Con Jimmy Connors enfrente hace falta mucho más que eso. Lo sé por experiencia. Después de ganarle en dos sets en el Masters de 1987, casi llegamos a las manos en el vestuario. Empezó a gritarme que yo no le iba a ganar nunca más (y tenía bastante razón). Que mi triunfo había sido un accidente. Que yo no merecía ganarle. ¿Te suena? Allí estaba Connors, en calzoncillos, diciéndome que no podía ganarle cuando acababa de echarlo del torneo.

Connors era un *rara avis*, en cualquier caso. Pensaba que nunca debía perder y quería que yo supiera que él no aceptaba la posibilidad de que yo le ganara.

Pero te voy a decir una cosa: ninguno de tus rivales pensará como Jimmy. Después de haber perdido el primer set, muchos de ellos se tomarán el comienzo del segundo set como un barómetro de lo que está por venir. Si pierden los primeros juegos, tal vez no tarden en bajar los brazos. En cambio, si empiezan mandando, pensarán que están otra vez metidos en el partido. Muchos jugadores te ladrarán como un perro si tú no les muestras el palo.

Se puede ver incluso entre los profesionales. Al inicio de su carrera, Ivan Lendl era acusado de derrumbarse demasiado pronto. Decidía en determinado momento (quizá al comienzo del segundo set) que no era «su día» y tiraba la toalla. Goran Ivanisevic está repitiendo el mismo patrón una década más tarde. Cualquier cosa puede molestarlo, el error de un juez de línea o lo que sea, y decide dejarse ir.

Derrúmbalo y mantenlo abajo

He visto, en cientos de partidos oficiales, que al comienzo del segundo set puede darse un viraje psicológico. Es un nuevo comienzo para el rival que acaba de perder el primer set. Puedes aplastar ese nuevo comienzo con un inicio fuerte. Incluso un tenista que acostumbre a desanimarse pronto puede albergar esperanzas si empieza a repuntar en los primeros juegos del segundo set.

Pero, sobre todo, ten cuidado con el oso herido. Si ganas el primer set, ten presente de que te has metido en un gran problema: has lastimado a tu rival y ahora está motivado para a ir por ti con más garra. Debes prestar atención o acabarás malherido.

Regla número 2: cuidado con el jugador satisfecho; no festejes la victoria antes de tiempo

Todos los jugadores, del nivel que sea, suelen relajarse un poco cuando consiguen algo importante durante un partido. Pero ten en cuenta una de las leyes del tenis: el momento en que es más probable que pierdas el saque es cuando acabas de rompérselo a tu rival. No tiene que ver con la mecánica, sino con la actitud. El tenista que se anota una rotura tiende a relajarse o a descuidar su juego, mientras que el que ha perdido su servicio se emplea a fondo.

El final del primer set es el tramo del partido en el que este ajuste en la actitud ocurre de manera más manifiesta. Ganar ese primer set crea un falso sentido de seguridad. El jugador se da por satisfecho y se relaja complacido con su logro. Esta nueva actitud viene acompañada de un decaimiento del sistema de alerta mental y de una sutil mengua del espíritu competitivo.

Cuando eso ocurre, pasas a ser un jugador vulnerable. Empiezas a disputar sin tensión los juegos críticos. Regalas ventajas. Un verdadero campeón juega con más hambre cuando va ganando, nunca se conforma ni se relaja. He conocido a tres; los detallaré más adelante.

El oso herido y el jugador satisfecho marchan juntos

Por supuesto que el oso herido y el jugador satisfecho suelen coincidir en la pista. Cuando te sientes cómodo porque has ganado el primer set, puedes apostar a que tu rival se siente herido y amenazado. Va a pelear duro para meterse otra vez en el partido. Y, de manera inversa, cuando tú estás herido y tu sistema se encuentra en «estado de emergencia» (porque acabas de perder el primer set), tu oponente se regodea con la situación, aliviado por estar arriba en el marcador.

La ventana de oportunidad: ¡ciérrala o salta por ella!

Si tu rival (después de haber caído en el primer set) se recupera y de inmediato te rompe el servicio, la primera manga se borra de su cabeza. Es agua pasada. Piensa que el partido está esencialmente empatado. Si la actitud de tu rival era negativa, ahora es positiva. Como por arte de magia, el rumbo del encuentro ha sufrido un viraje. Y cuando tu oponente empieza a imponer su juego, es complicado recuperar el mando. No dejes que aproveche esa ventana de oportunidad al comienzo del segundo set porque te has tomado unas vacaciones mentales. Ciérrala de un manotazo desplegando un tenis sólido y manteniéndote alerta.

Por supuesto, también funciona a la inversa. Si has perdido el primer set, al comienzo del segundo buscarás contraatacar de inmediato o restablecer tu presencia en el partido. Querrás sacar ventaja de la actitud más relajada de tu rival e irás a por todas. Tu mayor ventana de oportunidad existe justo al inicio del segundo set, en «los juegos que mandan». Salta por la ventana. Vuelve a meterte en el partido.

McEnroe entiende la dinámica

McEnroe llegaba a trastornarse en ese momento crítico. Podía haber ganado la primera manga y estar jugando a un buen nivel. Entonces su rival empezaba fuerte el segundo set. McEnroe entendía que no debía darle ninguna esperanza de ganar. Quería cerrar el ataúd de una vez por todas. Pero su rival empujaba la tapa.

El público se preguntaba por qué McEnroe enloquecía y se enfadaba consigo mismo cuando iba un set arriba y perdía el saque al inicio del segundo set. ¿Acaso no estaba dominando el partido? ¿Acaso no gozaría de varias oportunidades para devolverle la rotura a su adversario? McEnroe entendía la dinámica de la situación. No quería dejar de tener maniatado a su rival y sabía que la ventaja psicológica del primer set se podía evaporar con un mal comienzo en el segundo.

Sé un buen compañero de dobles para ti

El psicólogo deportivo Jim Loehr descubrió que una pareja profesional de dobles se habla un promedio de ochenta y tres veces por partido. ¡Ochenta y tres veces! Es mucho, y eso que ni siquiera debaten adónde ir a comer. Una de las cosas más importantes de las que hablamos es la necesidad de mostrarnos más afilados y de jugar con cabeza. Es fácil olvidarse de eso en el fragor de la batalla.

En individuales, nadie está ahí para recordártelo. Por eso debes ser tu propio compañero de dobles. Habla contigo mismo. Cuéntate qué está pasando y qué quieres hacer a continuación.

Menciono esto porque el inicio del segundo set es un momento dinámico del partido: uno de esos tramos en los que debes recordar que has de estar alerta. Se puede conseguir un gran beneficio o infligir un gran daño psicológico. Si lo sabes y recuerdas jugar en consecuencia, vas a rentabilizar ese momento con más asiduidad. Y esto no se aplica solo a este punto de ventaja escondido en particular, sino a todos los demás. Habla contigo mismo. Sé tu propio entrenador.

Yo hago exactamente eso. Si voy por delante en el marcador, me fuerzo a mantener una mentalidad competitiva. No quiero sentir ninguna sensación de alivio por haber ganado el primer set. No quiero estar cómodo. No quiero disfrutar del momento, sino estar preocupado por lo que el rival pueda intentar. De hecho, me pongo nervioso cuando siento que estoy demasiado cómodo. Quiero pelear, porque sé que mi adversario va a hacerlo.

En esas situaciones (y en los puntos de ventaja escondidos), procuro jugar un tenis de alto nivel, sin incurrir en tiros vistosos o tácticas arriesgadas. Es entonces cuando recuerdo la táctica de la boa constrictora: apretar un poco, y después un poco más.

Esos juegos iniciales del segundo set pueden hacer que te sea más fácil ganar el partido si te has llevado la manga anterior. O que remontes si la has perdido. ¿Acaso estas dinámicas no ocurren en el inicio del tercer set? No es lo habitual. Empezar un set en el que ambos jugadores saben que pueden ganar el partido si se lo llevan los alerta y motiva por igual. Si uno de los dos sufre una rápida rotura de servicio, entiende que le basta con recuperar una rotura, no una rotura y un set. Es una gran diferencia en el aspecto psicológico.

(Admito que a veces el inicio del tercer set puede entrañar los mismos peligros y oportunidades que el comienzo del segundo. En 1993 me enfrenté a Andre en la final del torneo de San Francisco. Él ganó el primer set y debería haber ganado también el segundo, pero luché a brazo partido y me llevé la muerte súbita después de levantar algunos puntos de partido. Sin embargo, en el primer juego del tercer set me rompió enseguida el servicio, porque yo me había relajado un poco. Estaba tan feliz de seguir con vida... Pero se aferró a su ventaja y me ganó con facilidad. Me mostré vulnerable en el inicio del tercer set y él sacó tajada. Con todo, el momento crítico suele ser el inicio del segundo set.)

4. Ampliar la ventana

Mantener el dominio tras haberle roto el servicio a tu oponente acostumbra a ser más difícil que conseguir ventaja en primer lugar. En realidad, ampliar la ventaja es todavía más complicado. Tiene que ver, una vez más, con la psicología involucrada. Es el hábito tan común de ponernos cómodos después de haber conseguido algo, ya sea un set o una rotura. Pero es el momento en que el rival, si está mentalizado, se las arreglará para meterse otra vez en la lucha.

Cada vez que le rompes el servicio a tu oponente, debería volver a sonar una alarma dentro de tu cabeza. Concéntrate en ese primer juego después de la rotura como si fuera el más importante del partido. Pon la bola en juego y mantenla en juego. Quiero jugar un tenis más sólido, sin equivocaciones, sin errores no forzados, sin tiros estúpidos. Quiero apretar a mi rival cada vez más. Quiero elevar el grado de dificultad de los golpes que tiene que hacer mi rival para vencerme. Es entonces cuando refuerzo mentalmente el foco y juego más agresivo. Puedo garantizar que es eso lo que el otro jugador está haciendo. Quiere recuperar enseguida esa rotura.

Ser agresivo no significa pegarle más fuerte

¿A qué me refiero con «ser agresivo»? Cuando te digo que seas más agresivo, a lo mejor piensas que me refiero a que corras más, le pegues más fuerte a la bola y subas a la red. A que ataques.

Sin embargo, jugar más agresivo no necesariamente significa pegarle más fuerte a la bola. Puede significar eso, pero también pegarle más suave. Puede consistir en la colocación del tiro (al fondo y al medio, o más abierto) o en el tipo de golpe (liftado o cortado). A lo que me refiero con ser más agresivo en la pista es a estar mentalmente más alerta, consciente del significado de la situación, y a intentar no perder la ventaja con torpezas.

Aprieto lentamente el nudo. Michael Chang y Emilio Sánchez-Vicario son expertos en este abordaje. Una vez que están arriba, solo esperan a que te des por vencido. Son muy fuertes mentalmente cuando tienen ventaja. Es muy difícil recortarles esa ventaja porque sabes que no te concederán ni un solo punto fácil.

Tienes que conocer tu propio juego. Si juegas mejor estando arriba en el marcador, con menos tensión, entonces da un paso adelante y pon toda la carne en el asador. Si cometes errores con ese enfoque, mantén lo que te ha llevado a sacar ventaja a tu rival. Céntrate en hacerlo mejor. Sé fiel a lo que te ha funcionado hasta ahora.

En cualquier caso, el factor más importante consiste en mantenerse mentalmente alerta y entender la dinámica de la situación. Te has puesto por delante gracias a esa rotura. Sé cuidadoso. No cometas errores estúpidos. No desaproveches tu ventaja por pereza mental.

Mi lema: NTP

Como ya he dicho, mi lema es NTP: No Te Precipites. Los tenistas suelen meter una marcha más cuando van por delante (o por detrás) en el marcador. Eso daña su juego. Cuando consigues una rotura te sientes bien. Estás entusiasmado. Es natural que trates de subir un poco el ritmo. Pero ten cuidado. Puedes empezar a cometer errores. Una doble falta. Un golpe ganador de *drive* que fallas sin motivo. Un tiro de aproximación en el momento equivocado. Cling. Cling. Cling. Has perdido la rotura. Sé prudente. Piensa un poco más en lo que tienes que hacer. No bajes el ritmo, pero tampoco lo subas.

Aquí va mi dispositivo «antiprecipitación». Elijo una marca en la pared del fondo (frente a los asientos de los espectadores) o en la pista, dos o tres metros más allá de la línea de fondo. Entre un punto y otro toco esa marca con la raqueta o con la mano, o al menos le echo un vistazo. Camino de nuevo hacia allí, la toco y después vuelvo a la línea de fondo. Eso impide que salte al siguiente punto sin cuidado. Cuando tengo ventaja quiero evitar los descuidos.

Los mejores ampliando una ventaja

Jimmy Connors, John McEnroe e Ivan Lendl son los maestros absolutos del circuito cuando llega el momento de mantener y ampliar una ventaja. Nadie en el tenis se les ha acercado, aunque Jim Courier está haciendo méritos para formar parte de ese club. Cuando voy 2-4 y una rotura abajo ante Lendl, la siguiente vez que alzo la vista, el marcador dice 2-6, 0-3 para Lendl. Antes de saber qué está ocurriendo, él ha hecho del partido un paseo triunfal. Y lo mismo se puede decir de Connors y de Mac.

Casi ningún jugador se alimenta de una ventaja como ellos. Tienen algo dentro que hace que estén sedientos de sangre cuando dominan el partido. Es una de las razones por las que son grandes campeones. Cuando te tienen a su merced y con un pie encima del cuello, no se dan por satisfechos. Quieren ponerte los dos pies encima. Y si es necesario, saltarte encima. Son únicos. Y muy peligrosos.

Connors y McEnroe instintivamente muelen a golpes a su rival cuando cobran ventaja. Creo que evitan ser descuidados cuando van por delante porque disfrutan más venciendo a su rival que sintiéndose cómodos. Van directos a la yugular siempre que tienen ocasión. Cuando consiguen una rotura, nunca piensan en limitarse a mantener el saque para ganar el set. Quieren anotarse otra rotura. Y otra.

No permiten que ganes otro punto. Lendl tampoco. Cuando gozan de ventaja entran en un frenesí sediento de sangre. Asusta lo concentrados y agresivos que pueden llegar a jugar. Courier lo muestra ahora en su juego. Obsérvalo cuando va por delante. Le pega más duro que cualquier otro y va a por todas en los momentos críticos.

Sé un mentiroso consumado

Muy pocos jugadores son como ellos. E, igual que muchos otros, yo tiendo a ponerme cómodo cuando tomo ventaja. La razón es simple: la presión nos hace sentir incómodos, no nos gusta. Y entonces nuestra mente ve cualquier progreso como un motivo para dejar de preocuparnos, para desembarazarnos de la presión, para pensar y jugar con menos intensidad. Así, cuando recupero una rotura, procuro nutrirme de una actitud mental que me mantenga en el modo «hambriento». Esto es lo que hago: me miento a mí mismo.

Pienso: «Brad, levántate enseguida. Estás una rotura abajo», aunque no lo esté. «No te vengas abajo. Trabaja más duro. Tienes que recuperar la rotura. No va a ser fácil.» Y funciona. Siento que debo pelear para recuperarme en vez de sentirme cómodo con la ventaja.

De hecho, cuanto más grande es la ventaja, más preocupado quiero estar. Me sigo diciendo que si no trabajo más duro terminaré perdiendo. Cuanto más grande es la ventaja, más me esfuerzo en estar mentalmente conectado al juego. Cuando voy por detrás en el marcador, la alarma de emergencia se enciende automáticamente. Cuando tengo ventaja debo trabajar para seguir en la brecha. Creo que a la mayoría de los jugadores aficionados les ocurre lo mismo.

Lo que hacen Connors, McEnroe, Lendl y, cada vez más, Courier es muy difícil de conseguir, por eso no te lo recomiendo. Ellos aumentan el nivel de riesgo de sus golpes. Adoptan el modo «ataque» con una confianza extraordinaria. ¿Has oído la frase «defender una ventaja»? No es para esos tipos. Ellos lo que buscan es ampliarla. Y lo hacen porque cuando están arriba no temen tomar riesgos. Pueden hacerlo sin cometer muchos errores.

Mi abordaje es diferente, y creo que es mejor para el tenis de un jugador aficionado promedio. Casi todos los tenistas cometen errores cuando empiezan a ser más agresivos y a pegarle más duro a la bola. Mi objetivo es seguir haciendo exactamente lo mismo que me ha llevado a ese lugar, pero mejor. No trabajo para aumentar mi potencia, sino para mejorar mi concentración. No quiero cambiar mi estilo (después de todo, es el que me ha puesto por delante en el marcador). Quiero trabajar mi mente para mantener el rumbo. Deberías hacer lo mismo.

Los jugadores de todos los niveles sienten la urgencia de experimentar con nuevas tácticas y nuevos tiros en cuanto se ponen por delante. Es una manera extraña de pensar. Consiguen una ventaja haciendo una cosa y después quieren mantenerla o ampliarla haciendo otra, por lo general algo en lo que no son tan buenos; si no, ¡lo habrían hecho desde el principio! Cuando estés arriba, sigue haciendo exactamente lo que te ha llevado a dominar el partido.

Yo voy incluso más allá. No cambio nada cuando voy por delante. Sigo con la misma camiseta (aunque esté empapada), la misma raqueta, la misma toalla para secarme el sudor, y quiero jugar con la misma bola con la que acabo de ganar el punto. No cambies nada.

5. Evitar que el partido se te escape

Cuando veo que un partido se me escapa (o está en camino de hacerlo), introduzco cambios estratégicos, mentales y físicos. Para hacer eso, tengo que ser observador. Preguntarme quién le hace qué a quién. Si mi respuesta es la correcta, sabré dónde hacer los ajustes necesarios en mi plan de juego.

Me pregunto lo siguiente:

1. ¿Estoy siguiendo mi plan de juego?

Entonces, si la respuesta es positiva, me pregunto:

2. ¿Qué hace mi rival para frustrar mi estrategia?

Por supuesto, si por alguna razón la respuesta a la primera pregunta es negativa, debo repasar la estrategia previa al partido. Tengo que darle una nueva oportunidad. La mayoría de los jugadores aficionados suelen renunciar a su estrategia demasiado pronto. Pierden algunos puntos o juegos y abandonan el barco. ¡Dale una oportunidad! Mantén tu plan el tiempo suficiente para poner a prueba a tu adversario.

Sin embargo, si no tiras la toalla deberás estar atento al resbalón. Cuando un jugador te rompe el servicio y consolida esa ventaja (o sea, mantiene el saque), tienes que asegurarte de que la situación no empeore. Siempre pienso que puedo sobreponerme a una rotura; dos roturas abajo sí que son un problema serio.

En ese punto del partido, el NTP (No Te Precipites) me resulta otra vez muy importante. Porque los errores van a rachas. De repente no estoy un pelín abajo, estoy muy abajo. Es como resbalarse con una cáscara de plátano. De pronto nos caemos de culo. Por eso es crucial no perder el contacto con el ritmo del partido. Quiero jugar con cautela. Quiero evitar precipitarme. No quiero que mi rival juegue cómodamente gracias al impulso que se ha trabajado.

En esos momentos me aseguro de caminar hacia atrás entre un punto y otro y tocar la marca en la pista o en la pared. Y entretanto me doy una charla motivacional: «Vamos, Brad. Vamos. Trabaja un poco más». O me cubro con la toalla. (Verás con regularidad que un jugador toma la toalla que le tiende un recogepelotas y, después de usarla, camina hacia el otro lado de la pista para entregársela a otro recogepelotas. Es solo un dispositivo mecánico para calmar las cosas e impedir que un resbalón se convierta en una caída libre.)

Atarse los cordones, hablar con el juez de silla, tensar las cuerdas de la raqueta, botar la pelota antes de un saque... Todo eso sirve para apagar el fuego que tu rival ha prendido. Todo dentro de los límites de tiempo legales (por lo general), pero bajando un poco el ritmo del partido. En la parte III verás cómo McEnroe, Connors y Lendl lo hacen y obtienen grandes resultados.

Cuando un jugador empieza a abrir brecha (Lendl lo hace con suma eficacia), la situación se puede convertir en una avalancha. Puedes perder muy rápido el control, como cuando un automóvil pisa una mancha de aceite y, de un momento a otro, termina patinando.

Cuando eso me ocurre, intento ralentizar el partido. Muchos rivales pierden el ritmo si logro interferir en su impulso. Eso ocurre con asiduidad entre los profesionales.

Presta atención al tiempo entre un punto y otro en los partidos televisados. Mira lo que hace un jugador cuando está arriba o cuando está abajo. Cuando va por delante, quiere jugar con el mismo ritmo ganador que le ha llevado a sacar ventaja. Cuando un buen jugador empieza a quedarse rezagado en el marcador, fíjate en cómo ralentiza el juego.

CÁMBIATE DE CAMISETA

Cuando estoy abajo y en busca de un cambio, intento darle un vuelco a mi actitud. Y lo hago dirigiéndome a mi bolsa de tenis, donde guardo mis herramientas esenciales. Puedo cambiarme de camiseta. O ponerme un par de calcetines limpios, chupar un caramelo o sustituir la muñequera por una nueva. Basta un pequeño cambio para sentir que estoy ante un nuevo comienzo. Cuando intento recuperar una rotura, casi siempre me desato los cordones de las dos zapatillas y me los vuelvo a atar. Me digo que es tiempo de elevar la presión y trabajar más duro.

¿Recuerdas la vieja zapatilla que me ayudó a ganar 114 000 dólares contra Jim Pugh en Stratton Mountain? La llevé en la bolsa un par de años. Pensaba que era mi zapatilla de la suerte y me la ponía cuando necesitaba un empujón psicológico. Quiero ser positivo e infundirme de confianza respecto a mis posibilidades. Quiero evitar la sensación de estar cerca de la derrota. Introducir unos pocos cambios en el equipamiento siempre es de ayuda.

UN CAMBIO DE PLANES

¿En qué punto tienes que cambiar de estrategia? Depende del partido y del jugador. Si quieres que te señale un momento específico del partido, ahí va: cuando has perdido el primer set y vas una rotura abajo en el segundo. No siempre es el momento de cambiar, pero es un buen punto de partida. Puedes haber perdido el primer set en el *tie-break* y después el saque en el segundo por culpa de los grandes golpes de tu adversario. Estamos hablando de un partido todavía reñido. Pero si tu rival se ha llevado el primer set con facilidad y empieza el segundo de la misma forma, lo mejor es que cambies de estrategia. Si esperas demasiado, entrarás en la fase terminal.

De vez en cuando querrás cambiar en el primer set. Si vas 0-5 abajo y te están machacando, haz algunos ajustes antes de empezar el segundo set para ver si funcionan.

Sin embargo, si quieres saber un momento específico en el que deberías hacer un cambio, es este: un set y una rotura abajo. En esa tesitura, tienes que cambiar algo o perderás. El partido ya lleva un largo recorrido para que se haya impuesto una tendencia. Y la tendencia te conduce a terminar felicitando al ganador. Cambia de estrategia. Analiza tus opciones y muéstrale a tu rival una nueva cara.

Si estoy perdiendo desde la línea de fondo, trato de incomodar a mi rival subiendo a la red. Si estoy yendo demasiado al segundo saque, sé que se debe a que mi primer saque no está funcionando. (¿Recuerdas el partido que jugué en el US Open de 1987 contra Becker? Yo era muy consciente de que debía impedir que el alemán viera demasiados segundos saques.) Si me superan cuando subo a la red, intento mejorar mi tiro de aproximación o decido quedarme cerca de la línea de fondo. Si mi rival me ataca con éxito el revés, tomo medidas para reducir esa vulnerabilidad (véase «El ataque a tu revés», págs. 136-139).

Mi entrenador, Tom Chivington, cree que juego mejor cuando voy perdiendo que cuando voy por delante en el marcador. Tiene razón, y es porque manejo mejor esa situación. Sé qué hacer cuando no me está yendo bien. Nunca entro en pánico. Detecto qué debo hacer y lo hago. Es mi manera de remontar.

6. Tácticas para la muerte súbita

En el torneo de San Francisco de 1993 tuve que disputar tres *tie-breaks*. Los gané todos, incluido uno en la final ante Andre Agassi. Si tuve éxito fue porque tenía un plan. Es este.

Para mí, un *tie-break* es como un pequeño set. Está todo comprimido, pero no falta ningún componente del set. En un *tie-break* se saca por primera vez y se recibe también por primera vez. Necesitas romper el servicio de tu adversario (anotarte un *mini-break*) para ganar. El *tie-break* tiene al principio un «juego que manda» (o unos «puntos que mandan») y luego un punto de preparación, y normalmente requiere estirar una ventaja o evitar que el rival se te escape. Las dinámicas son muy parecidas a las del set común, pero condensadas y más potentes.

Como los resultados del *tie-break* deciden quién gana el set y está todo tan comprimido, me mantengo extremadamente alerta al ritmo del partido: NTP es mi lema. Precipitarse y jugar sin cuidado puede ponerte de inmediato en una desventaja imposible de remontar. Tres dobles faltas en el tercer juego del primer set te costarán solo un juego. Comete los mismos errores en un *tie-break*, y las consecuencias serán mucho más severas.

Me tomo el *tie-break* del mismo modo que el resto del set. Y tú deberías hacer lo mismo.

Aborda el comienzo del *tie-break* convencido de que debes jugar un tenis de alta categoría. Deja que tu adversario se luzca si es eso lo que quiere. Los dos primeros puntos del *tie-break* son los puntos que mandan. Puedes tomar el control de inmediato y poner a tu rival en desventaja, en una posición en la que estará bajo presión y cometerá errores al encontrarse abajo en el marcador. Esos dos primeros puntos le dan mayor tensión al partido, por eso intento ser muy cuidadoso y no ejecutar tiros de alto riesgo solo porque estoy nervioso y quiero terminar rápido el punto.

Separa del set que acabas de jugar esos dos primeros puntos del *tie-break*. No te deslices hacia ellos. Reúne tus pensamientos y vuelve a concentrarte (camina hacia atrás y toca la marca en la pista mientras piensas otra vez en tu plan de juego). No se trata de una extensión del último juego del set anterior. Aísla esos dos primeros puntos y juégalos en un estado de alerta renovado. Mete la bola o devuélvela dentro.

No quieres jugar «asustado», pero tampoco innovar con nuevas tácticas, a menos que estés muy cómodo con ellas. Sigue usando lo que te ha servido para llegar al *tie-break*.

El *tie-break* es una entidad separada y necesita atención. No te precipites. Sé pausado, sabiendo lo que vas a hacer, sobre todo al principio.

El saque inicial de cada jugador en el *tie-break* es ejecutado bajo una presión muy alta. Mi objetivo, otra vez, es que la bola entre. No quiero arriesgar demasiado. Pienso en esos primeros puntos como si fueran los del comienzo del primer set. Quiero estar seguro de empezar el *tie-break* con mi estilo de juego. Quiero evitar ser demasiado ambicioso. Por lo general, con la presión del *tie-break* en aumento, los nervios te llevan a intentar un tiro inapropiado. Quiero jugar *un tenis más estable, no un tenis más vistoso*, al menos en ese momento.

Con demasiada frecuencia los tenistas abordan el *tie-break* no tanto con la idea de ganarlo, sino más bien con la de que su rival lo pierda por ellos. Eso no es un juego conservador, sino un pensamiento mezquino que te puede perjudicar. Lanza tus tiros si se te presenta la oportunidad, pero no te precipites e impactes un golpe ganador por pura impaciencia.

La tendencia a esperar que el rival «pierda» el *tie-break* es muy común cuando logras una clara ventaja. Vas ganando 4-1 y te pones nervioso, a la espera de que el rival te entregue el partido. Es entonces cuando me miento a mí mismo para no darme por satisfecho y mantener la intensidad. Es entonces cuando tienes que hablar contigo mismo acerca de lo que quieres hacer.

Por supuesto, hay que tratar de manera muy especial el punto de un *tie-break* que precede a un punto de set. Un punto de preparación en un *tie-break* (por ejemplo, un 5-3) pasa inadvertido entre los jugadores aficionados y a menudo también entre los profesionales. Puede brindarte (o brindar a tu rival) la oportunidad de ganar el set, por eso hay que evitar los errores estúpidos y no tomar riesgos innecesarios. Aprieta a tu rival como una boa constrictora. En ese momento crucial del partido, cerca de un punto de set, asegúrate de que tienes tu juego bajo control y de que estás pensando de la manera correcta.

7. Cerrar el partido

Puede parecer que está fuera de lugar incluir las tácticas para cerrar un partido en un capítulo titulado «Los siete puntos de ventaja escondidos». Después de todo, ¿qué tiene de escondida la oportunidad que se te presenta cuando sirves para ganar el partido? La recompensa es obvia: ganar el partido. Pero los peligros no lo son. Cerrar un partido es un momento delicado para el jugador que tiene la oportunidad de hacerlo.

En esos instantes, entre los jugadores aficionados, prevalece alguna de estas dos actitudes: suponer que el trabajo está hecho y que la victoria ya es tuya, o sentir un miedo sutil a no ser capaz de terminar la tarea.

Más peligroso que cualquiera de esas dos actitudes es lo que ocurre del otro lado de la red con el jugador que corre peligro de caer derrotado. Uno de los errores más comunes que cometen los tenistas es subestimar al adversario que está en riesgo inmediato de perder el partido. Es una extensión del síndrome del oso herido. Ese jugador es un arma letal. Frecuentemente, desplegará su mejor tenis cuando estés en disposición de ganar el partido. Tenlo siempre presente: *¡un pez pelea más cuanto más cerca está del bote!* Y lo mismo vale para un jugador de tenis (del nivel que sea).

Sin tener en cuenta lo que hayas hecho hasta ese momento, espera lo peor. Esto significa esperar lo mejor de él. Asume que se mostrará más rápido y combativo, que pegará tiros más profundos con menos errores. Peleará con todas sus fuerzas mientras intentas hundirlo.

La manera que yo tengo de prepararme para cerrar los partidos es (otra vez) mentirme a mí mismo. Me digo que soy yo quien está en apuros. Que debo trabajar para salvar el partido. Estar más alerta que mi rival. Cuando estoy a punto de cerrar el partido, me gusta sentir que en realidad corro el peligro de caer derrotado. También me recuerdo que mi oponente va a sacar a relucir su mejor tenis. No quiero que me sorprendan sus esfuerzos desmedidos.

Me ocupo de mantener los nervios bajo control prestando atención a la respiración y al trabajo de pies (los «espanta-nervios» 1 y 2). NTP es mi ritmo. No quiero sentirme pesado, sino asegurarme de estar mental y emocionalmente estable antes de que empiece el punto.

Y cuando el punto comienza, retomo mi concepto básico para ganar: sin errores, sin puntos gratis, sin tiros estúpidos. Mi oponente debe sudar sus puntos. Quiero que se los gane.

Dona a la caridad, ¡no al rival!

Un elemento básico de mi enfoque de un partido de tenis (sobre todo, de los puntos de ventaja escondidos) es ser muy meticuloso cuando se trata de no concederle puntos gratis a mi rival. Trabajo duro para manejar mi concentración y para asegurarme de que entiendo las dinámicas del partido. Los siete puntos de ventaja escondidos son momentos recurrentes en los que procuro estar bien conectado a lo que ocurre en la cancha.

Quiero que mi rival tenga que hacer algo especial para ganarme un punto o un juego. Me pongo en guardia e intento adoptar mi mejor enfoque mental y desplegar el tenis más inteligente. ¿Es importante el primer punto de un juego? Sí. ¿Es importante un juego con 3-2 en el marcador? Por supuesto. Todos los juegos son importantes. Pero para mí los puntos de ventaja escondidos son los que tienen un mayor potencial para darte la victoria, aunque sean los más subestimados, especialmente en el tenis recreativo.

Si los reconoces a medida que ocurren en el partido y respondes como te he sugerido, ganarás más a menudo. Sacarás ventaja de los momentos dinámicos de un partido. Mejora ese aspecto y mejorarás tus resultados si de lo que se trata es de ganar.

Paso siguiente: qué hacer cuando tus golpes se desmoronan.

10

ENTRADA EN BOXES: LA REPARACIÓN DE GOLPES

Los tenistas profesionales que están entre los veinte o veinticinco mejores del mundo juegan un puñado de partidos al año en los que están en su salsa, es decir, totalmente inspirados. Ese día nadie en el planeta puede derrotarte. No sientes ninguna presión y sabes que vas a ganar. Los tiros te salen de la raqueta con tanta dulzura y potencia que casi te hacen reír (o llorar, porque después no ocurre muy a menudo).

Uno tiene la esperanza de que le suceda en la final de un Grand Slam. Fue el caso de Sampras contra Agassi en la final del US Open de 1990. Nadie iba a ganarle a Pete ese día. Y bien tarde esa misma noche, con un café de por medio, él mismo lo diría. O el de Michael Stich ante Becker en la final de Wimbledon de 1991. Boris podría haberse quedado en casa. Stich tenía su día.

A veces esa inspiración dura varios partidos. A mí me ocurrió en el verano de 1989. Empezó en Alemania, donde gané los dos partidos de individuales de la Copa Davis por Estados Unidos. Venía de alzar el torneo de Memphis en primavera. Estaba en racha. Gané los torneos de Stratton Mountain, Livingston y Cincinnati. Por el camino vencí a Jim Pugh, David Wheaton, Jim Courier, Boris Becker, Michael Chang, Pete Sampras y Stefan Edberg. Llegué a alcanzar un récord de 17-0. Me convertí en el primer jugador, desde Becker en 1986, en ganar tres torneos consecutivos. Hice trizas el circuito.

A la semana siguiente perdí en la primera ronda del US Open. ¿Nervios? No. Intoxicación alimentaria. Marisco en mal estado en la cena de la víspera del partido contra Todd Witsken. Fue mala suerte, pero después del US Open me mantuve inspirado: dos semanas después llegué a la final de Los Ángeles y gané en San Francisco. Fue un verano fenomenal y un año inolvidable: cinco torneos y los triunfos en la Copa Davis. Eso es lo que se puede llamar estar inspirado. Pero no ocurre muy a menudo, ni dura mucho tiempo.

La falta de inspiración: cómo reparar una avería

En el transcurso de un partido es normal que la calidad del juego sufra altibajos. Así es en todos los niveles del tenis. Las dinámicas cambian constantemente. Un jugador rara vez puede mostrar su máximo nivel (inspirado) durante todo el partido. Tu juego varía en efectividad y consistencia. A veces estás golpeando a la pelota con fluidez y de repente algún mecanismo dentro de ti se avería y eres hombre muerto.

El objetivo de este libro no es mejorar tus golpes. Para eso debes acudir a los profesores de tu club de tenis. Ellos sabrán ver cuál es tu problema. Evaluarán tu *swing* y te darán ideas para mejorarlo. Yo quiero ofrecerte algunas claves de lo que puedes hacer durante el partido cuando no hay manera de que un golpe en particular te salga bien. Es probable que empieces a fallar en el primer saque. O que el *drive* se te quede corto o se estrelle en la red.

Cualquiera que sea el problema, es bueno tener una idea o una imagen mental para reanimar el golpe en cuestión antes de que te cueste el partido. Voy a darte indicaciones de lo que a mí me ha funcionado durante años y les ha sido de utilidad a los jugadores que asisten a mis cursos intensivos. Pero, como otros consejos, algunos servirán para tu juego y otros no. La próxima vez que los engranajes se te atasquen, prueba mis indicaciones, tal vez te sean de ayuda.

El *drive* fallido

Si hay un golpe con el que la mayoría de los jugadores aficionados se sienten cómodos es el *drive* de fondo. Puede que no sea un golpe genial, pero seguro que será mejor que los demás. Es probable que busques el *drive* invertido para evitar el revés. O que te mantengas lejos de la red para ejecutarlo. Hasta te tomarías el desayuno con él si pudieras. Por eso estás en apuros cuando te empieza a fallar.

¿Mejor tarde que nunca? ¡error!

Hay muchas cosas que pueden ir mal con cualquier golpe, y el *drive* no es una excepción. Sin duda, lo primero que debes hacer para recuperarlo es comprobar la preparación de la raqueta. ¿Estás llevando la raqueta atrás a su debido tiempo? Probablemente no. Es casi seguro que tardas demasiado en hacerlo. Y la razón es, por lo general, entendible. Tendemos a descuidar los movimientos físicos con los que estamos cómodos. Total, sabemos que podemos pegar un *drive* decente casi sin despeinarnos.

Cuando mueves tarde la raqueta hacia atrás (con la pelota casi encima de ti), todo el resto del *swing* se deteriora: el trabajo de pies, el balance, la sincronización y las opciones. Puede ocurrir por descuido, por cansancio o porque el tiro del rival te impide medir los tiempos. Cuando de repente empieces a fallar el *drive*, concéntrate de inmediato en una preparación más rápida del golpe.

«La pelota está en la red. ¿Estoy preparado?»

La raqueta debe estar atrás cuando la pelota que viene del otro lado se encuentre sobre la red. Cuando la cruce, ya deberías estar listo. ¿Se puede llevar atrás demasiado pronto? Tal vez. Pero mejor más pronto que tarde. Por cada jugador que lleva la raqueta atrás demasiado pronto, he visto a cientos que la llevan demasiado tarde. Cuando el partido esté en juego y de pronto te encuentres maldiciendo tu *drive*, pregúntate: «La pelota está en la red. ¿Estoy preparado?».

El *blues* del revés

La mayoría de los jugadores aficionados tienen bajas expectativas con su revés de fondo. Esperan una ejecución modesta y están dispuestos a tolerar errores, al menos hasta cierto punto. Depende de cada jugador, pero por lo general termina con un lamento cuando la frustración se hace insoportable: «Sé que no tengo un buen revés, ¡pero esto ya es el colmo!». Es el *blues* del revés. Algunos jugadores principiantes tienen un revés tan flojo que ni siquiera se dan cuenta de lo mal que le pegan. Aun así, son la excepción.

Cuando tu revés es tan flojo que inviertes el movimiento hasta para buscar la toalla, es momento de solucionarlo. El método más útil consiste en establecer qué intentas lograr con el revés de fondo.

No le pidas peras al olmo

Todos tenemos tendencia a exigirle a un golpe mucho más de lo que nos puede dar. Con el revés, pedirle un poquito más es normalmente un error. Los jugadores aficionados con un revés cuestionable (si el tuyo es sólido, felicidades) intentan hacer demasiado, sobre todo bajo presión.

Como mencioné en el capítulo 8 («Destruye el plan de juego de tu adversario»), es muy efectivo subir a la red ante un revés débil, simplemente porque, como reacción natural de pánico, el rival intentará golpear el mejor revés de su vida. ¿Resultado? El jugador que ataca ni siquiera necesita llevar la raqueta a la red. El revés de su adversario se autodestruye.

Si tu revés empieza a fallar más de lo habitual, deberás bajar las expectativas. Deja de intentar más de lo que puedas esperar. Mantén la bola en juego. Que pase por encima de la red. Busca la colocación en lugar de la potencia. No pierdas la cabeza cuando te ataquen el revés. Lanza tu tiro y obliga al rival a tener que pegarle una vez más.

Si te pusiera enfrente una máquina lanzapelotas para que devolvieras la bola solo de revés, le pegarías siempre por encima de la red sin problemas. ¿Por qué? Porque solo intentarías pasarla por encima de la red y hacerla caer en el otro lado. Cuando tu revés se desmorone, recuerda ese objetivo. Pégale por encima de la red procurando que caiga dentro de la pista. Cumple el objetivo. Lo conseguirás y tu revés empezará a mejorar.

Tu saque se hunde

Cuando el saque desaparece, es de lo más frustrante, porque no se puede culpar a nadie más que a uno mismo. Cuando no funcionan el *drive*, el revés, la volea o el remate, al menos puedes mirar al otro lado de la red y echarle la culpa a tu rival. Él le ha pegado a la pelota antes de que tú la arruinaras, ¿no? Pero no ocurre así con el saque. Lo único que ha hecho el rival mientras tú cometías una doble falta ha sido quedarse quieto al otro lado.

(Nota: no subestimo el efecto que puede tener «quedarse quieto al otro lado». No olvides que Chang le ganó a Lendl en los cuartos de final de Roland Garros solo con «quedarse quieto al otro lado». En el punto de partido, Michael estaba tan acalambrado que apenas podía moverse. Para reducir el ángulo del servicio de Lendl, se ubicó en la línea de saque. Y el poderoso Lendl entró en colapso. Con una doble falta perdió Roland Garros. Fue una decisión táctica increíble que tuvo un efecto psicológico increíble. De modo que hay excepciones, pero normalmente no se puede culpar a nadie de un mal servicio salvo a uno mismo.)

Mírate en el espejo: ¿ves a Pete Sampras?

Empieza a corregir el problema durante el partido recordando esto: tu mejor servicio no es tan bueno como crees. No es un cañón. No es una máquina de *aces*. No vale la pena arriesgar una doble falta por él. Y eso es exactamente lo que debes de estar haciendo. Muchos jugadores aficionados (sobre todo hombres) creen que, si lo hacen todo correctamente, el lanzamiento, la extensión de los brazos, el giro de la muñeca y la continuación del *swing*, tendrán un superservicio. Entonces buscan a ese monstruo esquivo y lo pagan caro.

Aquí va una indicación de cómo funciona. Entre los aficionados es muy común que a un *ace* le siga una doble falta. ¿La razón? El jugador queda prendado del *ace* y piensa que ha resuelto el rompecabezas. «¡Ya me funciona!» Pum. Falta. Pum. Falta. Doble falta después del *ace*. ¿Cuál ha sido el accidente, la doble falta o el *ace*?

Te sugiero que tengas una visión realista de tu saque. Si hablamos de mi caso, cada tanto puedo lograr un buen primer saque y anotarme un puñado de *aces*. Pero la mayor parte del tiempo sé que debo limitarme a manejarlo. No voy a superar en potencia a mi rival, y odio regalar puntos. Así que mantengo una visión realista de lo que puedo conseguir. Y te diré cómo es mi segundo servicio: el peor. Por eso no me dejo arrastrar por la mentalidad de macho alfa consistente en mostrarle al otro jugador lo «grande» que es mi saque. Tampoco lo hagas tú.

Bajar de cuarta marcha a tercera

Cuando empieces a fallar el saque, baja una marcha. Digamos que tu saque «máximo» es la cuarta marcha de la caja de cambios. La usas cuando vas a tope y le das un buen golpe a la bola. Lo que ocurre es que cuando un jugador empieza a fallar los saques, sigue en sus trece porque no quiere echarse atrás en el desafío. Insiste una y otra vez a la espera de que el saque vuelva. Olvídalo. Baja una marcha. No de cuarta a primera de repente, sino de cuarta a tercera. No te preocupes por el *ace* ni por los golpes ganadores. Preocúpate por empezar el punto sin cometer una doble falta.

¿Significa eso que hay que mandarla floja por encima de la red? No. Eso sería bajar directamente a la primera marcha. ¿Recuerdas cuando Mecir cometió todas aquellas dobles faltas y empezó a sacar por abajo, de cuchara? Pasó de cuarta a primera.

Mentalmente, deberías bajar solo a tercera. Meter algunas bolas y recuperar el ritmo. Después, sube de nuevo a la cuarta. Obtendrás buenos resultados.

La volea que desaparece

Cuanto más fácil es la volea, más vago se vuelve el jugador. Fíjate en los jugadores de tu club. En cuanto les viene una bola fácil, que apenas pasa la red, ceden a la pereza o la pasividad. Esperan a que llegue la bola. No se desplazan hacia delante. Dan por sentado que será fácil. Y, por supuesto, desperdician el tiro, casi siempre con un movimiento desesperado en el último segundo: la pelota se les va larga o demasiado escorada, o directamente impacta en la red.

Muévete hacia la bola

Cuanto más cerca estés de la red, mayores serán las probabilidades de que tu volea sea exitosa. La red deja de ser un factor en la ecuación y dispones de mejores ángulos y de más superficie rival hacia la que golpearla. Nunca esperes a que te llegue la bola. Esto no es el correo. En tenis hay que ir a recoger tu paquete. Sobre todo, cuando se trata de la volea. Cuanto más rápido la busques, mejor. Uno o dos pasos extra hacia delante mejorarán el porcentaje de tus voleas exitosas.

Cuando vayas a pegar una volea, colócate más cerca de la red. Cada paso que des hacia delante mejorará tu eficacia. Observa a John McEnroe o a Stefan Edberg. Ambos cierran los puntos tan cerca de la red que pueden lamerla. Y lo hacen con celeridad, como un halcón abalanzándose en picado sobre su presa.

El remate deficiente

Supón que has seguido mis indicaciones y subes a la red para lanzar esas voleas. Solo que no tienes oportunidad de impactar ninguna porque el rival se ha dado cuenta y empieza a probar con globos. Es entonces cuando te percatas de que tu remate está desaparecido en combate. Se te queda en la red o se va demasiado largo o incluso por los laterales, más allá del pasillo de dobles.

Apuesta por la colocación

El motivo de que eso ocurra es que piensas más en «potencia» que en «colocación». La mayoría de las veces, cuando se te presenta una oportunidad de remate, tu objetivo pasa a ser cerrar el punto, impactar un rotundo golpe ganador. De nuevo, es la trampa de pedirle más a un tiro de lo que se le puede exigir. Si tu remate se vuelve inestable durante un partido, tienes que replegarte. No insistas. Deja de pensar: «Tengo que terminar el punto con este golpe». Piensa en la colocación y no tanto en la potencia. Obtendrás resultados inmediatos, porque te habrás desembarazado de la presión de pegarle fuerte. Jugarás con más ritmo, soltura y efectividad.

Jugar con viento

El viento puede afectar a tus golpes porque influye en tu mente. Si estás incómodo con el viento, aquí van algunas ideas que pueden neutralizar sus efectos negativos.

1. Comienza con el viento de cara

El sol es el factor más importante que debes considerar al elegir el lado de la pista. Como mencioné en el capítulo 6, si el sol es un problema, hay que empezar teniéndolo a la espalda, para que tu rival sea el primero en lidiar con él. Pero si el sol no es un problema, el viento es el siguiente aspecto que debes sopesar. Si sopla de norte a sur (de una línea de fondo a la otra), yo optaría por comenzar con el viento de cara. De por sí, ese primer juego ya es inestable sin que el viento esté presente. Jugar con el viento en contra permite pegarle fuerte a la bola a sabiendas de que el viento frenará las que vayan demasiado largas.

2. Haz un lanzamiento más bajo

Una pelota de tenis no pesa mucho. Si hace un día ventoso te parecerá una pluma, sobre todo en el servicio. Si el viento empieza a afectar a tu saque, haz un lanzamiento más bajo. Reduce la altura algunos centímetros y así reducirás el efecto del viento.

3. Acorta los golpes

Lo mismo se aplica a los golpes de fondo cuando arrecia el viento. Intenta golpes más compactos y céntrate en realizar un buen contacto. Reducirás el número de tiros fallidos y aumentarás la cantidad de tiros que pasan por encima de la red.

4. La mejor arma contra el viento

Por último, recuerda que, si el viento echa a perder tu vida tenística, la mejor manera de burlarlo es la siguiente: construye tu propia pista cubierta. Ese día invítame a jugar. A mí tampoco me gusta jugar con viento.

Un apunte final sobre el trabajo de pies

Los consejos son consejos. Puedes encontrar uno en una revista de tenis que a ti te sirva pero a un amigo no. Los tenistas difieren en su destreza física, en la cantidad de tiempo que dedican a jugar y practicar y en su nivel de motivación, por lo que es raro que un consejo valga para todos. Pero hay un consejo que sí funciona para todos: un buen trabajo de pies mejorará tu tenis.

Todos los problemas relacionados con los golpes tienen muchas soluciones. Pero la primera y más importante es comprobar el trabajo de pies. Si es malo, puede afectar a cada uno de los golpes que intentes. Y, a la inversa, si es bueno, puede mejorarlos. Cada vez que empieces a tener problemas con un golpe, presta atención al trabajo de pies. Ya sabes cómo hacerlo: muévete de puntillas. Si te mantienes ligero sobre los dedos de los pies, aumentarás tus oportunidades de ejecutar bien los golpes.

LA PRÁCTICA NO TRAE LA PERFECCIÓN, PERO AYUDA

La clave para mejorar los golpes es trabajarlos cuando no estés jugando. La mayoría de los jugadores creen que mejorarán solo por disputar partidos. Pueden jugar y jugar sin darse cuenta de por qué no mejoran. La práctica no trae la perfección, pero ayuda.

En el golf, si todo lo que haces es jugar y nunca sacas la bola de un búnker de arena, nunca mejorarás ese aspecto de tu juego. De hecho, lo empeorarás, porque el tiro te saldrá cada vez peor y te pondrás cada vez más nervioso.

Practica como Jack Nicklaus

El mejor golfista de todos los tiempos debe de haber sido también quien más ha entrenado en la historia del deporte. Jack Nicklaus practicaba con un propósito. Sabía lo que quería mejorar y lo aislaba en el campo de práctica. Era muy metódico y solucionaba en los entrenamientos los problemas que tenía los días de partido.

Puedes mejorar si haces lo mismo. Trabajar un problema específico solo media hora al mes ya puede dar excelentes resultados. Si lo haces dos veces al mes, no darás crédito a lo que sucede después durante los partidos.

Cómo mejorar

1. Comprueba la mecánica del *swing* en una clase de tenis. Los profesores te dirán qué es lo que haces mal.
2. Practica lo que aprendiste en la clase. Usa un lanzapelotas, el frontón o una pared. No empieces sin seguir un plan. Empieza con un *swing* suelto y ve aumentando la consistencia. Disputa pequeños juegos contigo mismo. Intenta pegar dos veces seguidas el tiro en el que estás trabajando. Luego, tres veces seguidas. Cuando era niño,

pasaba horas y horas peloteando contra frontones y paredes en Piedmont, California. Jugaba partidos imaginarios contra Ilie Nastase en el US Open. La pared era Nastase, y era fabuloso porque nunca fallaba.

3. Juega contra un rival al que sabes que puedes vencer sin muchos problemas. Busca oportunidades durante el partido para trabajar ese tiro que tanto has practicado contra el frontón. Seguramente ese día pierdas, pero no hay por qué preocuparse.

Si tu revés es flojo, asegúrate de no acomodar nunca el cuerpo para lanzar un *drive* invertido en el transcurso de ese partido de práctica. Si tu problema es la volea de revés, procura ensayarla. A los jugadores aficionados no les gusta esta opción porque tienen miedo de que sus compañeros se enteren del resultado. No dejes que tu ego interfiera en tu progreso. Tus progresos te llevarán a ganarles puntos a esos mismos amigos.

4. Prueba el tiro en los partidos. Verás que, en lugar de esperar dificultades en la ejecución de tu golpe débil, lo afrontarás cada vez con mayor confianza. Tanto tu tiro como tu actitud serán mejores.
5. Juega contra un rival de un nivel superior al tuyo. Enfrentarte siempre a los mismos jugadores hace que adquieras el hábito de pensar y jugar con el piloto automático puesto. Si juegas contra alguien mejor que tú, tendrás que trabajar más duro, pensar y correr más, y aun así perderás. Perfecto. Por eso estás ahí. Te servirá para cuando vuelvas a enfrentarte a tus rivales de siempre.

Un poco de atención en tu forma de practicar se traducirá en grandes resultados en tu juego. Ganar es mucho más divertido que perder, y mejorar tus áreas más débiles hará que ganes con mayor facilidad.

Paso siguiente: robarles a las superestrellas.

11

APRENDER DE LAS LEYENDAS

Las superestrellas del tenis exhiben destrezas físicas sorprendentes. En su mejor momento, la coordinación ojo-mano de John McEnroe era equivalente a la de cualquier atleta del mundo: si alguna vez has visto a un gato jugar con una madeja de lana (o con un ratón) entre sus garras, la mano de John empuñando una raqueta tenía la misma y delicada gracia, así como el mismo propósito mortífero. La abrumadora potencia física de Boris Becker lo habría convertido en figura de cualquier deporte de su elección. En sus comienzos, cuando volaba para impactar sus tiros, convirtió el tenis en un deporte de contacto. Parecía un *quarterback* de alta categoría, un rey del *home run* o un héroe del baloncesto. ¿Y qué se puede decir de Andre Agassi? ¿Cómo un jugador puede impactar la pelota tan pronto y con tanta violencia? Su sincronización es mejor que la de un Rolex. El mismo nivel de intratables dotes físicas se aplica a grandes como Sampras, Edberg y Connors, entre otros.

Entonces ¿se puede aprender algo de ellos? Después de todo, han sido bendecidos con atributos físicos con los que mucha gente solo podría soñar. ¿Es posible «aprender» un don natural? Sí, por difícil que parezca, pero no de la manera que piensas. Por descontado, ciertas mecánicas fundamentales se aplican en todos los niveles del tenis: girar los hombros, usar las piernas, mantener los ojos en la pelota. Todo lo que ya sabes.

Me gustaría que pensaras en otro aspecto cuando se trata de aprender de las superestrellas del tenis: su actitud y su táctica durante los partidos y cómo aplicarlas a tu tenis.

Ten en mente que pocas reglas valen para todo el mundo. Lo que funciona para otros tal vez no funcione para ti. Cuando reflexiones sobre lo que estas superestrellas emplean en su juego, recuerda que, por lo general, tienen éxito con enfoques totalmente diferentes. Estudia lo que hacen y busca lo que puede serte útil en tu propio enfoque, de acuerdo con tu estilo de juego y con tu temperamento.

Andre Agassi

Cuando Doble A llegaba a un lugar, empieza el espectáculo. Prendas de colores chillones. Pelo decolorado. Es como una estrella del *rock*. Y se sale siempre con la suya porque, en lo que al tenis se refiere, cumple con lo prometido.

Nunca he visto a un hombre de su tamaño pegarle un golpe tan seco a la pelota. Es increíble. Su pelota quema. Por eso infunde un temor inmediato en su rival, que sabe que Andre puede sacudir la bola y hacerse con el control. Cuando está metido en el partido, te domina a voluntad. No es nada placentero enfrentarte a Andre cuando está inspirado.

Además, sabe jugar con las emociones. Si se siente mental, emocional y físicamente bien y las cosas le funcionaban, es sin discusión el mejor jugador del mundo. (Dejando a un lado a Jim Courier, que cuando está inspirado también es el mejor del mundo. ¿Dos mejores del mundo? Así es. Creo que una de las grandes rivalidades de los años noventa es la que existe entre Agassi y Courier, dos atletas fenomenales que han recorrido juntos un largo camino. Batallaban cuando eran juveniles y después en las canchas de entrenamiento de Nick Bollettieri. En sus batallas en la pista no toman prisioneros. Cuando se encuentren en la final de un torneo de Grand Slam —y no creo que transcurra mucho tiempo para eso—, deja cualquier cosa que estés haciendo y míralos por televisión. Quedarán restos de sangre en la pista cuando uno se haya cargado al otro.)

Una de las mejores cualidades de Andre es su habilidad para hacer contacto con la bola muy pronto, cuando todavía está en ascenso. Connors también lo ha hecho durante su carrera, pero Andre lo lleva a cabo con mayor anticipación y potencia. La manera en que lo hace es imposible de copiar, porque en ese caso los demás profesionales ya lo habrían hecho. A menudo sus tiros de fondo son medias voleas, porque el impacto se produce muy cerca del bote. Sin embargo, la idea básica debes tenerla en mente para aplicarla a tu propio juego.

Pegarle a la bola muy pronto significa devolvérsela a tu rival antes y más fuerte. Es devastador lanzarle la pelota a Agassi y que te la devuelva convertida en una bola de fuego antes de que hayas podido terminar el *swing*. Sucede rapidísimo. Tus rivales en el club tampoco querrán la bola de vuelta tan rápido.

En tu juego, no pienses en pegarle a la bola tan pronto, pero sí con cierta anticipación. Normalmente esperas a que la pelota aterrice en tu campo, bote, se eleve y empiece a caer antes de pegarle, justo por debajo de su punto máximo de elevación. Eso es porque es más fácil pegarle de esa manera: no hace falta moverse muy deprisa y tienes más margen para el impacto. Pero esa estrategia también le brinda al rival más tiempo para recomponerse, prepararse o atacar. Significa asimismo que debes trazar un *swing* más amplio para darle a la pelota efecto o profundidad, porque cuando estás a punto de pegarle ya va perdiendo velocidad.

Piensa entonces en darle «más pronto» en lugar de «pronto». Así debes empezar.

Cuando te llega una pelota profunda, lo natural es echarse atrás y esperar a que bote antes de pegarle. En lugar de eso, muévete hacia la pelota y haz contacto un 10 % antes. Cuando practiques esta devolución, fíjate un objetivo. Observa aquellas pelotas que normalmente te daría pereza ir a buscar. Acércate a ellas y pégales un 10 % antes de lo habitual después de que empiecen su descenso.

Acostúmbrate a hacer eso y luego intenta impactar en la bola justo en el tope de la curva. Verás algunos resultados (tanto buenos como buenos). Te costará unos cuantos errores, pero en cuanto te sientas cómodo, la bola viajará más rápido y con más fuerza y profundidad.

El otro aspecto que destaca en el juego de Andre es el modo en que sus pies y su raqueta se mueven siempre al mismo tiempo. Deberías hacer lo mismo. Evita mover los pies y de repente sacudir la raqueta hacia la posición de contacto con la pelota. Si no, te asegurarás una mala sincronización. Esa es la idea básica, pero Andre es el mejor ejemplo de cómo hacerlo. Cuando lo veas en la tele, observa su gran preparación temprana de la raqueta.

Cuando Andre traza un *swing* amplio hacia cualquiera de los lados, su raqueta se mueve hacia atrás casi de inmediato. Al restar, su raqueta retrocede en cuanto el sacador hace contacto con la pelota. Por eso es capaz de pegarle tan pronto y con tanta precisión: su preparación de la raqueta es excelente. Sin parangón en el circuito.

La lección de Agassi

1. Practica impactar en la bola un 10 % por ciento antes para lanzar golpes más efectivos.
2. Mueve la raqueta y los pies simultáneamente.

Verás el resultado en los partidos. Quién sabe, quizá hasta te den ganas de teñirte el pelo. Si yo hubiera pensado que eso me daría tiros de fondo como los de Agassi, lo habría hecho sin pensarlo dos veces.

Ivan Lendl

Ivan Lendl le pega a la pelota con mayor potencia y puntería que cualquier otro jugador del planeta. Casi la revienta. La mayor diferencia entre Agassi y él es que Ivan está dos o tres metros detrás de la línea de fondo cuando hace contacto con la pelota. Andre suele situarse delante de la línea de fondo, de modo que su golpe llega al otro lado antes y a mayor velocidad. Pero hay otros tres elementos del juego de Terminator que querrás incorporar a tu propio estilo.

En primer lugar, Ivan es conocido por su consistencia. Es algo que se cuida de establecer al comienzo del partido. Como ya he mencionado, cuando sale a jugar nunca falla una sola pelota en los primeros juegos. La razón es que le pega al 65 o 70 % de su potencial. Deberías afrontar el comienzo de los partidos de la misma manera. Fijar la sincronización, el ritmo y la confianza antes que la potencia.

En segundo lugar, Ivan tiene un rincón favorito en la pista, como si fuese el montículo del lanzador en el béisbol. ¿Has observado cómo le gusta desplazarse unos dos metros hacia la izquierda sobre la línea de fondo? Es una manera sutil (a veces más que sutil) de evitar el revés. Le encanta estacionarse ahí para tener un *drive* demoledor siempre a mano. Desde ese lugar, adora hacer que te muevas de un lado a otro mientras se ocupa de abrir la pista.

Cuando me enfrento a él, se acomoda en ese lugar y juega cada vez con mayor amplitud, moviéndome de izquierda a derecha. Tarde o temprano yo se la dejo corta, y entonces él me liquida con un golpe ganador. Desde esa posición, Ivan rebosa confianza y potencia.

Para tu juego, trata de encontrar el lugar de la pista donde te sea más fácil ejecutar tu tiro favorito y trabaja para situarte ahí. Si te encanta el *drive*, fija tu propio montículo de lanzador y dispara desde allí. Si te gusta la volea de *drive*, empieza a buscar oportunidades para subir a la red. No esperes a una invitación (un tiro muy débil) para atreverte. Fuerza un poco las cosas.

Mi montículo de lanzador particular queda justo detrás de la T del saque. Desde ahí disparo con mi mejor arma: el tiro de aproximación de *drive* hacia el lado de la ventaja. Siempre busco ese golpe. Lo llamo mi «tiro capital», porque si puedo jugarlo lo suficiente, es muy probable que gane el partido. Cuando tengo la posibilidad de ejecutarlo, reboso confianza para pegarle con eficacia. A muchos jugadores les ocurre lo mismo. Aprende qué es lo que te funciona y busca activamente la mejor posición para llevarlo a cabo.

Otro aspecto en el que Ivan es un maestro es el de ampliar la ventaja. Debe de ser el mejor en mantenerse por delante cuando ha logrado ponerse por adelante. Y una de las razones es que toma riesgos inteligentes cuando goza de un colchón de ventaja. No son tiros salvajes, sino más dominantes, con más ángulo y más potentes. Le gusta labrarse el impulso de situarse por delante elevando el nivel y la amplitud de su juego. Lo hace de un modo calculado y mesurado. Cuando consigue una ventaja, la presión que ejerce es notable, pero siempre dentro de las fronteras de su juego.

Cuando va por delante en el marcador, intenta anotarse *aces* con mayor regularidad y seguridad, porque confía en su segundo servicio. Al resto, por su parte, intenta castigar la bola, especialmente en el segundo saque del rival. Tener enfrente a Lendl esperando tu segundo saque es como invitar al monstruo de *Alien* a cenar. Sabes que no va a ser divertido. Ivan destruye los segundos saques débiles. Es una de las razones por las que nunca he podido ganarle. Estoy obligado a jugar un primer saque más débil para asegurarme de que no pueda ver el segundo.

¿Cómo puedes aplicar esto a tu juego? Cuando te adelantes en el marcador, aumenta la presión sobre tu rival. No te descuides ni traces *swings* salvajes. Aprovecha la oportunidad para ampliar la ventaja y forzar a tu oponente a lanzar tiros más difíciles.

Por último, me gustaría señalar la gran paciencia que muestra Lendl a lo largo de los partidos. En los años ochenta mantenía una disciplina mental parecida a la de Borg. Lendl nunca se precipitaba para lograr un punto o un tiro. Era muy metódico. Casi todos los jugadores de tenis recreativo (esto te incluye a ti) son lo opuesto. Se impacientan. Intentan pegar el golpe ganador demasiado pronto. Se pasan de rosca con el tiro de aproximación (recuerda que el tiro de aproximación sirve para preparar el golpe ganador; se supone que no es el golpe ganador).

Veo a dos jugadores aficionados enfrentándose y de repente uno de los dos trata de definir el punto pese a no tener ninguna ventaja, ningún hueco ni razón alguna para hacerlo. Por pura impaciencia. Lendl en los años ochenta sabía cuándo golpear. Era paciente. De hecho, uno de los motivos por los que su juego ha sufrido en los noventa es que ha dejado de ser tan paciente como antes. Tal vez no puede esperar para volver a casa con su familia, pero definitivamente no tiene la paciencia que lo caracterizaba.

Aprender de Lendl

1. Empieza el partido a un 65 % de tu potencial.
2. Ten claro donde está tu propio «montículo de lanzador», aquel lugar donde te sientes más cómodo.
3. Estira una ventaja tomando riesgos inteligentes. Presiona a tu rival cuando vayas por delante en el marcador.
4. Sé paciente. No fuerces ningún tiro que no valga la pena.

Ivan es un maestro manteniendo una ventaja, pero no tan bueno remontando. Es más, en los inicios de su carrera a veces tiraba la toalla o no quería seguir jugando cuando iba perdiendo. Cada jugador tiene sus propias inclinaciones. Yo juego con cautela cuando me pongo por delante y trato de meter presión a mi rival con un tenis consistente. A Lendl le gusta aumentar el nivel de su juego. Vale la pena que lo intentes con tu propio estilo.

Boris Becker

Boris es un superatleta absoluto, quizá el mejor en el tenis profesional. Se puede percibir su afán competitivo. También tiene una presencia tremenda fuera de la pista. Me refiero a que juega a lo grande y actúa del mismo modo en cualquier aspecto de la vida. Cuenta con artillería pesada y la utiliza para poner una presión constante sobre su rival. ¡Es ahora o nunca!

El saque de Becker es descomunal. Al verlo por la tele, no se aprecia en toda su dimensión. Se te abalanza. A eso se le suma que, si está inspirado con el servicio, se anima a arriesgar otros golpes, porque sabe que podrá enmendar cualquier error con su cañón.

Dicho esto, he aquí la parte más fuerte de su juego: la confianza en sí mismo. En sus mejores momentos rezuma tal seguridad en su capacidad para remontar o mantener el dominio que nunca duda de que va a ganar. Se puede enfurecer consigo mismo, pero nunca piensa que va a caer derrotado. No solo piensa que puede vencerte con sus fortalezas, sino también con sus debilidades. Confianza absoluta. Y Boris es similar a Lendl en lo que a estirar una ventaja se refiere. De hecho, va incluso más allá que Lendl y toma mayores riesgos.

Becker básico

1. Cree en ti mismo. Ten pensamientos positivos acerca de tu juego y de tu capacidad para ganar.
2. Cuando tengas una ventaja, ve a por ella. No seas tímido.

John McEnroe

Las manos de John McEnroe tenían la precisión, el toque fino y la destreza de un neurocirujano. Inventaba y aplicaba rutinariamente golpes inimaginables para muchos jugadores. Por ejemplo, a principios de los años ochenta, Mac podía subir a la red incluso tras un tiro de aproximación flojo, aunque el rival lo castigara. Cuatro o cinco veces en un partido, John se lanzaba desesperado a tapar el *passing shot*, y no solo le pegaba, sino que lo neutralizaba con una suave dejada. Eso no te lo puede enseñar ningún profesor de tenis en el mundo. Inténtalo. Si lo consigues, es pura casualidad.

Pero hay dos elementos tácticos por los que John era conocido y que vale la pena considerar. Primero, McEnroe jugaba con agresividad. Actuaba directamente contra su adversario. Cuando estaba inspirado, se podía sentir la presión incluso antes de que le pegara a la pelota, porque sabías que te atacaría de cualquier modo. Él quería ver si podías superarlo con un *passing shot*. Se acercaba todo lo que podía a la red, porque sabía que era más factible que uno fallara desde la línea de fondo antes que él en la red. Sabías que John te restregaría todo su juego en la cara.

Segundo, McEnroe era flexible. Si empezabas a superarlo con *passing shots* o con globos, él ajustaba su juego a las nuevas circunstancias. Podía jugar en toda la cancha y cambiaba de estrategia cuando le convenía. Si le enseñabas el *passing shot*, daba un paso atrás y apenas subía. Su juego (como su mente) era muy versátil. Era un tenista muy inteligente y observador. Siempre estaba alerta a las dinámicas del partido y no cejaba en su empeño de buscar la manera de explotar tus debilidades.

Mac ataca

1. Pon a prueba a tu rival. Busca sus debilidades siendo agresivo. Métele presión.
2. Sé versátil. Si algo no te funciona, prueba otra cosa.

Uno de los aspectos destacados del juego de John era que sus grandes habilidades tenísticas se veían complementadas por su inteligencia en la pista. Conocía sus armas y cómo usarlas de la manera más eficaz para hacer daño a su oponente.

Stefan Edberg

La táctica de Stefan era opuesta a la de McEnroe. Un buen ejemplo de cómo estilos diferentes pueden ser igualmente efectivos. McEnroe te ponía a prueba aquí y allá, buscaba tus debilidades para sacar provecho, subía a la red, se quedaba en el fondo de la pista, no dejaba de desafiarte. Edberg, por el contrario, es más franco: «Voy a poner en práctica el saque y volea cada punto, voy a atacarte todo el tiempo. Si quieres ganarme, vas a tener que hacerlo conmigo en la red».

Ha pulido su juego de saque y volea hasta lograr que no presente ninguna grieta. Sus movimientos tras el saque son excepcionales. El impulso que toma al servir le permite aterrizar en la pista e impactar la primera volea dentro de la línea de saque la mayoría de las veces. Y nunca falla esa volea.

Stefan sacará y voleará veintidós veces seguidas. Y, aunque lo superes limpiamente las veintidós veces, ¿qué hará él la vez siguiente? El vigésimo tercer saque y volea. Mientras que McEnroe retrocede a la línea de fondo y busca alguna otra arma para hacerte daño, Edberg te fuerza por enésima vez a lanzar tu tiro más difícil. Y otra vez. Y otra. Debes ser un jugador de lo más sólido para superar a alguien como Edberg el partido entero.

No le tiene miedo a nadie. Por mucho que lo superen con regularidad, sabe que él es mejor cerca de la red que en el fondo. Su compatriota sueco (y el héroe tenístico del coautor de este libro) Björn Borg podía quedarse incansablemente en la línea de fondo tanto como Stefan en la red. Conocía su juego y te obligaba a intentar vencerlo mientras él ponía en liza sus fortalezas.

Stefan Edberg tiene también una gran habilidad para tapar sus carencias. Su *drive* es quizá el más débil que ha tenido nunca un número uno del mundo. Básicamente, usa una empuñadura de revés para pegar el *drive*. Así lo entiende Stefan, que tiene la destreza para limitar cualquier daño que pueda causarle.

Compensa el daño de dos maneras. Cuando está sirviendo, elimina el *drive* de su juego subiendo a la red. Y en el resto de las ocasiones en que debe ejecutarlo, se limita a mantener la pelota en juego. Y se sale con la suya. ¿Recuerdas el dicho «si no está roto, no lo arregles»? Pues bien, su juego no está «roto», como tampoco él está en bancarrota. En 1990 era el número uno del mundo y había ganado 1 995 901 dólares. En 1993 ya se había embolsado trece millones de dólares. Por eso nunca se ha molestado en mejorar su *drive*.

Como Borg, Stefan Edberg también controla por completo sus emociones. ¿Alguna vez lo has visto inquieto o perdiendo los estribos en una pista? En su camino hacia la victoria en el US Open de 1992, estuvo una rotura abajo en el quinto set tanto ante Lendl en cuartos como ante Chang en semifinales. Su cara no era muy diferente de cuando había empezado el partido. No te decía nada.

Entiende que ceder a las emociones no funciona. Hace gala de un autocontrol absoluto, lo que resulta desalentador cuando está del otro lado de la red. Nunca tienes la oportunidad de ver a Edberg desanimado. Su compostura es la misma tanto si gana como si pierde. Nunca permite que detectes si se ha venido abajo mentalmente.

La excelencia de Edberg

1. Desarrolla un estilo de juego que se ajuste a tus mejores golpes. Ten una idea clara de quién eres dentro de la pista.
2. Ten un plan. Mantenlo. No te pongas nervioso si de primeras no funciona del todo. Haz que el rival intente vencerte atacando tus mejores golpes.
3. No permitas que tu adversario sepa que estás pasando un mal momento. Tu lenguaje corporal (como el verbal) proporciona mucha información sobre tu estado de ánimo.
4. Reconoce tus carencias y evita las situaciones de juego en las que se vean expuestas.

En su estilo de juego, Stefan es como un obrero. Quizá resulte aburrido de ver porque es muy predecible, pero obtiene unos resultados fantásticos. Sigue una estrategia muy simple basada en sus fortalezas y no la abandona nunca.

Jimmy Connors

Jimmy Connors es el *pitbull* del tenis. Todavía hoy, cuando ya ha pasado su mejor época, es un grandísimo competidor. Es tenaz. Es un estratega consumado. Es oportunista. Es inteligente. Es un jugador de armas tomar. Es incansable. Jimmy juega al tenis como si estuviese en el Coliseo romano luchando por su vida. Habría sido un gran gladiador.

Hasta que llegó Agassi, Connors tenía la mejor devolución de saque de la historia. Se las arreglaba para desactivar la gran ventaja que tenían sacadores como Kevin Curren, Ivan Lendl o Roscoe Tanner. No solo devuelve la pelota, sino que arma una jugada, forzando a los grandes sacadores a pegar varios golpes adicionales. A tipos como Curren, acostumbrados a ganar dos o tres puntos por juego solo con su servicio, Jimmy los obliga a jugar un par de voleas extra cada juego. Y eso se traduce en roturas.

Jimmy empieza el partido buscando de inmediato los puntos débiles de tu juego. Si detecta un defecto en alguna parte, se comporta como un tiburón en aguas sangrientas. Te ataca el golpe en cuestión hasta que le muestras que eres capaz de superarlo. Connors busca en los primeros juegos qué problema tienes ese día y se apresura a diseccionarlo.

Su tenacidad y su determinación no tienen parangón en el circuito. Afronta el partido a tope desde el primer punto. Con Jimmy es la guerra. Es una cuestión personal. El tenis no ha visto a otro cascarrabias igual. Es uno de los grandes artistas que ha tenido este deporte.

Aprender de Jimbo

1. Nunca te rindas. Insiste. Nunca te rindas.
2. Busca con agresividad las debilidades de tu adversario. Una vez que las identifiques, sigue atacando.

3. Mejora el resto. El saque del rival puede convertirse en una ventaja para ti.

Jimmy Connors es la versión tenística de un asesino a sueldo. Sale a la pista con un solo propósito: ganar. Como deberías hacer tú. Puede parecer una obviedad, pero Jimmy es la viva imagen del deseo de vencer a toda costa al otro tipo. Solo le importa ganar.

Jim «Terminator II» Courier

Jim Courier tiene una tonelada de tenis y la lleva a la pista en cada partido. Lo da todo en cada punto de cada juego de cada set que le toca jugar, sin importarle si el marcador refleja un 5-0 o un 0-5. Hace gala de una maravillosa consistencia y una gran intensidad durante todo el partido. Observa su juego y verás lo centrado y comprometido que está en conseguir la victoria.

En su mirada se puede ver el mismo deseo feroz de ganar que tiene Connors. Claro que todos los jugadores tienen ese deseo, pero pocos lo tienen todo el tiempo. Courier es uno de ellos. Me da la impresión de que hasta se cepilla los dientes con ferocidad.

Otro aspecto de su juego al que debes prestar especial atención es su voluntad de ejecutar el golpe que tiene a su alcance. Cuando Jim ve una pelota que le gusta, que le brinda la posibilidad de abrir el campo, de realizar un tiro potente de aproximación (o una bola a la que puede pegarle con mucha fuerza), la juega al 110 %. No tiene miedo de lanzar ese tiro cuando siente que puede hacerlo. No es nada tímido. No espera a tener la oportunidad perfecta para sacudir la pelota. Jim le pega aunque apenas la tenga a su alcance, asumiendo el riesgo. Cuando huele la oportunidad de hacerse con el control del punto, la aprovecha de inmediato.

También es un grande combinando golpes. Puede darle a la pelota con un golpe plano y potente, con efecto, con un gran ángulo o con profundidad. Nunca es monótono, impide que entres en sintonía con sus tiros. Despliega un juego de lo más variado. Además, ¡es capaz de conectar un saque demoledor! Créeme, todo ese repertorio lo conducirá a ganar más torneos de Grand Slam.

Finalmente, quiero volver sobre un asunto que mencioné antes: la presión y los nervios. Jim los maneja como nadie, de manera opuesta a como lo hago yo. Cuando los puntos son importantes y la presión es máxima, Jim le pega cada vez más duro. Nunca lo verás jugando de forma conservadora o cautelosa. Por eso lo llamo Terminator II (Lendl es el Terminator original).

Cuando tienes a Courier del otro lado de la red, sabes que en los puntos importantes (puntos de juego, de set o de partido, o en el *tie-break*), él le pegará todavía más duro que antes. Saber eso te deja con la soga al cuello. Sabes que Courier te va a acribillar con toda su furia y te va a obligar a intentar cosas que no te convienen (ir a por *aces*, terminar los puntos precipitadamente, pegarle con demasiada fuerza).

Jim Courier fue el jugador número uno del mundo en 1993. Ha caído de la cima y ahora lucha por recuperar su juego, pero es todo corazón y compromiso. Si está inspirado, puede ganar a cualquiera.

Copiar a Courier

1. Mantén el deseo de ganar durante todo el partido. Dalo todo desde el primer punto.
2. Combina golpes. Utiliza todo tu repertorio de tiros y trabaja para desarrollar más armas e incorporarlas a tu juego. No dejes que el adversario vea lo mismo una y otra vez.
3. Ten agallas. No dejes pasar una oportunidad. Cuando los puntos o las circunstancias sean cruciales, redobla la apuesta. Si tienes que caer, que sea con las botas puestas.
4. Ejecuta el tiro cuando lo visualices, lo que en realidad guarda una estrecha relación con el consejo anterior, el de las agallas. Cuando se te presente la oportunidad de

hacerte con el dominio del punto, aprovéchala. Desarrolla el olfato para detectar estas situaciones. Capitaliza cada pequeña oportunidad.

Jim Courier no tiene el mismo nivel de habilidades naturales que Pete Sampras y Andre Agassi, pero compensa esa pequeña diferencia con su deseo de ganar. Pone siempre toda la carne en el asador. Si no se quema antes, será en los próximos años un coloso del tenis.

Pete «el Cañonero» Sampras

Pete «el Cañonero» Sampras es un atleta extraordinario. Ocupa los primeros puestos de la lista en lo que a talento se refiere. Como McEnroe, puede conectar tiros con lo que otros ni siquiera podrían soñar. Si ataca la red y su rival responde con un *passing shot* paralelo casi perfecto, Pete se lanza en pos de la bola y adopta la postura perfecta para volear con una suave dejada. Es brutal.

Su técnica es difícil de copiar porque le pega muy relajado, como si fuera la cosa más sencilla del mundo, cuando su juego de muñeca y sus ostentosos golpes exigen una destreza tremenda. Aun así, hay muchos aspectos de su enfoque táctico que pueden servirte de inspiración.

Pete tiene un servicio fantástico y sabe que dispone de un arma dominante. En los días en los que acumula *aces* (y golpes ganadores) como si estuviera recogiendo uvas, empieza a calibrar sus oportunidades al resto. Pone mucha presión sobre tu saque porque sabe que él va a mantener su servicio sin problemas. Entonces te ataca el saque tomando algunos riesgos. Cuando sirves ante él en esa situación, de pronto te enfrentas a una presión enorme. Pete desestabilizaba tu juego de saque.

Pero tan importante como lo anterior es que cuando tiene problemas con el primer saque, prueba golpes con efecto para recuperar el ritmo. No se empecina en seguir utilizando su cañón una y otra vez. Baja de la cuarta marcha a la tercera (o a la segunda). Después, cuando vuelve a coger el ritmo, ahí tienes de nuevo a Pete el Cañonero. Es una buena manera de gestionar el aspecto mental.

Pete nunca se sale de sus casillas. Mantiene la compostura y no se preocupa por el público, los errores de los jueces, las interrupciones o cualquier otra cosa. Si le molesta algo que ocurre fuera de la pista, no lo deja traslucir. Se recompone respirando hondo y botando la pelota. Es muy tranquilo. Rehúsa gastar energía o emociones en nada que no se encuentre delimitado por las líneas de la pista.

Los principios de Pete

1. Si mantienes el servicio con facilidad, incrementa la presión sobre el saque de tu adversario. Arriésgate y sé más agresivo.
2. Si fallas tres o cuatro saques seguidos, baja una marcha. No peques de ambicioso y prueba a lanzar golpes con efecto hasta que recobres el ritmo y la confianza.
3. No te salgas de tus casillas. No permitas que el entorno te afecte. Si no, perderás energía y capacidad de concentración.

Pete el Cañonero es uno de los grandes del circuito. Tiene grandes destrezas y una gran compostura, y es un jugador inteligente. Una combinación perfecta para convertirse en una leyenda.

Brad Gilbert

Por Tom Chivington, entrenador de Brad e instructor del Foothill Junior College, nombrado entrenador de tenis masculino del año en 1992 por la NCC.

Cuando en 1980 Brad acudió a mí en el Foothill College, me llevó bastante tiempo darme cuenta de sus virtudes. La primera vez que lo vi en una pista tomé la siguiente nota mental: «No tiene *drive*. No tiene revés. No tiene volea. Su saque es débil». Pero también reparé en otro aspecto: gana partidos.

Es el sueño de todo entrenador, un chico capaz de descubrir cómo ganar sin tener armas extraordinarias. Brad hacía eso.

Durante su carrera universitaria, nunca se me ocurrió pensar que Brad pudiera convertirse en profesional, o que lo intentara siquiera. Sin embargo, tras abandonar Foothill tomó una decisión correcta que me hizo ver que tenía un gran futuro.

En ese momento, a principios de 1982, para entrar en un torneo Brad estaba obligado a participar antes en una fase de clasificación, donde las promesas pelean por dos o tres puestos en el campeonato de la semana. La ferocidad e intensidad de esos partidos son legendarias. Los chicos están desesperados por entrar y pelean con uñas y dientes. En 1982, Brad ganó veintiocho partidos consecutivos de clasificación ante jugadores como Pat Cash, Guy Forget, Miroslav Mecir y otros.

No hay registros de hechos como este, pero dudo que algún otro jugador lo haya conseguido antes o después. Eso me demostró que Brad era especial.

Muchos expertos han criticado su estilo porque carece del brillo de jugadores como McEnroe, Becker, Agassi o Sampras. Cuando era *amateur*, decían que en el mundo profesional no podría jugar así. Cuando pasó a ser profesional, decían que no se ganaría la vida como tenista. Cuando alcanzó el número cuatro del mundo y ya había ganado más de cuatro millones de dólares en premios, Brad empezó a tener seguidores que admiraban su capacidad para encontrar la senda de la victoria. Fue entonces cuando su estilo se definió como «ganar feo».

Pero antes de que desprecies la calidad de sus golpes, te aseguro que Brad tiene buenos activos en esa parcela del juego. Trabaja con un amplio abanico de tiros fiables. Brad es un contragolpeador. Saca a relucir todo su potencial cuando lo atacan.

Su estado físico también es importante. Después de someterse a una operación en 1988, empezó a trabajar exclusivamente con Mark Grabow para recuperarse, y mejoró su fuerza y su resistencia de un modo notable. Cuanto más largo es el partido, más oportunidades veo que tiene Brad de ganarlo.

Destaca también por su poder de anticipación. Casi siempre está preparado para todo lo que puede ocurrir en la pista.

Pero en lo que Brad destaca, en lo que supera a cualquier otro jugador del circuito, es en su enfoque mental del deporte. Entiende *la importancia de adaptar tus virtudes a las debilidades de tu adversario*. Brad sabe cuándo atacar y cuándo jugar con cautela. Tiene un gran conocimiento de la pista y entiende las dinámicas del partido. Su preparación previa es superlativa. Cuando llega a la pista, está totalmente preparado para el trabajo que tiene por delante.

Su enfoque básico es el que deberían copiar todos los jugadores aficionados. Brad Gilbert *aborrece los errores estúpidos. No tolera concederle puntos al rival*. Cuando te enfrentas a Brad, debes trabajarte cada punto, porque él no va a regalarte ninguno. Para un jugador de fin de semana, de instituto o de universidad, no conozco una fórmula mejor para mejorar enseguida sus resultados que comprender esa filosofía y ponerla en práctica.

A Brad lo describen como un jugador muy conservador, que no hace gran cosa. Pero en realidad hace muchísimo. Lo que ocurre es que no es vistoso. Analiza a fondo a sus rivales y sabe qué esperar, qué hará un jugador específico en una situación específica. Cuáles son sus golpes favoritos y con cuáles no se siente cómodo. Juega con inteligencia en los momentos importantes del partido.

Con mis alumnos he descubierto que los que aplican el pensamiento y el enfoque de Brad a sus propios partidos mejoran de manera sustancial.

Parece fácil, pero no lo es. Muchos jugadores son mentalmente perezosos cuando salen a la pista. Siempre he pensado que la razón por la que Brad destaca es porque de niño no podía apoyarse en esas dotes extraordinarias con las que algunos deportistas son bendecidos al nacer. Quizá se dio cuenta muy pronto de que para ganar necesitaba desarrollar la faceta mental, analítica, del juego. Estoy convencido de que les ha demostrado a muchos jugadores del montón lo valiosa que es esa parte del juego.

Brad básico

1. Aprende a odiar tus errores no forzados.
2. Sé un observador de tu juego y del juego del rival. Debes saber qué ocurre durante el partido.
3. Intenta adaptar tus virtudes propias a las debilidades del adversario.
4. Lee el consejo número 1 todas las veces que sea necesario.

Brad Gilbert entiende que un partido de tenis se juega en gran medida en la mente. La observación y el análisis son fundamentales en su éxito. Su enfoque del juego es mucho más rico que lo que el tenista promedio puede aprender de cualquier otro jugador del circuito. No gana con golpes de superestrella. Gana porque maximizaba su enfoque mental. Hace eso porque es muy reflexivo. Sabe cómo prepararse para un partido y cómo reconocer y capitalizar las dinámicas que se dan durante el juego. Es brillante echando por tierra la efectividad de su rival. Si el jugador aficionado común pudiera hacer lo mismo, su mejora sería notable.

Paso siguiente: ¡la caballerosidad deportiva no es un juego!

III

JUEGOS MENTALES, PSICOLOGÍA Y ASTUCIA: HISTORIAS DEL CIRCUITO

«Una plaza mejor para estacionar.»

BRAD GILBERT cuando le preguntaron
qué significaba ser el octavo cabeza
de serie del US Open

12

LOS MAESTROS DE LA FURIA: CONNORS Y MCENROE

Ve y compra la raqueta más cara del mercado. Practica hasta que te sangren las manos y recibe clases hasta que estés sin blanca. Entonces toma algunas vitaminas y ten una buena noche de sueño reparador. Puedes hacer todo eso, pero no te servirá de nada si tu rival te saca de quicio durante el partido. O ya antes de empezar. Lo sé por experiencia propia. He sido víctima de los mejores en este negocio. John McEnroe hizo conmigo uno de los mejores trabajos psicológicos de la historia del tenis, y eso que ni siquiera estábamos en la pista. Me sacó de mis casillas antes de que comenzara el partido: la víspera.

Íbamos a enfrentarnos en la final del torneo de San Francisco de 1984. Yo empezaba a llamar la atención en el mundo del tenis y, como nací en la zona de la Bahía de San Francisco, quería mostrarme en buena forma ante los aficionados de mi ciudad. Y nada mejor que hacerlo con un triunfo ante el mejor jugador del mundo, John McEnroe. Sin embargo, Mac tenía otros planes. Uno de ellos consistía en desestabilizarme antes de que lanzáramos nuestro primer golpe en la pista.

La noche antes de nuestro partido, el *San Francisco Examiner* publicó la siguiente declaración de McEnroe: «Brad Gilbert no le pega a la pelota con la fuerza suficiente ni para romper un huevo. No le pega, la saluda». Lo leí por la noche en mi apartamento y me molestó tanto que no pude terminarme la cena. «¿Quiere ver un poco de potencia? Le voy a enseñar lo que es la potencia. ¡Voy a sacar a golpes de la pista a ese desgraciado!»

Huelga decir que el resultado del partido estaba decidido de antemano. McEnroe se había metido conmigo en mi propia ciudad.

Al día siguiente salí a la pista del Cow Palace con el propósito de reventar cada pelota que recibiera. Saqué con violencia y pegué con todas mis fuerzas los tiros de fondo. Intenté *aces* con mi segundo servicio. Intenté meter golpes ganadores al resto de su primer servicio. Quería demostrarles a los aficionados de mi ciudad que McEnroe estaba equivocado, que Brad Gilbert tenía un golpeo poderoso. Pero lo que les demostré fue que McEnroe era un gran artista de la picaresca. Me había empujado a desplegar un juego que no era el mío. Perdí en dos sets.

McEnroe debía de estar encantado. Ganó 6-4, 6-4, y el juego psicológico había sido el factor determinante. Después le dijo a un periodista: «Brad pareció jugar un poco más agresivo que de costumbre. Creo que eso dañó su juego». Y lo dijo sin inmutarse. Gran juego psicológico el de Mac.

Dos tipos de juegos psicológicos

Hay dos tipos de juegos psicológicos que pueden lastimarte: el de tu rival y el tuyo propio. Ambos pueden dañarte si no entiendes lo que está sucediendo. Frente a McEnroe en San Francisco nunca llegué a pensar en lo que estaba ocurriendo. Caí en la trampa que me había tendido.

Los juegos mentales que se despliegan durante un partido pueden afectar al resultado tanto o más que los aspectos físicos y tácticos. Recuérdalo: los juegos mentales que usa tu adversario persiguen siempre el mismo propósito, descentrarte. Interrumpen el ritmo y el compás del partido, te sacan de tu juego. Te convierten en una marioneta. En vez de controlar tú el tempo, el ritmo y la «actitud» del partido, lo hace tu oponente.

Aquí van algunos consejos específicos para contrarrestar esas tácticas tan frecuentes en los partidos. Yo siempre digo:

«Cuidado con la tortuga, el conejo y el estafador», o sea, con el juego lento, el juego rápido y las trampas. También quiero mencionar algunos juegos mentales que he sufrido en mis propias carnes y de los que puedes aprender. Pero antes voy a ocuparme de uno de los «trastornos» mentales más comunes en el tenis: la furia, tanto si la padece el otro jugador como tú mismo. En ambos casos puede ocurrir que te desvíes de tu plan de juego y se desmoronen tus oportunidades de ganar el partido.

El mejor siendo el peor

Los dos mejores «competidores» de todos los tiempos han sido John McEnroe y Jimmy Connors. Ambos se imponían en todo lo relacionado con el control de lo que estaba sucediendo en la pista: controlaban al público, al juez de silla, a los jueces de línea, al juez árbitro e incluso a los recogepelotas; controlaban los rifirrafes y las disputas y, lo más importante, cuándo debían ocurrir. Eran los mejores marcando el ritmo del partido: más rápido o más lento en función de lo que querían que hiciera el otro jugador. Podían controlar la energía, la atmósfera y la actitud dentro y fuera de la pista.

En un partido largo podían hacerte subir y bajar más veces que una montaña rusa. Y en su mejor (o peor) momento eran capaces de lastimarte sin lanzar una pelota mucho más que otros jugadores con la raqueta. Eran como Bart Simpson y su gemelo malvado. Ahora voy a contarte cómo el rey de la astucia deportiva, Jimmy Connors, manipulaba las cosas para que la furia (la suya y la mía) se transformase en su arma predilecta.

Connors pierde los estribos: Chicago, 1985

Jimmy y yo habíamos librado algunas batallas increíbles y habíamos estado cerca de llegar a las manos un par de veces (¿recuerdas cuando se puso a gritarme en el vestuario después de su derrota en el Masters de 1987?). No se amilanaba ante nadie, y a mí tampoco me gusta que mi rival me pase por encima, en especial si se trata de alguien que intenta sacar provecho de su condición de «leyenda». Y Jimmy lo hacía a la menor ocasión. En Chicago sacó a relucir algo que me puso tan furioso como nunca durante un partido.

En 1985 íbamos a enfrentarnos en la ciudad del viento en un momento importante de mi carrera. Ten en cuenta que yo acababa de entrar en el top 20, pero todavía no había ganado a ningún grande. Había escalado poco a poco en el *ranking*, y de pronto tenía delante, en los cuartos de final del torneo, a Connors, que era el número tres del mundo. Un triunfo significaba un salto de calidad. Además, pensaba que le podía ganar. Permíteme contarte primero la parte buena de la historia. Y por qué ocurrió lo que ocurrió.

Nos repartimos los primeros dos sets, 6-4, 4-6, y yo me dejo la piel. El tercer set es durísimo, ambos tratamos de no ceder ni un centímetro de ventaja. Cada uno va manteniendo su servicio hasta que el marcador refleja 4-5 en el tercer set y le toca sacar a Jimmy con 30-40. No puedo creerlo: tengo un punto de partido. Sé lo que los psicólogos deportivos dicen acerca de ir «punto a punto» y todo eso, pero no puedo evitarlo. Estoy eufórico y pienso: «Gilbert, te vas a cargar a Connors. ¡Me veo comiendo en la misma mesa que los grandes!».

Con un punto de partido en contra, Connors se prepara para sacar y mantenerse con vida en el partido. De manera deliberada, bota la pelota ocho o nueve veces. Concentrado. Paciente. Pienso que, si tengo la oportunidad, voy a atacarle antes de que lo haga él. «Hay que ir por él cuanto antes», me digo. Entonces saca. Nada especial (su especialidad). La pelota se dirige a mi revés y yo se la devuelvo con un paralelo cortado. Y profundo. Subo a la red. Jimmy llega a la pelota y lanza un globo hacia el lado de mi revés. No lo esperaba, me ha pillado desprevenido. Pero el globo es débil, no muy profundo. Retrocedo unos pasos y doy una especie de salto acompañado de un giro. Me estiro, le pego a la bola con fuerza y estampo un remate pegado a la línea en el cuadro de iguales. Connors se ha movido hacia el lado equivocado, hacia la derecha, y la bola se dirige a la izquierda.

Pica en la línea de fondo, detrás de él, y el juez de línea la da por buena.

Lo he conseguido. He ganado el punto de partido y he derrotado a una leyenda del tenis en un gran torneo. Empiezo a saltar levantando el puño, entusiasmado, eufórico y orgulloso de mí mismo. Corro hacia la red para estrecharle la mano y aceptar sus felicitaciones. Pero Jimmy no está con ánimo de felicitar a nadie.

Antes de que yo pueda dar dos pasos hacia la red, Connors enloquece. Le grita al juez de línea señalando la línea y un punto fuera de la línea. ¡Parece un salvaje! Hasta el punto de que le salen salpicaduras de la nariz y la boca. Golpea la raqueta contra la pista y sale disparado hacia el juez de silla sin parar de quejarse. Con la raqueta bien agarrada, le suelta improperios que serían motivo de arresto si estuviera dirigiéndose a un policía. Vuelve a señalar la «marca», que, según él, se encuentra más allá de la línea.

Mientras tanto, yo permanezco en la red como un niño esperando a Papá Noel. Iba a tener que esperar para que me felicitara por el triunfo. Sinceramente, no sabía qué estaba pasando. El partido había concluido, ¿no? ¿Estaba Connors montando un numerito para después decir que en realidad yo no le había ganado? ¿Una variante de lo ocurrido en el vestuario tras su derrota en el Masters? ¿Qué estaba pasando?

Jimmy continúa fuera de sí, gritándole en la cara al juez de silla. Le está dando la brasa con que la pelota ha botado cinco centímetros fuera de la línea. Corre de nuevo hacia la supuesta «marca». Se oyen los silbidos, abucheos y protestas del público. Menuda algarabía.

Tengo las dos manos apoyadas en la red y sigo estando un poco desconcertado. Esperando a que las cosas se calmen. Pero en absoluto ocurre tal cosa.

De repente oigo algo que no me puedo creer. El juez de silla ha encendido el micrófono y dice: «Punto anulado. La pelota se ha marchado fuera. Servicio para el señor Connors. Iguales». ¡Acaba de anular la decisión del juez de línea en un punto de partido! Si me hubieran clavado un tenedor en el ojo no habría gritado más fuerte. El problema es que nadie podía oírme. La multitud había ahogado mi alarido. Los vociferantes aficionados —8321 espectadores que abarrotaban el estadio de la Universidad de Illinois— emitieron un ruido semejante a una bomba. El público estaba enardecido.

Para ellos era estupendo porque significaba más minutos de tenis. Yo me sentía víctima de un atraco. En Chicago adoraban a Jimmy (hoy lo adoran en todas partes, pero en aquella época solo se había ganado el corazón de un par de ciudades) y el público estaba enfervorizado. Habían protestado por la primera decisión y ahora estaban locos de alegría por la anulación.

Perdí los estribos. Me abalancé sobre la silla del juez para gritarle: «¿Cómo demonios puede anular una decisión cinco minutos después de que haya terminado el punto?». Estaba hecho una furia. Y el juez de silla allí sentado como si tal cosa. Me miraba como si yo fuera un recogepelotas que no estaba haciendo bien su trabajo.

Estaba tan enfadado que empecé a sacudir la silla. Me había pasado de la raya. El juez se asustó porque estaba sentado a más de dos metros de altura, con un tipo fuera de sí zarandeándole la silla y gritando como un poseso. Parecía como si el juez estuviera viendo el fantasma de Bill Tilden mientras se agarraba al respaldo de la silla como en una atracción de feria. Yo estaba furioso.

No sirvió de nada. El juez de silla mantuvo la anulación. El partido continuó. Jimmy sacó desde el lado de iguales. No gané ese punto. Ni el siguiente. El partido se puso 5-5. Me tocaba sacar a mí. Perdí el primer punto. Perdí el segundo. Perdí el tercero. Perdí el cuarto. Jimmy sirvió con 6-5. Perdí el primer punto. El segundo. El tercero. El punto de partido. ¡El punto de partido! Perdí el punto de partido. Perdí el partido. Una pesadilla. No había ganado un solo punto en tres juegos. Y Jimmy me había arrebatado el partido. Jimmy había embaucado a un juez a mi costa. Un desastre. Estaba destrozado.

Esa es la cuestión. Jimmy había intimidado al juez de silla para que le brindara otra oportunidad. La pelota había sido muy ajustada. Por supuesto que pensé que era buena. Y el juez de línea pensó lo mismo. Una bola tan ajustada en un punto de partido no suele anularse. Salvo que sea Connors quien pide la anulación y que ocho mil ruidosos espectadores lo apoyen. El juez de silla sucumbió a la presión. Pero no fue ahí donde Jimmy hizo el mayor daño. El mayor daño me lo hizo a mí. Lo peor es que me desmoroné.

La anulación me destruyó por completo: dio cabo de mis pensamientos, de mis emociones, de mi autocontrol. Cedí a la furia y ya no pude meterme en el partido. Estaba tan furioso que perdí el rumbo y no supe qué hacer en la pista. Sentí que me habían robado. Aquello era un caso perdido. Sabía que ganarle a Connors una sola vez era una proeza. Pero hacerlo dos veces la misma noche ya era demasiado. Detesto admitirlo, pero pocas veces en mi vida como tenista me he dejado ir. Sentí que me habían arrebatado la victoria.

Jimmy embaucó al juez de silla a mi costa. En el mejor momento de su carrera era capaz de hacer cualquier cosa con tal de ganar. Recuerda, la cuestión de este pequeño incidente no es que Jimmy sea un mal tipo. Jimmy es Jimmy. De lo que se trata aquí es de la furia, de la furia incontrolable. Sobreviene a nivel profesional y a cualquier otro nivel, por una variedad de motivos y en el momento menos pensado. Pero cuando ocurre hay que estar preparado. Uno debe ser capaz de reconocerla y de recuperar el control. De lo contrario, será como si jugara con una raqueta rota.

En esa ocasión, yo no estaba mentalmente preparado. Nunca había disfrutado de una oportunidad como esa en mi carrera. No anticipé que algo así podría ocurrir. Ese fue mi error. Aprendí de él.

La furia sin control te liquida por dentro (salvo que seas McEnroe o Connors). La furia por una buena razón puede ayudarte. Ante un maestro como Connors, necesitaba decirme a mí mismo que debía estar preparado para cualquier adversidad. Mi preparación mental previa fue floja en ese sentido. Connors «controlaba los elementos», y yo todavía no estaba listo para eso en 1985. Necesitaba decirme a mí mismo que él estaba dispuesto a hacer cualquier cosa. Y que cuando lo hiciera yo no debía entrar en su juego. Por supuesto, yo tenía derecho a discutir con el juez de silla, pero en cuanto empecé a zarandear la silla, Connors ya había ganado el juego mental. De haber estado mentalmente preparado, podría haberme llevado la victoria. No me falló el juego. Fue mi mente la que no estuvo a la altura.

Y para sumar un insulto a la herida, me multaron con mil quinientos dólares por faltarle al respeto al juez de silla.

Pero, como verás más adelante, aprendí una valiosa lección.

¿Gritar o no gritar? Esa es la cuestión

Entonces ¿cómo puede ser positiva la furia? Repito, la furia sin control destruye tu juego. La furia por un motivo válido y bajo control puede serte beneficiosa.

Yo me quejo bastante durante los partidos. Hay quien dice que demasiado. He oído decir: «Brad, te pasas de exigente. Te lamentas por cualquier cosa». Probablemente estén en lo cierto. Pero lo que hago es reprocharme los errores que cometo en la ejecución de un golpe o en la estrategia. Cuando me relajo, fallo una pelota fácil o intento un golpe ganador en el momento equivocado, o cuando me impaciento o caigo una y otra vez en el mismo error físico o mental, me enfado conmigo mismo. Tú también deberías hacerlo. Este tipo de furia puede serte útil.

Es como aquel entrenador de fútbol americano del instituto que te daba un empujón para que te pusieras las pilas. Enfádate contigo mismo cuando te equivoques. Demuestra que te importa. Tu juego te escuchará. Pero después sigue adelante. Mira lo que ocurre delante de tus narices. Debes olvidar lo que acaba de pasar.

No puedes mirar hacia delante y hacia atrás al mismo tiempo. Si te desmoronas por un punto (o por un problema), estás acabado, porque no te centrarás en el siguiente punto. Un tenista distraído comete errores físicos y mentales. Con Connors aquella noche en Chicago fui incapaz de mirar hacia delante.

No podía quitarme de la cabeza lo ocurrido y focalizarme en lo que estaba por venir. Y me costó el partido.

Así pues, la furia —la furia bajo control— puede impulsarte, puede ser una gran manera de captar tu atención. Puede activarte. Úsala sin miedo. Pero contrólala. No dejes que ella te controle a ti. Nunca he logrado entender cómo un jugador soberbio como Björn Borg podía mantenerse tan frío durante un partido. Parecía como si no le importara. Sufría a menudo robos arbitrales, y era consciente de ello, pero nunca lo vi enfadarse, ni una sola vez. Esa actitud le funcionaba. Sin embargo, no es así para la mayoría de la gente.

Cómo controlar la furia

Con los años he sido capaz de controlar mi furia, de mirar hacia delante y dejar atrás el problema que me había sacado de mis casillas. Recuerda que la dificultad consiste en controlar la pérdida de control. Parece una contradicción, y lo es. Pero ya verás a qué me refiero.

1. Elimina la chispa, no el fuego

Aprende a reconocer la furia cuando estalle. La furia se cuela en ti antes de que puedas reconocerla. Puede gestarse lentamente o surgir de repente (como me ocurrió a mí ante Connors). En cualquier caso, el momento de hacer algo es antes de que te consuma. Eso exige disciplina, mucha disciplina. Requiere ignorar las emociones naturales y usar el pensamiento racional. Es muy difícil para la mayoría de nosotros. La furia se alimenta de sí misma, y cuanto más tiempo te estés machacando, más difícil será detenerla. No dejes que la chispa se convierta en llama.

2. Canaliza tu furia

Es importante que seas capaz de canalizar la furia hacia una causa específica. Identifica la fuente. ¿Fue una pelota mal cantada? ¿Fue un mal tiro o una serie de malos tiros? Debes aislarla. Conocer la causa ayuda a encontrar la solución. Puedes mejorar en el reconocimiento temprano de la furia. Pregúntate qué está ocurriendo y qué puedes hacer para cambiarlo. Si estás frustrado con tu *drive*, busca el modo de corregirlo.

Si tu rival es la causa de la furia que te invade, procura que te haga más fuerte. Conozco a muchos jugadores aficionados que me han confesado que no se meten de lleno en el partido hasta que el rival no los hace enfadar al cantar fuera una bola, al practicar un juego desesperadamente lento o al hacer cualquier otra cosa que los irrite. Cuando tu adversario te saque de tus casillas, convierte lo negativo en positivo. No pienses: «Voy a perder por las cosas que hace», sino: «Le voy a ganar por hacerme todo eso. Lo va a pagar caro». Te esforzarás más para derrotarle.

Al principio de mi carrera me enfadaba personalmente con mis rivales. Me olvidaba de la táctica y la estrategia y solo pensaba en lo estúpidos que eran mi oponente o el juez de línea que se había equivocado al cantar fuera una bola. Tanto me molestaba que podía estar enfadado con un juez durante tres o cuatro días. Podía ocurrir que, encontrándome en Europa dos días después de haber disputado un partido, llamase a mi hermano Barry en California y él no entendiese de qué le estaba hablando. «Brad, ¿no pasó eso la semana pasada? ¡Hay vida más allá del tenis!». He mejorado en ese aspecto. Trabajo duro para olvidar la parte personal y me centro en tratar de hacerle a mi oponente lo que no quiero que él me haga a mí.

La furia es volátil. Como la gasolina, puede poner a funcionar tu coche o te puede explotar en la cara. Se cuenta que Clark Graebner se enfadó tanto con Ilie Nastase durante un partido que después lo colgó de un gancho en el vestuario. Aunque he oído esa anécdota varias veces, dudo que sea cierta. Graebner es lo bastante grande para haberlo hecho si hubiera querido, de eso sí que no hay duda. Quién sabe. Con la excepción de McEnroe y Connors, la furia sin control saca a un jugador del partido. Si la controlas, te puede servir para ganar puntos. Estoy seguro de que Borg hacía eso: contenerla para usarla como motivación.

3. No te fustigues

Sabes que estás en apuros cuando empiezas a gritarte a ti mismo como si le gritaras a un perro que te ha mordido la pierna. No lo hagas. Ya tienes a un rival en la pista tratando de vencerte. Si la tomas contigo, tendrás que enfrentarte a dos personas en una misma pista. Yo todavía lo hago demasiadas veces, y no funciona. Es un mal hábito y perjudica a mi causa. «Soy el peor. Lo estoy echando todo a perder. ¡Pedazo de imbécil!» Esas son mis quejas típicas cuando tengo un mal día.

Lo primero de todo: al rival le encanta oír esas cosas. Cuando me oye decir: «¡No consigo pegar un revés!», me tira cada vez más al revés. Por otro lado, tu rival se crece porque está viendo cómo te desmoronas. Haces que se sienta más seguro de que ese día te va a ganar. Cuando empiezas a machacarte de ese modo, después es difícil cambiar el chip. Cuando empiezas a cavar ese hoyo, se hace cada vez más profundo. Y tú sigues ahí dentro. Cuando empiezas a gritarte lo pésimo que es tu juego, es asombroso cómo te empeñas en darte la razón.

Por eso, ten cuidado con la furia. Puede minar tus opciones. Estás ahí. Estás en la pista. No puedes largarte y volver al cabo de un rato. Si la furia es un problema para ti, canalízala. Cuando te enfurezcas, piensa en lo que vas a hacer a continuación, no en lo que acabas de hacer.

4. Cuenta con una válvula de seguridad

Una buena manera de desviar la furia es desviar tu atención. Desarrolla un procedimiento específico para cuando pierdas los estribos, para cuando sepas que necesitas calmarte. Podría aconsejarte cincuenta pequeñas «tareas» que he usado a lo largo de mi carrera, pero aquí van las que utilizo con más frecuencia cuando necesito unos momentos de paz para reconciliarme conmigo mismo: atarme los cordones, enderezar las cuerdas de la raqueta, secarme el sudor con la toalla y volverlo a hacer.

Nada complicado. En última instancia, tiene que ver con el control interno, con el manejo mental o emocional. Como cuando quieres controlar la calidad de tus golpes o el trabajo de pies, debes tratar de controlar tu furia, y puedes hacerlo de una manera muy lógica y directa. Bueno, hasta que todo se vaya al garete otra vez.

Lo bueno, lo malo y John McEnroe

John McEnroe decidió interrumpir un partido que estaba jugando conmigo en el Estadio Olímpico de Tenis de la UCLA para protestar una decisión arbitral que no le había gustado. Es un buen ejemplo de cómo tomaba el control de lo que ocurría en la pista cuando lo consideraba oportuno. Y de cómo la furia era una de sus armas.

Ese partido lo jugamos en 1986, un día en que la temperatura rondaba los siete grados. El público tomaba bebidas calientes y estalló una pelea en las gradas. El juez de silla tuvo que parar el partido y llamar al personal de seguridad para detenerla. Volaban vasos desechables y programas del partido, y la gente gritaba en los cambios de lado. Era como estar en un encuentro nocturno de fútbol americano de los Raiders en el Coliseum. Así de caldeado estaba el ambiente.

McEnroe empezó con el propósito de pasarme por encima: 6-1 en el primer set y 1-0 en el segundo. Era tal la paliza que me estaba dando que no me extrañaba que los espectadores se pusieran a beber por hacer algo. En algún momento del inicio del segundo set, me volví hacia mi entrenador, Tom Chivington, con una mirada como diciéndole: «¿Qué puedo hacer?». Se supone que no podía darme ninguna indicación durante el partido, pero asintió con la cabeza en dirección a McEnroe un par de veces. Puede que solo estuviera intentando entrar en calor, pero yo interpreté que debía subir a la red. ¿Por qué no?

Empecé a hacerlo todo el tiempo. Al servicio opté por el saque y volea. Y en algunos segundos saques de McEnroe comencé a restar con golpes cortados y a subir a la red. Presa de la desesperación, solo quería apartarlo de su juego. ¿Y sabes qué? Funcionó. Empezó a cometer errores. Entretanto, yo me sentía mejor y hasta lograba algunos golpes ganadores. Me impuse 6-4 en el segundo set, y de pronto estábamos en la recta final del partido. Tercer set: tres iguales.

Como sabes, es entonces cuando las cosas se ponen interesantes en un partido. Los errores se pagan caros. Las recompensas son sustanciosas. Mac está sirviendo con 15-30, 3-3. Es lo que yo llamo un punto de preparación. Pienso que si lo gano me llevaré el juego y que, si después logro mantener dos veces el servicio, la victoria será mía.

Saca y protagonizamos un largo peloteo. Finalmente, pega un revés cortado paralelo. Le devuelvo la bola con otro revés paralelo, solo que él ya no está ahí. Lo he pillado a contrapié y no consigue llegar. La pelota aterriza en la línea y la dan por buena.

Algunos botes en la línea son muy ajustados y se prestan a defender tanto que la pelota ha entrado como que ha salido. Pero esta bola no ha impactado ni fuera de la línea ni encima de ella, sino claramente dentro. A lo mejor piensas: «Gilbert, otra vez lo mismo. Cada vez que cantan una bola en tu contra es una mala decisión. Primero, la historia con Connors, ¡y ahora con McEnroe!». No te culpo por pensar que soy un paranoico. Solo que esta vez sé que tengo razón. Como la tiene el juez de línea. Y el juez de silla. Hasta el público. Solo una persona cree que no ha sido buena: John McEnroe (y me cuesta creer que, en realidad, no sepa que ha sido buena).

En cuanto McEnroe ve que la dan por buena, entra en erupción. Tira la raqueta y se deja caer como si le hubieran disparado. De inmediato se levanta profiriendo un grito (cuesta gritarle al juez de silla si estás tumbado). Actúa como si fuese la peor decisión arbitral desde que se inventó el tenis, aunque me apostaría cualquier cosa a que él sabía que había sido buena.

Pero eso es lo que pasa, y entonces estalla la guerra psicológica. John vio que el partido se le pondría muy cuesta arriba si yo me adjudicaba ese punto de preparación. Pensaba exactamente lo mismo que yo. Si ganaba el punto, me ponía 15-40, lo que me brindaba una gran oportunidad para conseguir una rotura en las postrimerías del partido, un partido en el que yo no había sufrido ninguna rotura desde que me había entonado. Y él sabía que, si le rompía el servicio, terminaría sacando para llevarme el partido. Veía que yo estaba jugando bien y que debía hacer algo para recuperar el control. Y cuando digo «algo», digo cualquier cosa. Era el momento del ataque de Mac.

Tatum O'Neal estaba en la tribuna esa noche, e incluso ella debía de estar impresionada con la interpretación de su esposo. Era digno del premio Óscar «al mejor actor durante un partido de tenis disputado a siete grados de temperatura».

Se mueve furioso de un lado a otro despotricando del juez de línea por no haber cantado fuera la pelota. Se dirige al juez de silla, Zeno Pfau, un tipo al que Mac cree que puede manipular, y le ruega que anule el punto. Se lo suplica. Se lo exige. La multitud entra en escena y se pone a silbar (aunque no entienda por qué el punto significa tanto para McEnroe). Al menos esta vez no estoy en la red con la mano extendida para estrechársela a mi rival, como me había pasado con Connors. Mantengo la cabeza fría. No voy a caer en la trampa. Sé que no van a anular el punto.

Mientras tanto, McEnroe se las ingenia para convertir la disputa del punto en una barahúnda con el juez de línea, el juez de silla y el juez árbitro. Estamos diez minutos sin jugar. No me doy cuenta, pero estoy empezando a enfriarme. Se me están agarrotando los músculos. Después de diez minutos, me siento como si hubiera estado colgado en una cámara frigorífica. A esa temperatura tan baja, el sudor se enfría muy rápido.

McEnroe mantiene viva la polémica y yo estoy perdiendo la concentración y la energía para continuar el partido. La furia no es problema mío. Procuro no ceder al enfado (aunque tengo motivos para ello), pero he permitido que Mac me saque del partido. Me convierto en espectador de las dotes interpretativas de uno de los mejores actores del tenis. Mac me la ha jugado. No ha conseguido que anulen el punto, pero tiene lo que quería.

Pfau ordena que se reanude el juego. Ya son las diez y cuarto de la noche y la gente empieza a abandonar el estadio, quizá porque ya no venden cerveza. Me encamino a la línea de fondo, frío, contrariado, con la cabeza en otra parte. John es justo lo contrario. Está motivado y listo para la lucha. Nadie, absolutamente nadie, ha usado nunca la confusión, el alboroto, la interrupción del juego y el desorden en su beneficio como él. Su juego incluso mejora en medio del caos.

Me gustaría saber cuántas veces ha anotado un *ace* justo después de haber provocado el caos en la pista. Lo habrás visto en la tele infinidad de veces. ¿Y sabes qué? Lo vuelve a hacer. Ejecuta el movimiento de saque más reconocible del mundo y su tiro me pasa como una exhalación por la derecha. *Ace*. 30-40. Estoy demasiado frío para enfadarme. Después, un golpe ganador con un saque y volea. Iguales. Después, otro *ace*. Y después, un saque ganador. ¿O ha sido un *ace*? No lo recuerdo con claridad. Se ha vuelto borroso. Mac ha regresado como un tiro y yo siento que estoy pillando un catarro. Ojalá esa hubiera sido la peor parte. Pero no lo fue.

El partido está 3-4 en el tercer set. Me toca servir. McEnroe gana un par de puntos y yo me anoto un golpe ganador. Entonces, con 15-30, ocurre algo que zanja definitivamente el partido. Estoy sirviendo. Momento crucial: punto de preparación, juego de preparación. Mac lo gana y cuenta con dos puntos de rotura a su favor. Si gana uno de los dos, sacará para llevarse la victoria. El momento más crítico del partido. Y yo hago lo que supuestamente debo hacer en ese momento: NTP, No Te Precipites. Me calmo. Y me digo: «No cometas errores estúpidos. Tómate tu tiempo, no te precipites».

Sé que corro el peligro de que el partido se me escape. Aclaro mis pensamientos, bajo una marcha. Le pido una toalla al recogepelotas, aunque no esté sudando (necesito más bien algo para calentarme las manos, no una toalla). La paso por la empuñadura y me seco las manos. Boto la pelota y miro a McEnroe. De pronto oigo al señor Pfau, que ha encendido el micrófono para decir: «Advertencia por pérdida de tiempo, señor Gilbert». ¿Me está hablando a mí? ¡No es posible!

¿McEnroe acaba de interrumpir el partido durante diez minutos y yo recibo una advertencia por pérdida de tiempo? Es el colmo. Le grito a Pfau. Parece que se dispone a advertirme por segunda vez o a penalizarme. No tengo escapatoria, estoy acabado. McEnroe me rompe el servicio. Y después mantiene el suyo. Juego. Set. Partido. Óscar. McEnroe.

¿Por qué me ganó esa noche? Muy simple: yo no fui inteligente durante la interrupción. Me dejé atrapar y no hice otra cosa que mirar el curso de los acontecimientos. Era el *show* de John y no lo pude detener. Pero al menos debería haberme mantenido en calor, pegar algunos saques, ponerme un abrigo. Haber pedido permiso para marcharme al vestuario hasta que el *show* de McEnroe terminara.

Lo que tendría que haber hecho es cualquier cosa excepto quedarme quieto con siete grados de temperatura. ¿De quién fue la culpa? Sobre todo mía, por no pensar con inteligencia durante la interrupción. Por no ignorar la advertencia por pérdida de tiempo (después de todo, no significaba nada). Descuidé mi juego tanto física como mentalmente. Y pagué un alto precio.

Ahora, el broche de oro. Más tarde, en el vestuario, Mac viene a decirme algo con una sonrisita inocente dibujada en la cara. Por un momento pienso que va a pedirme disculpas por el alboroto y por la interrupción tras el punto de marras. Estoy equivocado. Me mira y me suelta: «Brad, deberías tener más cuidado con las interrupciones. Con este frío, me podría haber resfriado». John tiene un gran sentido del humor, no hay duda.

Una tormenta en una pista de tenis

El caso es que McEnroe siempre buscaba una excusa para interrumpir el juego cuando iba abajo en el marcador. Esa es la mejor prueba. ¿Alguna vez lo viste montar un escándalo cuando iba ganando? Ocurría cuando la dinámica del partido empezaba a perjudicarle (por ejemplo, al comienzo del segundo set, cuando el rival trataba de remontar después de haber perdido el primero).

Por el contrario, si algo le molestaba, podía ponerse a parlotear cinco segundos solo para encender al público; eso le encantaba. Cuando iba por delante en el marcador, no se arriesgaba a perder el dominio por montar un escándalo. Si iba por detrás, o si su rival empezaba a encarrilar el partido, era otra historia. Ahí es cuando representaba su obra en cuatro actos.

McEnroe sabía lidiar con el tumulto. Sabía que era beneficioso para él. Sabía que perjudicaba a su oponente y que al final se saldría con la suya. Los jueces de silla y los jueces árbitro no iban a entrar al trapo con McEnroe mientras fuese uno de los mejores del mundo. Esa noche en la UCLA, el partido se interrumpió durante diez minutos porque él necesitaba alguna ayuda para darle la vuelta a la situación. ¡Y fui yo el que se llevó una advertencia por pérdida de tiempo!

¿Lo hizo a propósito? Por descontado. ¿Es eso juego limpio? En absoluto. Pfau y muchos otros reconocían el estatus de McEnroe y Connors cuando estaban en la cima del tenis. Les permitían salirse con la suya en esas situaciones impensables para otros jugadores. ¿Puedes imaginarte a otro tenista interrumpiendo un partido durante diez minutos una noche con siete grados? A mí no se me ocurre otro (salvo Connors). Mac y Jimmy lo hacían una y otra vez en beneficio propio ante sus rivales.

No fue hasta el Abierto de Australia de 1991 cuando los jueces expulsaron a McEnroe del torneo por su comportamiento, lo que sentó un precedente. Hasta ese momento habían sido cobardes. Cuando McEnroe era una de las mayores atracciones de los torneos que disputaba, temían poner freno a sus tonterías. Solo cuando ya no era uno de los mejores jugadores del circuito tuvieron el coraje de tomar medidas. Fue insuficiente y demasiado tarde. Si lo hubieran hecho antes, habría sido mejor para el tenis y también para John.

McEnroe pagó un precio muy alto por su comportamiento. Perdió a muchos amigos y el respeto de muchos tenistas del circuito por culpa de su táctica. Si hubiera mantenido un perfil bajo en la pista, no habría estado sujeto a tanto caos y su carrera habría sido más productiva. ¿Cuánto más productiva? John McEnroe podría haber ganado uno o dos títulos más de Grand Slam. Quién sabe. Incluso el Grand Slam entero (los cuatro grandes). Olvídate del dinero. Olvídate de los títulos menores. Hablo de hacer historia en el tenis.

Es una pena, porque era un verdadero genio del tenis. Los dioses del deporte lo bendijeron con un talento que muy pocos han recibido. El *hockey* sobre hielo tuvo a Wayne Gretzky. El baloncesto, a Magic Johnson. Y el tenis, el asombroso talento de John McEnroe.

Cuando estaba en su mejor momento en los años ochenta, lo que hacía con la raqueta era maravilloso. Puro arte. Pero sus payasadas empezaron a perjudicar a su juego. La prensa, el público, la publicidad y su imagen afectaron a sus nervios y a su cabeza.

Wimbledon se convirtió en una pesadilla anual para él. La prensa británica lo trataba como si fuese Jack el Destripador en libertad condicional. El público acudía preparado para burlarse de John como si fuese un fenómeno de circo. Era el chivo expiatorio de todos los males. Ahí estaba uno de los mejores de la historia tomado como ejemplo de todo lo que había que evitar en el deporte. Al final todo eso hizo mella en él. Las constantes controversias que suscitaba lo hicieron descarrilar y tuvo que abandonar el tenis durante medio año.

Como recordarás, me culpó a mí por su retiro (cuando le gané en el Masters, dijo que era el momento de considerar si valía la pena seguir jugando). Yo solo fui la gota que colmó el vaso.

John McEnroe se erigió en uno de los mejores jugadores de la historia del tenis. Tuvo una carrera fantástica, pero podría haber sido el mejor de todos los tiempos. John no se dio a sí mismo la oportunidad de alcanzar todo su potencial. Pero la culpa no fue solo suya. La comparte con el *establishment* del tenis. No tuvieron las agallas de pararle los pies, lo que le habría hecho bien tanto a él como al tenis en su conjunto.

McEnroe no tardó en ver que los lloriqueos le funcionaban. Era capaz de desatar su furia en la pista y después irse de rositas. Eso hizo conmigo aquella noche en la UCLA y con muchos otros a lo largo de su carrera. De lo que no se daba cuenta era de la factura que todo eso le estaba pasando a su cabeza, su juego y su vida.

Ganarle a McEnroe se te subía a la cabeza

Y ya que estamos hablando de John McEnroe, ¿recuerdas cuando comenté que mi triunfo sobre él en el Masters de 1986 fue «demasiado glorioso»? Me refería a lo siguiente.

Después de ese partido en el Madison Square Garden, la prensa se entusiasmó conmigo. Concedí entrevistas a toda la prensa de Estados Unidos. *Good Morning America* me invitó al programa. Los informativos de deportes especulaban con la posibilidad de estar ante la próxima superestrella del tenis. En solo un par de horas me convertí en alguien. Incluso dentro de mi cabeza. A mis oídos sonaba tan bien ser «el próximo gran tenista de Estados Unidos». Había sido un largo camino desde las brumosas pistas del Golden Gate Park de San Francisco. Lamentablemente, se me subieron los humos. Aunque por poco tiempo.

En solo doce horas pasé de ser un jugador que no daba nada por hecho a creer que ganaría los partidos sin esfuerzo. De ser un jugador acostumbrado a llevar el almuerzo y el casco de trabajo a la pista a exigir que le plancharan los calcetines antes del partido. De ser un jugador que asumía que tendría que partirse el lomo para ganar a pensar que vencería sin despeinarme. Craso error. Al día siguiente, Anders Järryd me pegó una paliza: 1-6, 1-6.

Aprendí más de ese partido que de cualquier otro que haya jugado. De la manera más cruel, aprendí que uno debe saber quién es y mantenerse fiel a esa idea. He triunfado por entender mi juego y el de mis adversarios. Me di cuenta de que a la mayoría de los jugadores no les iba a pasar por encima. De que no iba a ganarles con el servicio ni con la volea. Lo que debía hacer era obligarlos a poner en juego sus debilidades frente a mis fortalezas más a menudo de lo que les gustaría. Y, salvo contadas excepciones (como aquel partido contra McEnroe en San Francisco en el que quise impresionar al público), he seguido mi plan con firmeza.

En ese partido por el Masters de 1986, McEnroe trató de sacarme del partido insultándome en el cambio de lado, diciéndome que no «merecía» estar en la misma pista que él. Cuando escuché eso fui lo bastante inteligente para darme cuenta de que McEnroe estaba en apuros, que trataba de vencerme en el terreno psicológico porque no podía hacerlo con sus golpes.

Yo sabía que él pensaba que podía perder frente a mí por primera vez. ¡Y ante su público de Nueva York! Me dirigí a mi silla, me puse la toalla sobre la cabeza y me dije: «McEnroe está preocupado. No te desvíes de tu plan de juego, maldita sea. Debes estar preparado para cualquier cosa. Practica un tenis consistente. Mantén la pelota en juego. Practica un tenis consistente». Su trabajo en el terreno psicológico no funcionó, porque yo sabía lo que pretendía hacerme. Cuando empezaron a sucederse las interrupciones, yo estaba preparado. Gané el partido porque supe manejarlo desde el punto de vista mental y emocional.

Ese día John no pudo sacarme del partido. Al día siguiente, yo mismo lo hice. Afronté el partido con Anders pensando que el sapo se había convertido en príncipe. El 1-6, 1-6 me devolvió a la tierra. Aprendí muy rápido la lección. La semana siguiente llegué a las semifinales del US Indoors. Unos días después me convocaron para formar parte del equipo de la Copa Davis. Y al cabo de una semana gané el Torneo de Memphis tras imponerme a Connors, a Edberg y a... Järryd. Un mes más tarde me enfrenté de nuevo a Järryd en Memphis. Le gané 6-3, 6-0. Nunca he vuelto a perder contra él. Me gustaría decir lo mismo acerca de McEnroe.

13

EL ARMA LETAL DE LENDL

Yo lo llamo el Tiempo de la Tortuga: ralentizar tanto el partido que parece que estás jugando en arenas movedizas. Es como uno de esos sueños en los que, por mucho que corras, no avanzas lo más mínimo. Todo sucede a cámara lenta. El maestro del Tiempo de la Tortuga es Ivan Lendl.

El Tiempo de la Tortuga está diseñado (como cualquier otro trabajo psicológico) para cambiar la dinámica de lo que está ocurriendo en el partido. De diferentes maneras, un jugador puede hacer que el tiempo se detenga. La víctima (tú o, en este caso, yo) se impacienta. Y entonces tiende a precipitarse. Y cuando uno se impacienta, comete errores tanto físicos como mentales. Comete errores y pierde puntos. ¿Ves cómo funciona? Se altera tu ritmo interno. Tu concentración pierde el rumbo. Puede destruir tu juego si no sabes qué respuesta dar.

Ivan no es un jugador lento; puede serlo deliberadamente, porque de por sí no lo es. Usa esta táctica cuando las cosas no le salen como él querría. Y la usó con éxito ante mí cuando él era el mejor del mundo. Todavía me dura el dolor de cabeza. Quizá recuerdes que nunca he podido ganarle, así que a lo mejor piensas que en realidad es pura envidia. Tal vez no te falte razón, pero sobre todo es un ejemplo de la importancia de saber qué hacer cuando estás bloqueado mentalmente. Así es como fue.

Lendl vs. Gilbert: Stratton Mountain, Vermont, cuartos de final del Torneo Internacional Volvo de 1986, 315 000 dólares en premios

Me puse mucha presión de cara a este partido porque sabía que un triunfo en ese momento sería para mí una gran victoria desde el punto de vista psicológico. Nunca había vencido a Lendl. Él era el número uno del mundo y yo el décimo segundo o décimo tercero. Tenía la corazonada de que podría sorprenderlo en los cuartos de final y eliminarlo. Y eso era lo que parecía que iba a suceder.

Aunque Ivan había ganado el primer set, empecé a encontrar mi ritmo y me impuse en el segundo por 6-3. Mantuve el impulso en el tercero: le rompí el servicio y conservé el mío para situarme 2-0. Ivan sabía que habíamos alcanzado un momento clave. El set y el partido se le podían escapar. Si yo lograba mantener el servicio, ganaría el partido. Reparó en la dinámica del partido y entendió que, si debía hacer algo, ya no podía esperar más.

Sabía también que yo estaba en racha. Todo me salía a pedir de boca: mis golpes eran sólidos, estaba haciendo un buen trabajo de pies, me mantenía concentrado y con una actitud positiva. Casi podía escuchar mi propio discurso ante el público tras el triunfo. Como después se vería, el discurso tuvo que ser postergado. Ivan guardaba algunos ases en la manga.

Ya he dicho que Ivan es uno de los mejores a la hora mantener y ampliar una ventaja. También es uno de los más grandes cuando se trata de evitar que el partido se le escape de las manos. Como Connors y McEnroe, tiene un fino sentido para darse cuenta de cuándo empieza a ocurrir tal cosa. Su respuesta, sin embargo, se opone frontalmente a la de los otros dos tenistas.

Ivan corría el peligro de que ese partido frente a mí se le escapara, pero él no lo iba a permitir. Sabía que en ese momento uno de mis grandes activos era el empuje. La energía que había creado me impulsaba a ganar los puntos con fluidez: me había anotado ocho de los últimos once juegos. Lendl entendió que, por una vez, yo le estaba batiendo con mis golpes. Sabía que para ganarme tendría que interrumpir esos golpes, y lo único que podía hacer (en ese momento) era romperme el ritmo. ¡Ivan sabía que debía imponer el Tiempo de la Tortuga!

Estamos en el tercer set. Sirvo con 2-0 a mi favor. Me sitúo en la línea de fondo, listo para sacar. Ivan tiene otros planes. En primer lugar, monta un poco de escándalo justo antes de que yo emprenda mi movimiento de saque. Le dice al juez de silla que pida al público que no use el *flash* de las cámaras de fotos. A esa altura, después de más de dos horas de partido, con dos sets y medio jugados y tras algunas advertencias, los espectadores ya no están tomando fotos. Difícilmente puede quedarles carrete. Su queja no tiene otro propósito que interrumpir el juego para molestarme.

Jugamos el punto. Ivan camina hacia el juez de línea y le pregunta si está seguro de lo que ha cantado. Le pregunta algo sobre un punto anterior y le sugiere que esté más atento. Lendl niega con la cabeza y muestra una expresión grave, como si hubiera perdido a su perro favorito. Lentamente se dirige de nuevo a la línea de fondo.

Mueve la cabeza como si la vida fuese demasiado dura para él. Nada preocupante. Solo una pequeña demora para interrumpir las cosas. Perfectamente legítimo. Poco... a... poco... se... ocupa... de... que... las... cosas... vayan... más... despacio. Poco... a... poco... va... cambiando... el... ritmo... de... juego. De camino a la línea, se detiene para coger la toalla y secarse.

Entonces añade algo más a la rutina. Me preparo para sacar de nuevo. Justo cuando estoy iniciando el movimiento, Ivan levanta la mano y se encamina hacia el juez de silla. Se detiene a medio camino y me señala. Le oigo decirle que me advierta por tomarme demasiado tiempo para sacar. ¡Buena maniobra! Me pilla algo desprevenido. Es él quien está ralentizando el juego y me acusa a mí de hacerlo. Me quejo al juez de silla: estoy sacando exactamente igual que durante todo el partido. Estoy enfadado. El juez de silla me da la razón. Pero empiezo a caer en la trampa de Lendl.

De manera casi imperceptible, me está rompiendo el ritmo y haciendo que pierda la concentración. Quiere sacarme de la zona mental en la que estoy instalado porque voy por delante en el marcador. Quiere que empiece a pensar en cómo me están molestando sus quejas al juez de silla. Quiere que yo mismo me convenza de que tardo demasiado en sacar. Quiere que piense en cualquier otra cosa para apartarme del plan de juego con el que le estoy ganando.

Su astucia funciona. En vez de pensar en ganar punto a punto (enfoque positivo que infunde confianza), empiezo a pensar en las interrupciones y en las pérdidas de tiempo, en la posibilidad de que el partido se me escape (enfoque negativo). Estoy permitiendo que las acciones de Lendl se inmiscuyan en mi concentración. Me pongo un tanto nervioso. Quiero que el partido se desarrolle más rápido. Me estoy impacientando.

Comienzo a apresurarme para contrarrestar su táctica de ralentización del juego. Es la respuesta equivocada. Es exactamente lo que él quiere, y le funciona.

Lendl me rompe el saque. Empatamos a roturas y empiezo a echar humo. He perdido el foco. Soy incapaz de seguir el rumbo que me había trazado. Las distracciones de Ivan me han desviado de mi plan.

Comencé a jugar desde una postura emocional. Reaccioné de la manera equivocada. En vez de decirme a mí mismo que iba por delante y que la paciencia me conduciría a la victoria, me empezó a preocupar que él lograra llevar el partido a su terreno.

El estofado de tortuga más exquisito

Lendl ha recuperado el servicio perdido y saca con 1-2 en el tercer set. Estoy furioso y adopto la determinación de volver a romperle el servicio, y de inmediato.

Con parsimonia, Lendl se dirige a la línea para sacar. Estoy preparado, pero él todavía no ha iniciado el movimiento. Antes tiene otras cosas que hacer. Empieza su rutina con las pestañas. Quizá la hayas visto en la tele. Se arranca una pestaña y la observa. Después se arranca otra y la observa. Después otra. ¿Cómo podía conservar alguna pestaña tras quince años de carrera? Difícil saberlo. Se las ha estado arrancando y observando durante quince años. Esa noche en Stratton Mountain empezó a arrancárselas de nuevo.

Después, se toma su tiempo para elegir la bola con la que va a sacar. Observa una y dedica un rato a estudiar la siguiente. Vuelve a la primera. Entonces les da vueltas en la mano como si fuesen unos dados. Otra vez las mira con detenimiento, primero una y luego la otra. Por fin se decide por una. Yo permanezco en la misma posición.

¿Momento de sacar? Ivan se pone a botar la pelota seleccionada. Una vez. Dos veces. Tres, cuatro veces. Espera. Debe de tener sudor sobre los ojos: se seca con la muñequera. Bota de nuevo la bola. Una. Dos. Tres veces. ¡Paren máquinas! La empuñadura está resbaladiza.

Ivan rebusca en su bolsillo, coge un poco de resina y la frota por la empuñadura. Yo sigo en la misma posición. Él gira la raqueta un par de veces. Se toca el calzado. Bota la pelota una vez más. Me mira fijamente. Yo todavía estoy ahí.

Saca. ¡*Ace*! Lendl se pone 15-0 arriba. Yo permanezco en la misma posición que al principio de toda la escena.

Ivan repite el mismo acto completo en el segundo punto. De tanto estar en la misma posición, casi me dan calambres en las piernas. Primero, la rutina de las pestañas. Después, secarse el sudor. Botar las pelotas. Aplicar la resina. Más botes. Por fin saca. ¡Falta! A la red.

Ivan se aleja de la línea de fondo. Ajusta las cuerdas de la raqueta. Se seca otra vez el sudor. Comprueba el estado de las pelotas. Todo de nuevo antes del segundo saque, quizá tomándose todavía más tiempo.

Es un hecho que, más allá de las reglas, Ivan se toma cincuenta segundos entre el primer servicio y el segundo cuando le viene bien. Esto es el Tiempo de la Tortuga en el tenis, y es letal.

Empiezo a perder. Ivan sigue a ritmo lento para mantener el servicio. El partido ya está empatado.

Ivan puso en práctica su plan a la perfección. Desde el 2-0 a mi favor en el tercer set, no gané ningún otro juego. Él se llevó seis juegos consecutivos y me venció 6-2, 3-6, 6-2.

La próxima vez que lo veas ralentizando el ritmo del partido, estudia su estrategia. Piensa en cómo te afectaría si fueses tú el que estuviera al otro lado de la red esperando. Esperando y esperando. Sabes que él está jugando contigo y que su juego puede vencerte. Terminas derrotándote a ti mismo.

Esa noche de los cuartos de final en Stratton Mountain, Lendl se las ingenió para romperme la concentración, el ritmo y el tempo. Si yo hubiera sido más inteligente, no habría podido hacerlo.

Mantuvo el Tiempo de la Tortuga hasta que se situó una rotura arriba y después recuperó su ritmo habitual. Me superó mentalmente uno de los más refinados psicólogos del tenis. Me olvidé de las reglas para contrarrestar su táctica. Si las hubiera recordado, habría vencido.

Cómo contrarrestar las tácticas de juego lento

Ya he mencionado que la astucia deportiva o los juegos psicológicos tienen por objeto alterar tu concentración o perturbar lo que estás haciendo. Rara vez verás cambiar el patrón de juego a un jugador inteligente que vaya por delante en el marcador. Queremos que las cosas sigan como están. A un jugador le interesa meterse en la piel de su rival solo cuando va por detrás en el marcador. El fin es desviar su atención, lograr que el oponente piense en las cosas equivocadas.

Las tácticas de juego adoptan formas muy diversas: desde las rutinas de Lendl hasta atarse los cordones más de la cuenta, caminar hacia la pelota que está más lejos o hacer lo necesario para perder tiempo antes de que se reanude el juego. He visto a un jugador aficionado que tiene un método único para ralentizar las acciones: cuando va por debajo en el marcador y le toca servir, lanza la pelota dos o tres veces antes de pegarle. Es como si estuviera practicando. Lo hace en cada punto. No es exactamente ilegal, pero sí un incordio y una táctica de la que espero que Lendl nunca tenga noticia.

Recuerda: ningún jugador inteligente intenta cambiar las cosas cuando va por delante y está en racha. Sin embargo, para cuando tu rival vaya perdiendo y empiece a poner en práctica esos pequeños juegos para molestarte, es bueno que tengas un plan de protección. Aquí van algunos consejos para evitar que el juego lento te dañe.

Combate el juego lento poco a poco

Las tortugas saben que tienes que esperarlas para empezar a jugar. Es difícil, pero debes ser paciente. Cuando empieces a notar que el ritmo de las acciones baja, sé flexible. Evita que la impaciencia te añada presión. No hay manera de hacer que alguien juegue más rápido cuando ralentiza deliberadamente (o incluso sin querer) el ritmo del partido.

Deja que haga a paso de tortuga cuanto quiera. Espera. Espera. Y espera. Cuando haya cumplido su rutina y se disponga a sacar, es tu tiempo de bajar el ritmo todavía más. Levanta la mano y apártate de la línea de fondo. Átate los cordones o sécate el sudor de la frente. Haz que la tortuga tenga que esperarte. Después, cuando te toque sacar a ti, dale a probar de su propia medicina. Bota la pelota diez veces. Interpreta tu propia versión del Tiempo de la Tortuga. Tu rival pillará la idea.

Sé lo que piensas. Toda esta rutina puede afectar a tu mentalidad y a tu ritmo. No necesariamente, porque estarás tomando la iniciativa, no serás pasivo. No te quedarás quieto viendo cómo el otro maneja el ritmo a su antojo. Estarás haciendo algo para defenderte. Puede convertirse en un impulso psicológico.

Yo sigo una pequeña regla. Antes de un punto, no me gusta quedarme en la línea a la espera de que mi oponente se sitúe en su posición y esté preparado, porque me pongo tenso y suelo precipitarme. Si mi rival todavía no está listo cuando yo ya lo estoy, me aparto unos metros y sigo botando la pelota si me toca servir. Al resto, miro para otro lado y ajusto las cuerdas de la raqueta. Entonces, a medida que él se aproxima a la línea, yo hago lo mismo. Pero nunca me quedo quieto, y tú tampoco deberías hacerlo. No importa si te hacen esperar a propósito o no. Seguirás ahí parado, aguardando el comienzo del punto, y eso no ayuda a tu juego.

Lendl es uno de los mejores a la hora de mantener un buen ritmo cuando va por delante en el marcador. En ese caso es metódico y no tiene piedad de su rival. Pero cuando va perdiendo o está cerca de caer en el tercer, cuarto o quinto set, adopta el Tiempo de la Tortuga, y entonces es como quedarse a ver cómo se evapora el agua. Te saca de quicio y, en el proceso, hace que te desvíes de tu plan de juego. Y, como ocurrió con McEnroe, a lo largo de los años los árbitros le han dado más manga ancha que a la mayoría de los demás los jugadores.

Me he dado cuenta de que me ayuda mucho actuar cuando me someten a un juego psicológico. En vez de quedarme ahí parado encajando la rutina del rival, respondo haciéndole lo que él esté haciendo conmigo. Aquel día permití que Lendl se metiera dentro de mi cabeza y destruyera mi compostura. Él actuó. Yo solo reaccioné.

Contra Lendl, quedarse parado sin hacer nada no funciona. Cuando tardó cincuenta segundos en preparar su segundo saque (el tiempo máximo permitido es de veinticinco segundos), yo tendría que haber solicitado al juez de silla que le advirtiera. Si eso no hubiera funcionado, la siguiente vez que él empezase con su rutina, tendría que haberme alejado de la línea cuando él estuviese listo para, a continuación, secarme con la toalla (o atarme los cordones, ajustar las cuerdas, arrancarme una pestaña..., cualquier cosa). Tendría que haber ralentizado el partido y haberlo forzado a esperar.

Pero he aquí por qué Lendl es un maestro. Empezó a descentrarme antes de que yo pudiera reconocer su táctica. Y antes de darme cuenta cedí a la furia y la frustración. Me enredó de tal manera que a punto estuve de ponerme a gritar.

¿Perdí por eso? No, pero fue una de las razones. Las dinámicas del partido son volátiles, y Lendl tomó el control en un momento crucial. Perdí porque no respondí de la manera correcta.

Y para que no te formes una idea equivocada, al final Ivan Lendl me «dominó» por completo. Es fortísimo, tanto en el aspecto mental como en el físico. La mayoría de las veces me ha ganado porque es tremendamente bueno. La cuestión es que, en las ocasiones en que he tenido la oportunidad de derrotarlo, él ha sabido cómo usar otro aspecto de la competitividad: la astucia deportiva. No me estoy lamentando. Gajes del oficio.

Ivan entiende a la perfección los aspectos psicológicos de cada partido. Aquí va un pequeño ejemplo. Al principio de mi carrera, cuando él no me veía como una amenaza, me invitó varias veces a su finca en Connecticut para ser su compañero de peloteo. Trabajábamos en su pista (cuya superficie había mandado cambiar para que fuera exactamente igual que la del US Open). Cuando empecé a darle problemas en los torneos, obligándolo a veces a jugar tres sets, ya no recibí más invitaciones.

Ivan sabía (y yo también) que esas sesiones contribuían a aumentar mi confianza cuando me tocaba enfrentarme a él en el circuito. Ivan perdía su aura porque su juego comenzaba a serme familiar y porque su sola imagen en la pista ya no me causaba el asombro de antaño. Cuando reparó en lo que pasaba, buscó a un nuevo compañero de peloteo. Es un tipo inteligente, tanto dentro como fuera de la pista.

También te puede pasar a ti: el Molino y el doctor J

A lo mejor piensas que a ti nunca te va a tocar lidiar con tácticas como las del juego lento. Estupendo. Ojalá que nunca te ocurra. Pero puede ocurrirte. He dejado para el final la mejor estratagema que conozco para ralentizar un partido. El Tiempo de la Tortuga se ve a todos los niveles del tenis. Si sufres algo parecido, solo te quedará reconocer que el rival ha estado más despierto que tú y regresar a casa triste pero un poco más sabio.

Otra vez estamos en el club de tenis de San Francisco. Dale Crase y Julius Colbert (sus nombres reales) se enfrentan en las semifinales de la categoría B del club. Por supuesto, sin juez de silla: los puntos se cantan y se juegan de acuerdo con sus propios códigos de conducta (esto es lo que conducirá al problema). Permíteme describir sus estilos de juego.

Crase es el típico jugador defensivo. Su apodo es «el Molino» por su extraña manera de sacar. El brazo con el que sostiene la raqueta se mantiene pegado al cuerpo con rigidez. Con la otra mano lanza la pelota al aire y, sin doblar el codo, gira el brazo por completo para pegarle. Nunca dobla el codo. Parece un molino de viento, de ahí el apodo.

Colbert (el doctor J) es un buen atleta que jugaba al béisbol en ligas menores hasta que una lesión detuvo su progresión. Juega al ataque, a todo o nada. A veces consigue puntos espectaculares. A veces. Pero vayamos al partido.

El Molino gana con facilidad el primer set por 6-2, y va 4-1 arriba en el segundo. Da la impresión de que va a ganar por la vía rápida y de que ya tiene en el bolsillo el pase a la final. Pero el doctor J empieza a remontar. Impacta algunos de sus espectaculares tiros marca de la casa, y su actitud y energía van en aumento. En un abrir y cerrar de ojos se anota seis de los siguientes siete juegos para llevarse el set: ¡5-7! Van un set iguales. La dinámica ha dado un vuelco, y el Molino lo sabe.

Llega el cambio de lado. (Según el protocolo del club en los torneos, se hace un cambio de pelotas y de lado antes de empezar el tercer set.) Los dos jugadores toman asiento durante el descanso. El Molino pide un pequeño favor: ¿puede ir al vestuario a cambiarse de camiseta? El doctor J no tiene inconveniente en concederle el favor. Son amigos del club, y quién va a decirle a un amigo que no puede cambiarse de camiseta. El Molino se marcha al vestuario. Pero el doctor J tiene la mosca detrás de la oreja: pasan cuatro minutos, siete minutos, trece minutos. Al doctor J empieza a hervirle la sangre. No se lo puede creer. Dieciocho minutos y el Molino sin aparecer.

Finalmente, después de veintidós minutos, el Molino hace acto de presencia, fresco como si se hubiera echado una siesta, hubiera recibido un masaje y se hubiera tomado una bebida fría. Y era casi cierto. Llevaba puesta una camiseta seca, pero antes se había dado una ducha, se había afeitado, había descansado y hasta se había comido una barrita energética.

El doctor J echa humo. Su amigo se la ha metido doblada. ¿Qué dice cuando el Molino regresa a la pista? Nada. Pero permite que su ego se inmiscuya en su juego. Rehúsa que le concedan la victoria por abandono del rival; prefiere darle su merecido al Molino y endosarle un rosco en el tercer set. Adivina el resto de la historia. El resultado fue 6-0 en el tercer set. Solo que los seis juegos los ganó el Molino, no el doctor J. Este no pudo pegarle a una bola que no saliera a menos de medio metro de la línea. Se le fue la cabeza y perdió. No supo lidiar con el juego lento y la táctica de demora de su rival. Tampoco supo lidiar con su propia furia.

A lo mejor el doctor J tendría que haber descalificado al Molino, aunque le hubiera dado permiso para ir al vestuario. Tal vez tendría que haber elevado una queja a la organización o haber abandonado la pista de inmediato. O haberse ido a casa a almorzar. En lugar de eso, mandó que le llevaran el almuerzo a la pista. Se le fue la cabeza y lo pagó caro. Como yo lo pagué caro con Lendl. Si alguna vez te ocurre, debes estar preparado. No dejes que una tortuga rompa tu concentración y tu juego.

14

AGASSI: ROMPER EL LÍMITE DE VELOCIDAD

Andre Agassi se mueve más rápido *entre* puntos que muchos jugadores *durante* los puntos. Siempre tiene prisa. Despliega tanta energía que hasta podría poner nervioso a un colibrí. Vive a base de cafeína y azúcar, así que no es de extrañar que siempre vaya a toda pastilla.

Me gusta Andre, y creo que es genial para el tenis. A algunos jugadores les molesta su extravagancia y su fanfarronería, pero hace que el público acuda en masa a los estadios. Además, no te saca del partido con malas artes, sino solo porque se mueve más rápido que nadie en el gremio. Y eso puede destruir tu juego.

Precipitarse es malo. Como hemos visto en mi partido con Lendl, provoca errores mentales y físicos. Te rompe el ritmo cuando sirves. Te crea todo tipo de problemas con el tempo del partido. Te aparta de tu plan de juego. Salvo que seas Andre Agassi. A Andre le encanta precipitarse.

Su juego rápido no necesariamente te pilla por sorpresa (por ejemplo, al sacar rápido). Lo que te saca de quicio es el frenesí con el que hace las cosas entre los puntos y en su transcurso. Ante él es imposible mantenerse cómodo, preparado y concentrado. Te arrastra al punto de inmediato. Y vuelve a sacar tan rápido que te hace sentir que si pestañearas te perderías algo. No camina, trota. Podría haber sido el chico del póster de la industria de la cafeína.

El juego rápido es común en los clubes y en las pistas públicas. A menudo te tocará enfrentarte a jugadores un poco más veloces que tú, y eso les bastará para derrotarte. Sirven de inmediato, en cuanto te has situado en la línea. No se sientan en los cambios de lado. ¡Un jugador aficionado solía practicar el saque mientras su rival estaba todavía en el vestuario! Antes de que el otro ni siquiera hubiera salido a la pista, él ya estaba corriendo de aquí para allá. Ocurre. Y cuando ocurre te exige cierto manejo de la situación.

Conoce tu límite de velocidad

Es más fácil lidiar con un jugador apresurado —un conejo— que con una tortuga. Basta ser consciente de lo que está sucediendo. Por lo general, terminas atrapado por el ritmo veloz antes de que te des cuenta. Nunca estás listo, no encuentras tiempo para recomponerte ni para pensar en lo que está ocurriendo. Y se trata de dos elementos cruciales de mi juego. Yo quiero estar pensando constantemente en lo que sucede durante el partido. Si empiezas a jugar más rápido de lo habitual, te vuelves mentalmente torpe y descuidas el aspecto físico.

Entonces ¿qué hacer? Muy sencillo: debes conocer tu límite de velocidad. Eso significa saber a qué ritmo juegas más cómodo. *No permitas que tu rival te fuerce a jugar demasiado rápido para ti.* Sé consciente de lo que ocurre. No seas buen tipo dejándote arrastrar por él. ¡Baja el ritmo! Cuando tu rival salte a la línea de saque antes de que estés listo, hazte a un lado y tómate tu tiempo. Si renuncia a tomar asiento para tomarse un respiro en los cambios de lado, asegúrate de hacerlo. No tengas inconveniente en secarte con la toalla, ajustar el encordado o atarte los cordones. El artista del juego rápido te dominará si se lo permites.

En 1991 me enfrenté a Andre en unas semifinales y tuve la fortuna de ganarle sin perder ningún set. Antes del partido estaba resuelto a mantener mi ritmo: NTP, No Te Precipites. Él no. Se apresuró un montón de veces a situarse en la línea de saque con el propósito de comenzar el punto, aunque yo no estuviera preparado. Pero siempre me aseguré de estarlo, de no caer en la precipitación. Me secaba, me ataba los cordones, ajustaba el encordado. Hice esto último a menudo durante el partido. Había que hacer eso con Andre si no querías que te pasara por encima (en la final del torneo de San Francisco en 1993 se cobró su revancha: me derrotó en tres sets desplegando un gran tenis).

Tú puedes hacer lo mismo con los conejos a los que te enfrentes. Protege tu ritmo. Cuando tengas a un conejo al otro lado de la red, asegúrate de que no te dicte a qué velocidad se jugará el partido.

Hacerse el muerto

Existe otra pequeña maniobra que vale la pena mencionar cuando hablamos de astucia deportiva. Consiste en «hacerse el muerto», en simular o exagerar una lesión. Y puede tener un efecto muy negativo en la víctima.

Ya sabes cómo funciona entre aficionados. Si eres el rival de la zarigüeya (del tenista especialista en hacerse el muerto), estás en un brete. Si ganas, el partido casi no cuenta porque el otro está lesionado, ¿verdad? Y si pierdes, te ha derrotado un jugador lesionado. Una vergüenza. Es una situación que no ofrece ninguna posibilidad de salir airoso.

Esos rivales casi siempre consiguen que no juegues como de costumbre. No compites con la intensidad habitual, pierdes la concentración, juegas con torpeza, y así es fácil que se te escape el partido. Al término del encuentro, tu rival te dirá: «Después de todo, la pierna no me ha molestado tanto como pensaba. Buen partido. Espero que tengas más suerte la próxima vez». Te acaba de ganar una zarigüeya.

Guárdate la compasión

Recuerda esto: sea real, exagerada o falsa, *la lesión de tu rival no merece ninguna compasión por tu parte hasta después del partido*. Si tu rival está lo bastante sano para moverse por la pista y volver a jugar, entonces también lo está para que tú te esfuerces por ganarle. Ignora todo lo que te diga acerca de sus dolores. Debes dar por sentado que lo único que busca es incidir en el curso del partido. Porque, más allá de que la lesión sea real o no, la situación tendrá un impacto negativo en ti. Puede hacer que pierdas la concentración.

Veamos un caso. Me enfrenté a Jimmy Connors en unas semifinales de un torneo de la ATP a principios de 1993. Salió a la pista poco menos que cojeando. En serio. Descargaba todo el peso en el pie derecho para evitar el mayor contacto posible del izquierdo con el suelo, por un problema de espolones óseos. Jimmy es un *showman* y un manipulador consumado, de modo que intento ignorar lo que está ocurriendo. Ese demonio no merece ninguna compasión.

Pero en algunos puntos del primer set ni siquiera corre a causa del dolor. No es ninguna simulación. El primer set es un paseo: me impongo 6-1 en unos diez minutos. Supongo que Jimmy se retirará después del cambio de lado. En absoluto.

Trato de entender qué ocurre. Es imposible que en su estado pueda terminar el partido, ni siquiera el segundo set. Para mí, es una situación incómoda. El público lo ve luchar y premia su esfuerzo. De pronto, yo soy el malo de la película derrotando a una leyenda presa del dolor. ¿Y qué ocurre entonces? Que Jimmy empieza a ganarme. Se pone 4-1 y después abandona. Estoy seguro de que Jimmy pensaba: «¡Te tengo, Gilbert!». Y me tuvo.

Guárdate la compasión.

15

CÓMO LIDIAR CON LAS BOLAS MAL CANTADAS A PROPÓSITO

A veces te encontrarás con rivales que hacen trampa con las pelotas que botan cerca de la línea, también con otros que se equivocan sin mala intención. Es difícil lidiar con ambas situaciones. He visto las dos caras de la moneda. He cantado mal y me han cantado mal a mí también.

Como jugador júnior tenía una terrible reputación al respecto. Probablemente fuese merecida. Tal era mi deseo de ganar que ni siquiera le daba al adversario el beneficio de la duda. Después corregí el problema y empecé a sufrir todas las trampas que había hecho en el pasado. No era algo de lo que sentirse orgulloso.

¿Qué puedes hacer cuando te ocurre en un partido, especialmente en un torneo? Aquí van algunas sugerencias.

No discutas las pelotas dudosas. Podrías estar equivocado. Sin embargo, no debes dejar pasar una mala decisión evidente. No hay que comportarse como un cretino, pero tampoco dejar que el oponente dé por sentado que vas a jugar en una pista más pequeña de lo que marcan las líneas blancas.

Al principio tómatelo con calma. Pregúntale al rival si está seguro de dónde ha botado la pelota. Examina el bote con detenimiento. Dale la oportunidad de mostrarse generoso. Si de entrada lo acusas de cantar mal las pelotas, se pondrá a la defensiva y te pagará con la misma moneda. Una señal temprana de que esperas decisiones justas aguzará el ojo de tu rival. De hecho, después de haber denunciado a alguien cantar mal una bola, es probable que al cabo de un rato empiece a cantar las malas como buenas. Mala conciencia, seguramente. Por eso, mejor que de entrada seas diplomático.

Si la diplomacia no funciona, ¿sabes lo que muchos jugadores hacen? Le dan a tomar a su oponente de su misma medicina: empiezan a cantar mal las pelotas que caen en su lado. Esa no es la manera correcta de proceder. Entre otras cosas, porque te descentra. Te obsesionarás con ver si las pelotas son buenas o malas y te olvidarás del resto del juego. Créeme, no es lo habitual que los botes marquen la diferencia en un partido. Así pues, no permitas que afecte a tu concentración.

Devolverle la trampa no funciona, como tampoco funciona gritar. (Me han gritado y yo también lo he hecho, y no sirve de nada.) Pero puedes decirle al rival que crees que está equivocado. Que no te dé apuro sonreír mientras se lo dices. Dale la oportunidad de ser amable.

Si continúa haciendo trampas, aborda el problema de manera directa. Los torneos tienen a una persona que se hace cargo de los botes dudosos. No es mala idea recurrir a alguien similar en tu club para no perder la concentración.

En última instancia, lo mejor que se puede hacer con un tramposo crónico es tacharlo de la lista de tus rivales. Cuando no estás en situación de elegir a tu oponente (como en un torneo), defiende tus derechos con firmeza. Prueba lo que te he sugerido; suele dar resultado.

El tenis se vuelve de lo más excitante cuando te entregas física y mentalmente. Los juegos psicológicos son parte de lo que ocurre de vez en cuando. Es importante detectar cuándo están jugando con tu mente y qué hacer en esa situación, porque lo que afecte a tu mente tendrá un impacto directo en tu físico.

Cuando empecé a progresar y a participar en torneos de juveniles, los juegos psicológicos eran brutales. Fue un buen entrenamiento para el mundo profesional.

Te llenará de satisfacción ser capaz de defenderte cuando tu rival (que puede ser un amigo) recurra a su repertorio de trucos para perturbar tu juego. Incluso si lo hacen sin querer, debes estar preparado para afrontarlo de manera eficaz.

Conocí a un jugador de secundaria que medía la altura de la red antes de cada partido. Era una gran pequeña rutina que obligaba al rival a adoptar un rol reactivo o pasivo. El tipo que medía la red se hacía con el control de la situación ya de entrada, mostrándose como un jugador meticuloso, dispuesto a hacer un esfuerzo extra. Era el que determinaba si todo estaba en orden con la red. El otro se limitaba a esperar a que él hiciera sus mediciones. Una gran pequeña muestra de astucia deportiva.

Una vez, durante un partido cuando era niño, mi rival me dijo en un cambio de lado: «Gilbert, eres demasiado competitivo». Me descolocó, pensé que estaba haciendo algo mal. Me retraje un poco. Fue una buena estrategia.

Recuérdalo: la mayoría de las veces jugarás por pura diversión. Lo mejor que puedes hacer ante alguien que hace trampas es tacharlo de la lista de tus próximos rivales. Menciono el «juego sucio» para que te hagas una idea de lo que ocurre durante un torneo. Tal vez te sea de ayuda cuando te encuentres con algo similar en tus partidos, sobre todo en torneos en los que no puedas elegir rival. Ahí quizá quieras combatir el fuego con el fuego.

16

EL PARTIDO DEL MILLÓN DE DÓLARES: GUERRA CONTRA WHEATON

«Bradley era diferente. En el instituto no era un estudiante brillante. Nos sorprendió su anuncio de que pretendía ir a la universidad. Pensábamos que se buscaría un empleo, quizá de 3,35 dólares la hora, y que después iría progresando.»

Elaine Gilbert, madre de Brad

La Copa Grand Slam de la Federación Internacional de Tenis, en Múnich, es uno de esos acontecimientos que demuestran la pujanza económica del tenis. El vencedor se lleva dos millones de dólares. Pero lo más asombroso es que el finalista gana un millón. Eso anima a cualquiera. Es todo lo que John Newcombe se embolsó en toda su carrera.

Me invitaron a la Copa Grand Slam en 1990, después de que Andre Agassi se diera de baja por un desgarro en un cartílago costal. Me abrí camino hasta las semifinales, donde debía enfrentarme a David Wheaton, al que había vencido 15-13 en el quinto set de los cuartos de final de Wimbledon. El partido tenía la presión extra de llevarse una cantidad de dinero por la que ninguno de los dos había jugado en su vida. El ganador podría retirarse. El triunfo valía un millón de dólares y la oportunidad de embolsarse dos millones.

En muchos sentidos, era un punto culminante en mi carrera: me enfrentaba a uno de los mejores tenistas del momento y optaba al premio más alto jamás pagado en un torneo. Kim, mi esposa, y Zach, mi hijo de dos años, viajaron para darme apoyo moral.

LA PREPARACIÓN MENTAL PREVIA AL PARTIDO

Como parte de mi preparación mental en mi habitación en el Munich Hilton, repasé la lista de cualidades del juego de Wheaton. Excelentes primer y segundo saque, quizá el mejor segundo servicio del circuito; en Wimbledon me había metido veintitrés *aces*. Le encanta el ritmo. No maneja bien las bolas flojas. No destaca por su velocidad, y su trabajo de pies a veces falla. Su *drive* es cuestionable. A menudo llega tarde al *swing*. Comete muchos errores de devolución con su *drive* (frente a mí había fallado unos veinte restos). Cuando se siente presionado, tiende a golpear excesivamente sus devoluciones de *drive*. Si eso ocurre, los demás aspectos de su juego se resienten un poco.

También sabía que Wheaton podía derrumbarse ante la presión. En el partido que habíamos jugado en Wimbledon, iba dos sets arriba y no pudo concretar dos puntos de partidos.

¿EL VERDADERO JUGADOR ESTADOUNIDENSE?

Esa era la imagen que tenía de su tenis, al menos de sus golpes y de sus tendencias de juego. Pero lo que me quitaba el sueño era el otro aspecto del tenis: la parte emocional o mental. Wheaton es un jugador muy agresivo, muy emocional, al que le gusta la confrontación directa. En ese momento de su carrera, se envolvía (literalmente) en la bandera de Estados Unidos: llevaba una cinta con los colores rojo, blanco y azul, o una camiseta con las barras y estrellas.

Eso me irritaba, porque Wheaton intentaba vender la imagen de que él era el verdadero jugador estadounidense, como si representara a todo el país. Yo había jugado por Estados Unidos en los Juegos Olímpicos y había obtenido la medalla de bronce. En numerosas ocasiones había sido convocado para disputar la Copa Davis y me emocionaba representar a mi país.

Pero no me consideraba el verdadero jugador estadounidense, como tampoco lo hacían jóvenes como Chang, Sampras, Agassi o Courier. Lo de usar los colores de Estados Unidos parecía una artimaña. No era más que humo.

Yo tampoco había olvidado el duro partido que habíamos jugado en Wimbledon. Sabía que Wheaton no se había rendido cuando estaba abajo en el marcador; había peleado hasta el final. Con todo ese dinero sobre la mesa, yo quería estar preparado para cualquier cosa. Como pronto comprobaría, el partido me obligó a hacer acopio de todos mis recursos físicos y mentales.

John McEnroe y Jimmy Connors eran capaces de convertir un partido de tenis en un manicomio en el que ellos controlaban el caos. Lendl podía estrangularte a su manera, poco a poco pero con toda su potencia. Lo que yo había aprendido en todas esas batallas me fue de gran ayuda en el partido más difícil y lucrativo de mi carrera.

Más de catorce mil aficionados se habían congregado en el Olympiahalle de Múnich, excitados con el tenis que tenían por delante. Podía oír sus rugidos desde el vestuario. Querían ver tenis de verdad. Y lo que casi vieron fue boxeo de verdad. Pero esto sería después.

Una hora antes del partido intenté mantener la calma jugando con Zach en la sala de jugadores. Había una máquina del millón y nos entreteníamos para mantenernos ocupados. Yo tiraba de la palanca y él se reía de las luces y los sonidos que se activaban al paso de la bola. En un momento dado bajé la mirada y vi que me estaba mordiendo los cordones de las zapatillas con sus pequeños dientes. Evidentemente, él no estaba en absoluto nervioso. Eso me ayudó a controlar mis emociones.

Nuestro tiempo juntos terminó demasiado pronto. Me dirigí al vestuario, y Kim y Zach se encaminaron a sus asientos en el Olympiahalle. Era el momento de ganarse el pan.

Guerra con Wheaton

Los partidos de la Copa Grand Slam eran al mejor de cinco sets (los organizadores querían que uno trabajara a destajo para merecer ese dinero). Cuando salimos a la pista, yo estaba más tenso que nunca. Las luces parecían más brillantes y los gritos de la multitud más estentóreos que de costumbre. Todo parecía más veloz por la tensión y la presión. En el calentamiento les hablaba a mis pies y trataba de respirar hondo, para combatir los nervios y coger un poco de ritmo. No era fácil. Eran circunstancias en las que nunca había jugado.

«Bitte meine Herren, spielen Sie Tennis» («Por favor, señores, jueguen al tenis»)

Wheaton y yo comenzamos como era de esperar, peleando duro por cada punto. Gano el primer set. Él se lleva el segundo.

El tercero se me pone cuesta arriba. Su servicio se ha activado y es enorme. En dos oportunidades casi me pega con la pelota de tan rápido que venía. No le rompo el servicio desde el primer juego del segundo set, y no puedo hacerlo en todo el tercer set. Wheaton mantiene el servicio con facilidad, y yo debo luchar a brazo partido para conservar el mío. Nos vamos al *tie-break*, y lo llevamos al límite: 6-6. Me toca sacar, es un punto de preparación. Si me lo anoto, tendré un punto de set y adquiriré una gran ventaja para ganar el partido.

Decido atacar su *drive* cuando tenga la oportunidad, recordando que es vulnerable a la presión (que allí está valorada en un millón de dólares). Hago un tiro de aproximación profundo y abierto hacia su *drive*. Él corre y me devuelve un *drive* cruzado bastante flojo. Desde la red, impacto una volea hacia el lado de la ventaja, pero con demasiado ángulo.

Con todo el campo abierto, ¡la pelota se marcha fuera! Al menos, eso es lo que ha cantado el juez de línea. Estrello la raqueta contra la red: «¡Ahhhhh!». Pero antes de que pueda protestar el fallo, el juez de silla Stephen Winyard rectifica: «Corrección: la pelota ha sido buena. Punto para el señor Gilbert».

Y se arma la de Dios. Wheaton grita a pleno pulmón en dirección a Winyard. Tiene todo el derecho a ponerse así. No es buena idea rectificar cuando se trata de una bola dudosa. Sobre todo en momentos cruciales del partido. ¿Mi bola había entrado? Yo pensaba que sí, pero en cualquier caso había sido dudosa. La rectificación no está pensada para las bolas dudosas, sino para las que han entrado claramente. ¿Estaba yo contento con la corrección? Muy contento. Sin embargo, sabía lo que sentía Wheaton. Yo había pasado por lo mismo ante Connors en Chicago en 1985.

Feudo familiar

Wheaton ve que el cheque de un millón de dólares se le escapa de las manos. Se abalanza sobre la silla y grita que la llamada no se puede rectificar, que la pelota ha botado fuera, que el juez de línea es quien lo ha visto mejor desde su posición, que el juez de silla está cargándose el partido. Está fuera de sí. Da botes como si tuviera un muelle. Desde el otro lado de la red, yo no puedo culparlo.

Pero ahí no termina la cosa. El hermano de Wheaton se levanta detrás del juez de silla y empieza a soltarle obscenidades a grito pelado. Se le puede oír en todo el estadio mientras corre de un lado a otro de la pista. Wheaton está fuera de sus casillas y se comporta como un idiota. El hermano no para de saltar. Entretanto, el público silba, patalea y abuchea. Otro manicomio. Yo ya lo había vivido. Connors y McEnroe eran maestros mundiales en propiciar esas situaciones. La rectificación se mantuvo.

Wheaton sirve con 6-7. Es un punto enorme; si lo gano, me pongo dos sets a uno y adquiero una gran ventaja. Estoy concentrado, listo para lo que venga. Wheaton lanza la pelota y sirve. ¡*Ace*! He visto pasar la bola a mi lado como una exhalación. Increíble. Es como McEnroe. La lucha parece haberle dado agudeza y energía para mejorar su juego. Vamos 7-7 en el *tie-break*. Otro punto de preparación, en ese momento para ambos. La cosa está al rojo vivo. Wheaton se dispone a sacar. Bota la pelota un par de veces y me mira. Hace el lanzamiento y el *swing*. Falla. Me gusta.

Me mira otra vez, bota la pelota dos o tres veces. Hace un saque rápido. Otra falta. ¿Doble falta? ¿Se está derrumbando? A lo mejor no se parece tanto a McEnroe. Me pongo 8-7 y me preparo para sacar. La pelota sale a unos ciento veinte kilómetros por hora. Wheaton trata de reventarla, pero falla en el *swing* y el tiro impacta en la red. «Set para el señor Gilbert.» Gano 7-6 (9-7) y me pongo dos sets a uno. Pero los ánimos no se han calmado.

En el cambio de lado, el hermano de Wheaton empieza a insultarme a mis espaldas mientras estoy sentado. «¡Te voy a partir la cara, Gilbert!» El hermano. No es el quien está jugando, pero me imagino que cree que parte del dinero podría ser suyo. Me quejo ante Winyard: el hermano de Wheaton está reventando el partido, hay que mandarle callar, está fuera de sí. El juez de silla asiente con la cabeza y advierte al hermano de Wheaton que debe guardar silencio y mantenerse lejos de la pista.

Nariz con nariz

Cuando paso por detrás de Wheaton para volver a la pista, me suelta varias palabras, todas irreproducibles. Está furioso porque he puesto en evidencia a su hermano y me amenaza. Yo le respondo con mis propias palabras irreproducibles. Es como una de esas peleas en el patio de la escuela. La multitud ve que nos estamos insultando y empieza a hacer más ruido, silba y nos abuchea. Wheaton me golpea y yo lo golpeo a él. Nariz con nariz, nos gritamos mutuamente a la cara. Es un zoo.

A mis espaldas oigo que el hermano sigue insultándome. Mi esposa está sentada cerca de él. Solo espero que se contenga y no le dé un bolsazo. Bruno Rebeuh, el otro juez de silla, corre hacia nosotros. Agarra a Wheaton del brazo y a mí me da un empujón. Grita: «¡Basta ya! ¡Caballeros, por favor, cálmense!».

Wheaton declaró después del partido: «No me habría llevado ninguna sorpresa si Gilbert hubiera lanzado el primer golpe». Yo podía estar enfadado, pero no iba a permitir que me expulsaran de un partido valorado en un millón de dólares solo por eso. Poco a poco se restableció el orden y el público se calmó antes del comienzo del cuarto set, no sin que antes Winyard nos advirtiera a los dos por conducta antideportiva.

Me sentía bien porque sabía que había aprendido esa lección. No dejé que la confrontación ni las obscenidades lanzadas contra mí por Wheaton y por su hermano me descentraran. De hecho, estaba tan contento y aliviado por haber sorteado la crisis y haberme situado por delante en el marcador que incluso me permití el lujo de apartarme de mi plan de juego.

Mandaba dos sets a uno y, en lugar de seguir con mi táctica habitual para mantener la ventaja (tenis consistente, sin riesgos), me mostré un poco más ambicioso y apuré algunos tiros en busca de golpes ganadores. Sentía que tenía la victoria en el bolsillo. Pero es peligroso sentirse demasiado cómodo con una ventaja. Recuerda: cuando voy por delante, intento mantenerme todavía más alerta. Me preocupa la reacción de mi oponente. En ese momento no lo hice. Olvidé mi filosofía básica y me di por satisfecho. Y en un santiamén perdí el cuarto set: 6-2. No le había roto el servicio a Wheaton en casi tres sets enteros.

Nos fuimos a la quinta manga. Una manga valorada en un millón de dólares. Si me hubiera puesto a pensar en el dinero en juego, habría perdido el aliento. Pero estaba tan furioso por haber dejado escapar el cuarto set que no tardé en recuperar el foco. Nuestros estados mentales se habían invertido. Era el clásico caso del oso herido (yo) y el jugador satisfecho (Wheaton). Yo quería que algo ocurriera de inmediato. Probablemente, él se sentía aliviado por haber igualado el marcador.

Antes del inicio del quinto set me tomé un buen tiempo para prepararme. Quería frenar su empuje. No quería que tuviera la iniciativa en el último set. No había cambio de lado, así que fui a buscar una toalla. Después de secarme, me acerqué a un recogepelotas y se la entregué de vuelta. Decidí recuperar mi plan original. ¿Qué debo hacer? ¿Qué debo intentar que él deje de hacer?

Me digo a mí mismo que le he permitido mantener el servicio con demasiada facilidad, he fallado mucho al resto. Quería poner mi devolución en juego, sacarle un poco de provecho y obligarlo a pegar más tiros. Me recuerdo una vez más que debo atacar su *drive* para que cometa errores. Decido empezar a dirigir todos mis golpes a ese lado. Si se muestra sólido con su *drive*, perderé. Pero si empieza a sentirse incómodo, ganaré.

Wheaton sirve para comenzar el quinto set. Está fuerte, pero no tanto como en el set anterior. Me mantengo en el partido peleando cada punto, arañando un tiro por allí, acariciando otro por allá. Intento prolongar los puntos cuando él está al saque, soy menos ambicioso en las devoluciones. Wheaton se ve obligado a pegar uno o dos tiros adicionales en cada punto. De vez en cuando falla alguna volea.

En el primer juego del quinto set vamos varias veces iguales. Finalmente se lo rompo: 1-0 arriba, con servicio para mí. Mi estrategia ha dado resultado. Tiene que trabajarse más los puntos. No le hago ningún regalo. Cambiamos de lado.

Otra vez me centro en mi plan de juego. Por fin he conseguido una rotura. Ahora quiero asfixiarlo —nada de puntos gratis ni donaciones—, que sude cada punto. Me levanto y me encamino a la línea de fondo para sacar.

De inmediato empiezo a dirigir todos mis golpes a su *drive*. Le lanzo bolas blandas y él tiene muchos problemas para mantenerlas en juego. Conservo el servicio, él también. Vuelvo a conservarlo, y lo mismo hace Wheaton. Voy 3-2 arriba. Conforme avanza el quinto set, Wheaton va cobrando consciencia de que debe hacer algo para cambiar la dinámica del partido. Si no, terminaré por ganar a base de esfuerzo.

Pero al intentar cambiar las cosas empieza a darle con más potencia a la bola y comete algunos errores con su *drive*. Y, como era de esperar, el resto de sus golpes también flaquean. No vuelvo a anotarme una rotura, pero lo más importante es que me las arreglo para conservar el servicio hasta ponerme 5-4 y con ventaja para ganar el partido y asegurarme, como mínimo, un millón de dólares.

Estoy tan concentrado en ese punto de partido que no siento nervios ni miedo. Eso me gustaría decir, pero es mentira.

Estoy más nervioso que nunca. Le lanzo una mirada a Wheaton y veo a un hombre dispuesto a pelear por su vida. No para de brincar y de desplazar el peso de un pie al otro. No tiene pinta de que vaya a retirarse por cansancio.

Recuerdo mi estrategia básica: meter el saque hacia su *drive*. Boto dos veces la pelota. Otra mirada hacia el otro lado de la red y una respiración profunda. Después, un lanzamiento hermoso y un gran movimiento de saque. ¡Pam! Mi servicio se va medio metro por debajo de la red. Wheaton está entusiasmado. Da saltitos y se mueve de un lado al otro. Se ha dado cuenta de que estoy en apuros.

Segundo servicio. Si gano el punto, me habré asegurado un cheque por un millón de dólares. Otra vez bota la pelota un par de veces. Miro más allá de la red y lanzo la pelota al aire. No es un gran lanzamiento. No es un gran servicio. Pero la bola pasa por encima de la red y la gravedad hace su trabajo. Se dirige a su *drive*. Wheaton parece preparado, pero falla el tiro: se ha movido tarde y ha intentado pegarle demasiado fuerte. La pelota se le va ancha. Nunca me ha hecho tan feliz ver una pelota irse fuera. He ganado a David Wheaton (y a su hermano) 6-4 en el quinto set.

El partido había empezado a las 20:30 del sábado 15 de diciembre. Eran las 0:47 del domingo. Más de cuatro horas del tenis más intenso que había jugado en mi vida. Había ganado un millón de dólares (a los que había que restar cinco mil por la multa que nos pusieron a Wheaton y a mí por el altercado).

Nos dimos la mano. A regañadientes. Pero él estaba demasiado cansado para estar furioso. Y yo solo quería marcharme de allí. Concedí algunas entrevistas, me enfrié, recibí un masaje para destensar las piernas y me di una ducha. Regresé al hotel a las cuatro y media de la madrugada. En menos de diez horas debía enfrentarme a mi amigo Pete Sampras en la final. Como luego se vería, me había quedado sin combustible.

Estaba bien. Había jugado un partido increíblemente duro durante más de cuatro horas frente a un rival muy correoso. Dormí cinco horas y empecé a prepararme para la final. Aunque me había impuesto a Pete en nuestros dos enfrentamientos anteriores, me liquidó en tres sets. Puse todo mi empeño. Pero no me quedaba mucha energía después de la batalla con Wheaton. Y Pete jugó un tenis genial.

Miré a Kim en la ceremonia de entrega de premios. Podía ver las lágrimas en sus ojos. Las últimas doce horas habían sido una experiencia desconocida en nuestras vidas. La intensidad había sido abrumadora. Le sonreí y ella me devolvió la sonrisa. Zach estaba sentado en su regazo mordisqueando una pelota de tenis. Después felicité a Pete y me entregaron el cheque por un millón de dólares.

Un largo y sinuoso camino

En el vuelo de regreso a Estados Unidos, pensé en otro vuelo y otro torneo ocho años antes. En aquella ocasión volvía a casa después de haber ganado mi primer torneo como profesional. Era profesional desde hacía seis meses y de repente había conquistado aquel pequeño torneo en Taipéi. Había vencido a un tipo llamado Craig Wittus. Fue una sorpresa para todo el mundo, también para mí. Y la guinda del pastel fue que me pagaron en efectivo. Ningún cheque, ninguna transferencia. ¡Quince mil dólares en efectivo!

Recordé el vuelo de vuelta desde Taipéi después de ese primer título. Mis raquetas estaban en los compartimentos superiores y los quince mil dólares en efectivo los tenía en mi regazo, dentro de la mochila. Puede parecer extraño, pero estaba mucho más emocionado en ese momento que después de haber ganado un millón de dólares en Múnich. Nadie, absolutamente nadie, pensaba que yo tuviera la oportunidad de entrar en el circuito. No tenía los golpes ni la habilidad natural para ello. «¿Estás de broma? Búscate un trabajo de verdad», me decían. Sabía que mis días estaban contados si no conseguía resultados inmediatos.

Por eso ese vuelo desde Taipéi fue tan especial. Nunca olvidaré la sensación mientras volvía a California con el dinero en la mochila, sentado a oscuras con una lata de cerveza bien fría en la mano mientras contemplaba el Pacífico. Me di cuenta por primera vez de que mis detractores estaban equivocados. A lo mejor me podía ir bien en el circuito. Quizá ese jugador de club, ese tipo que jugaba feo, tenía una vida por delante como tenista profesional. Antes de quedarme dormido, recuerdo que pensé: «Espero que no sea un sueño». Y no lo era.

17

SIEMPRE A TOPE EN LOS TORNEOS

CÓMO HACER QUE SEA PARTE DE TU JUEGO

Cuando era niño y hacía poco que había empezado a practicar tenis, me encantaba jugar partidos. Si no tenía con quién jugar, mi padre siempre estaba disponible para pelotear conmigo y ayudarme a mejorar. Si él no podía, entonces mi hermana Dana (que después jugó en el circuito profesional) o mi hermano Barry (que también fue profesional) jugaban conmigo. Me gustaba tanto que si no encontraba compañero me iba al frontón y me imaginaba que estaba disputando un partido. Pasé miles de horas en Piedmont, California, con una raqueta, una pelota de tenis y una pared.

Poco a poco fui desarrollando mis habilidades y empecé a participar en torneos cerca de San Francisco. De vez en cuando aparecía en el horizonte una cita más importante y me ponía a practicar con ahínco y a prestar más atención, y me aseguraba de mantener mi equipamiento en condiciones y de dormir las horas necesarias. Mi madre, por su parte, se ocupaba de que me alimentara bien. En un torneo le prestaba muchísima más atención a lo que hacía antes y durante los partidos. Estoy seguro de que tú haces lo mismo.

En aquellos días jugaba unos treinta o cuarenta partidos para «divertirme» (y me pasaba horas y horas dándole al frontón) por cada torneo en el que participaba. Con los años, esa proporción fue cambiando. Un día me desperté y me di cuenta (ya como profesional) de que había dejado de jugar partidos para «divertirme». Casi cada partido que jugaba era un partido de torneo. Ya no tenía un conjunto de reglas para el tenis recreativo y otro para los torneos. En la competición debía emplearme siempre a fondo. Tenía que prestar atención todo el tiempo porque había mucho dinero en juego.

La cuestión es la siguiente. Muchos de los consejos y las ideas de este libro requieren esfuerzo para asimilarlos y ponerlos en práctica. Pero si de verdad quieres mejorar tu juego, integrar esas nociones te traerá resultados fabulosos: ganarás más a menudo. Y si además incorporas el aspecto mental a tu juego, te divertirás un montón.

Deseo, dedicación, diligencia

Aborda el juego como si se tratara de un torneo. Aplícate a la tarea y haz un esfuerzo a conciencia para ser un jugador más inteligente y despierto. Trabaja para eso. En mucho de lo que menciono en este libro interviene el estado de alerta mental: reconocer oportunidades, analizar opciones, capitalizar la mejor alternativa. Reconocer. Analizar. Capitalizar.

Compara mi enfoque con el de Tim Gallwey en su libro *El juego interior del tenis*. Él se centra en el hemisferio derecho del cerebro, o proceso intuitivo. Yo, en el hemisferio izquierdo. El hemisferio izquierdo es el administrador, el que analiza los datos y establece prioridades. En mi enfoque del juego, ese aspecto es crucial para ganar.

Manejo mental

Aparte del juego físico, en el tenis hay un juego mental que puede tener un impacto profundo en el resultado de un partido. Pero debes ser capaz de reconocer y sacar provecho de las oportunidades, saber qué ocurre antes y durante un partido. Ganarás si juegas un buen tenis con el hemisferio izquierdo.

Debes entender que jugar al tenis no es solo una actividad del hemisferio izquierdo o del hemisferio derecho del cerebro. Requiere el uso de ambos en una increíble combinación de respuestas físicas y mentales de carácter espontáneo y creativo, además de un análisis frío que involucra el cálculo y la observación.

En el tenis, adquirir esos nuevos hábitos mentales e incorporarlos al juego exige tanto esfuerzo como desarrollar nuevos hábitos físicos. Tienes que desear hacerlo o no sucederá. Tienes que aplicar el mismo enfoque que utilizas en un torneo: diligencia, deseo, dedicación.

La ventaja inicial

Cuando te dispongas a disputar un partido, asegúrate de estar mental y físicamente preparado. Se trata de una oportunidad a la espera de que la aproveches, así que intenta tomar la delantera cuanto antes. Por lo general, los jugadores ignoran o desperdician esa oportunidad. Pero para el jugador inteligente está ahí, a la espera de que la utilices.

1. La preparación mental previa al partido: piensa en tu oponente y desarrolla un plan antes de salir a la pista.
2. Las herramientas esenciales: tu equipamiento puede salvarte un partido, pero también costarte una derrota. Me basta echar un vistazo a lo que un jugador aficionado lleva en su bolsa para saber si va en serio.
3. Haz estiramientos para tener éxito: calienta los músculos y después estíralos para un mejor rendimiento y un menor riesgo de sufrir lesiones.
4. Lleva la voz cantante desde el comienzo: empieza el partido de manera inteligente, con el objetivo de anotarte pronto una rotura y hacerte de entrada con el dominio del juego.

Jugar con inteligencia

Casi siempre hay una manera de que ganes. Solo tienes que encontrarla.

1. La clave del triunfo: en el transcurso del partido, acumula información acerca de cómo estás ganando o perdiendo puntos. Pregúntate quién le hace qué a quién.
2. Destruye el plan de juego de tu adversario: analiza qué hacer cuando tu adversario te gane puntos atacándote de distintas maneras.
3. Los puntos de ventaja «escondidos»: reconoce los momentos del partido que se pasan por alto y aprende qué hacer en cada caso. Pero, sobre todo, presta atención para detectarlos.
4. La entrada en boxes del tenista: cuando un golpe en particular no funciona, es conveniente que reconozcas el error y hagas el esfuerzo de corregirlo antes de que sea demasiado tarde.
5. Aprende de las leyendas: observa a los mejores del mundo y aplica sus tácticas más eficaces a tu propio juego.

Juegos mentales, psicología y astucia deportiva

Mantente alerta a las dinámicas personales de los partidos y reconoce lo que el otro jugador hace para perturbar tu juego: astucia, ritmo o cualquier otra cosa que afecte a tu concentración y aleje tu mente del objetivo. Protégete.

Los dos errores más comunes que los tenistas aficionados cometen son:

1. No pensar en lo que están haciendo.
2. Hacerlo demasiado rápido.

El resultado es un tenis aeróbico: jugadores que van de un lado a otro detrás de la pelota, ajenos a todo excepto a seguir el marcador. No hay nada de malo en eso —después de todo, correr es bueno para la salud—, pero si ganar es importante para ti, entonces incorporar el contenido de este libro te merecerá la pena.

Las reglas de oro de Gilbert

1. Ten un plan

Un jugador que tiene un plan es un jugador pensante. Incluso tener un mal plan es mejor que no tener ninguno. Un plan puede evaluarse y cambiarse. El resultado será un plan mejor. Y un plan mejor te conducirá a la victoria.

Esto vale para cualquier aspecto del tenis. Ten un plan para la preparación mental, para los estiramientos, para el calentamiento y para el comienzo del partido. Ten un plan durante el partido y una rutina para evaluar su efectividad durante la competición. Observa lo que estás haciendo en la pista.

2. No te precipites

Debes saber cuál es el mejor ritmo de partido para ti y mantenerlo a rajatabla. No dejes que nada ni nadie te meta prisa. Sé atento, observador y analítico: incorpora el hemisferio izquierdo a tu tenis. No se puede controlar el ritmo cuando juegas un tenis aeróbico.

Sigue estas reglas y otras ideas que sugiero y no solo ganarás con más frecuencia, sino que pasarás un buen rato tratando de descifrar cómo hacerlo. Tus rivales empezarán a decirte: «Tus golpes son los mismos de siempre. ¿Cómo es que ahora me ganas más a menudo?». Sonríe y respóndeles: «Hoy debe de ser mi día de suerte».

18

EL CAMINO AL NÚMERO UNO

Nota de Steve Jamison:
Mucho ha llovido desde que le propuse a Brad Gilbert la idea de escribir un libro titulado Ganar feo: el combate mental en el tenis. *Entre otras cosas, se convirtió en uno de los libros de tenis más vendidos en los años noventa y mereció elogios de* Los Angeles Times, Tennis Week, Indianapolis News, Inside Tennis, Atlanta Journal, Los Angeles Daily News, Tennis *y* San Francisco Examiner, *entre otras publicaciones.*

Mary Carillo, John McEnroe, Barry MacKay, Fred Stolle, Cliff Drysdale y otros comentaristas de tenis empezaron a mencionar nuestro libro durante sus retransmisiones: «Oye, ¡eso parece sacado de Ganar feo!».

Entrenadores de institutos y universidades de todo el país eligieron Ganar feo *como lectura obligatoria para sus jugadores. De hecho, los principales entrenadores de las universidades de Texas A&M, de Washington, de Stanford, California-Berkeley, de Florida, entre otras instituciones académicas, les dieron a todos sus equipos ejemplares de* Ganar feo *para que lo estudiaran. El Entrenador de la Década de la Primera División de la National Collegiate Athletic Association (NCAA, Asociación Nacional Deportiva Universitaria), Dick Gould, dijo de* Ganar feo *que le parecía «magnífico».*

Incluso a Michael Chang lo pillaron comprando un ejemplar de Ganar feo. *En Japón lo está publicando por entregas una de las revistas de tenis más vendidas en ese país,* Tennis Classic, *y pronto saldrá a la luz en Europa. Incluso a Tony Bennett le gusta.*

Pero en este proceso ocurrió algo que atrajo más atención sobre Ganar feo *que todo lo que acabo de mencionar: Andre Agassi le pidió a Brad Gilbert que se convirtiera en su entrenador. Doce meses y medio después, Agassi había escalado del puesto número treinta y dos al número uno del mundo y había ganado dos títulos de Grand Slam, incluido el US Open.*

De repente, publicaciones «a-tenísticas» como The New Yorker, Esquire, The New York Times, Men's Journal *y* Newsweek *mencionaban* Ganar feo *en sus artículos en relación con el meteórico ascenso de Agassi a la cima del* ranking *y con el rol que Brad Gilbert había desempeñado en ese éxito. Brad fue nombrado Entrenador del Año por el Registro de Tenis de Estados Unidos.*

En entrevistas independientes, les pregunté a ambos cómo evaluarían al otro y les pedí que reflexionaran y comentaran una de las relaciones profesionales más extraordinarias de la historia del tenis.

En lo que sigue, el entrenador número uno y el tenista número uno hablan sobre perder, ganar y cómo llegar a lo más alto.

«Vamos, Andre. ¡Nada de por el medio! ¡Nada de por el medio!» Estoy viendo a Michael Chang botar la pelota en una de las semifinales del Abierto Sybase de San José y sé lo que está a punto de suceder. Steve Jamison, el coautor de este libro, se inclina y me mira. «¿Nada de por el medio?», me pregunta.

¡Pam! Chang descarga un *ace* por el medio para ponerse 4-2 arriba en el tercer set de un partido que debería haber perdido en dos. Jamison asiente con la cabeza mientras la multitud ruge. Andre echa humo. «¡Por el medio! ¡Por el medio!», pienso. «Tenemos un problema muy serio. No puedes dejar que Chang se meta otra vez en el partido, porque eso significa que vas a perder.»

Entrenar frente a jugar

Una cosa que he aprendido desde que Andre y yo trabajamos como jugador y entrenador es que es mucho más difícil jugar que entrenar. Como espectador es relativamente sencillo analizar el partido y ver quién le hace qué a quién. Estar en el *ring* peleando por tu vida es otra historia. Es fácil distraerse, y Andre se distrajo por el público, por los errores debidos tal vez a la impaciencia, por Chang. Incluso el pañuelo que llevaba empezó a molestarle.

Sentado cómodamente en el palco de los familiares y amigos, podía ver que Michael estaba infligiendo una grave herida a Andre con sus saques al centro, y lo estaba haciendo en casi todos los puntos importantes, cuando era más grande la presión. ¿El motivo? Chang es bajito, mide poco más de 1,70 m, y para él es más difícil sacar abierto, porque la red es más alta en los costados. Pura física o geometría. El caso es que le resulta más sencillo hacer daño con saques al medio, tanto en el lado de la ventaja como en el de iguales. Un tipo como Sampras no tiene ese problema, porque es más alto y tiene los brazos más largos. Pete sobrepasa el 1,80 m y, al sacar, impacta la pelota más allá de los 2,10, por lo que le encanta desplazarte hacia un lado. Y, por si fuera poco, es capaz de hacerlo bajo presión.

Incluso con su nueva raqueta, que es más larga, Chang tiene problemas para sacar abierto, sobre todo bajo presión. Por eso en muchos puntos elige pegarle fuerte al medio, especialmente en los momentos más importantes. En determinado período sacó al medio nueve veces seguidas; cinco de ellos se convirtieron en golpes ganadores o en devoluciones débiles del rival. Una y otra vez. Cuando iba por delante podía intentar un saque abierto, pero de otro modo no. Siempre al medio.

El número uno del mundo en juego

Ese partido del sábado por la noche cerca de San Francisco es importante porque si Andre gana, se clasificará para la final del domingo ante Pete Sampras. Y el vencedor de la final se convertirá en el número uno del *ranking* mundial. Sería la primera vez en la historia del tenis que dos jugadores, ninguno de los dos en el primer puesto del *ranking*, pelean por alcanzar la cima. (*Nota del editor*: Thomas Muster fue por poco tiempo número uno en febrero de 1996, pero al haber caído en la primera ronda de cierto torneo, estaba a punto de perder su liderazgo en el *ranking*. El ganador del partido nocturno del domingo, si finalmente se enfrentaban Agassi y Sampras, ascendería al número uno de la clasificación mundial.)

Un triunfo aquí sería una manera fantástica de comenzar el año 1996; Andre vuelve a estar en forma después de una lesión en el pecho en un partido de la Copa Davis y una inactividad de tres meses hasta el Abierto de Australia de 1996, donde Chang lo derrotó por tres sets a cero.

Un comienzo rápido

La noche empezó bien para Andre. Le estaba pegando duro, muy centrado y metódico, y se llevó el primer set por 6-2. Casi sin despeinarse. El segundo set se le puso incluso mejor, porque Chang empezó a cometer extraños errores no forzados en un intento por cambiar la dinámica del partido. Que Chang regale puntos es como ver nevar en Las Vegas. No ocurre a menudo. Andre, un set arriba, se puso 4-2 en el segundo. A ocho puntos del billete a la final. Pero entonces la cosa cambió.

No me di cuenta al principio, pero sin hacer ruido el partido dio un vuelco. Chang se asentó y dejó de regalar puntos, tal y como yo esperaba. Al mismo tiempo Andre empezó a precipitarse un poco, quería cerrar los puntos demasiado rápido. Fallaba el primer saque y le daba a Chang la oportunidad de aprovechar el segundo. Vale, quería finiquitar el partido cuanto antes, pero lo cierto es que había cambiado su patrón de juego. Fue muy sutil, pero el caso es lo cambió.

Andre está sirviendo con 4-2, un set arriba; un momento crucial en el partido. Lo llamo «super juego de preparación», porque puede consolidar las opciones de Andre al situarlo a solo cuatro puntos de la victoria. Si mantiene el servicio, tendrá a Chang contra las cuerdas. Si lo pierde, Chang servirá para cambiar por completo la dinámica del partido; gozará de una segunda oportunidad para tomar aliento. Entonces pienso: «Mantén el servicio, Andre. Que entre el primer saque».

No ha habido suerte. Chang le ha roto el servicio. Uf. Al saque con 4-3 en contra, segundo set. Pero una rotura nunca es una verdadera rotura si luego no mantienes tu servicio. Tal vez devolverle la rotura descentraría un poco a Michael, lo pondría un poco ansioso. O no. Chang no pierde el foco dos veces en un mismo partido. Andre sigue intentando liquidarlo por la vía rápida; se precipita tratando de cerrar los puntos uno o dos tiros antes de lo conveniente. Tal vez tres. Y el juego sigue de este modo. Chang mantiene el servicio y empata el set, 4-4.

Me parece que Andre está también un poco agitado porque el público celebra la recuperación de Chang. Quieren un tercer set; no les importa quién seas: te darán la espalda si creen que eso significa ver más tenis. Andre se despoja del pañuelo cuando se ve en el monitor gigante y se da cuenta de que estaba torcido. Ese gesto enciende de nuevo al público, y más de diez mil aficionados lo celebran a lo grande. A él no se le ve feliz. Pienso que debe ser más paciente.

El punto perfecto

A lo que me refiero es que idealmente Andre debería jugar con Michael puntos de entre seis y nueve tiros. En otras palabras, ante un tenista defensivo como Chang, que lo devuelve todo, lo mejor es que Andre le pegue a la bola no menos de seis tiros y no más de nueve mientras construye el punto para lograr una ventaja o abrir un hueco.

Más de nueve tiros y te metes en una guerra de resistencia, y Michael parece fresco. Menos de seis tiros y probablemente Andre se vería forzado a buscar un raquetazo, porque el punto todavía no se habría abierto lo suficiente. Estoy hablando a grandes rasgos.

Por supuesto, hay excepciones, pero en el curso del partido es eso lo que Andre está buscando frente a Chang: abrir un hueco con entre seis y nueve tiros.

Andre le está dando un respiro a Chang al intentar terminar los puntos demasiado pronto. Está sirviendo ahora con 5-6 en el segundo set; falla el primer saque y permite que Chang tome el control del punto. Chang le rompe el servicio dejándolo a cero.

Va sobrado. El partido está empatado, pero solo en el marcador. Michael está en racha y se mantiene firme para ponerse 4-2 arriba en el tercer set. Se está escapando, va a ser duro. Andre no puede permitir que Chang gane de ese modo.

De repente, Chang se encuentra a solo ocho puntos de la final. Pero si Michael es tenaz, déjame decirte algo de Andre Agassi: es sólido. Me gusta su actitud mental en estos partidos. Pocos años atrás habría pensado que ese no era su día y habría bajado los brazos. Actualmente, Andre no ceja en su empeño de luchar hasta el final. Quizá no gane, pero va a pelear hasta el último punto.

Chang ha ganado seis de los últimos nueve juegos y está cerca de hacerse con el dominio absoluto del partido. Pero Andre empieza a asentarse. Puedo ver cómo recupera el ritmo y la concentración. Mira en nuestra dirección y puedo ver en sus ojos que está tranquilo, mentalizado. Está metido de lleno en el partido; esa es la mejor manera de describirlo.

Andre gana dieciséis de los siguientes veintiún puntos y cuatro juegos consecutivos. Simplemente, ha empezado a darle de lleno a la bola y a mandar en los puntos, a la espera de abrir un hueco. Y frena «el medio»; hace los ajustes necesarios y comienza a anticiparse por el centro con unos restos enormes. Está de dulce.

Más dulce que la noche siguiente, cuando Pete da muestras de estar en su salsa. Su primer saque en el partido registra más de doscientos kilómetros por hora. Eso es lo que se llama salir del vestuario listo para jugar. Pete dijo después que había sido su mejor partido ante Agassi, y el triunfo le permitió alcanzar el número uno a las 00:01 del 19 de febrero. Pero manténganse atentos, amigos.

Un tenis roquero

Andre era el niño salvaje del tenis cuando se dio a conocer en 1986; casi como una estrella del *rock*, con el pelo largo, pendientes, le lanzaba la camiseta a la multitud tras los partidos. Un verdadero *showman*.

Nada de todo eso me importó demasiado. Lo que atrajo mi atención fue algo chocante en lo que a mí se refería: Andre no usaba su talento de la manera correcta. Cualquiera podía ver que tenía unas habilidades fantásticas, pero lo que yo vi fue a un tipo que no aprovechaba esas habilidades.

Se las arreglaba porque tenía tanto talento que era capaz de ganar partidos a pesar de sí mismo. Pero también perdió muchos que debería haber ganado.

Como dentro de la pista nunca se paraba a pensar, su juego no era consistente a largo plazo. Perdía ante tenistas a los que debía haber vencido. Caía en partidos que debía haber ganado. Alguna que otra vez ponía las cosas en su sitio y alcanzaba la perfección, como cuando venció a Ivanisevic en la final de Wimbledon de 1992 para levantar su primer Grand Slam.

Escaló hasta el puesto número tres de la clasificación mundial, pero verlo jugar era casi doloroso para mí, porque lo fiaba todo a su enorme talento y descuidaba muchos aspectos del tenis. Lo veía hacer tiros fantásticos, seguidos por una pequeña dejada más allá de la línea de fondo, casi como si estuviera jugando un partido de exhibición o trabajando para entretener al público.

Con los años empecé a seguirle la pista como seguía a otros jugadores del circuito. Sabía lo que estaba haciendo y tenía una buena idea de lo que Andre debía hacer si quería ganar más. Pero ni se me pasó por la cabeza que algún día lo entrenaría, ni a él ni a nadie.

Cómo me convertí en el entrenador de Andre

Durante el Abierto de Cayo Vizcaíno de 1994, Andre y yo fuimos a cenar a un pequeño restaurante italiano en Fisher Island. Tras haber ganado Wimbledon, Andre había caído hasta el puesto treinta y dos por una variedad de motivos, entre ellos una lesión en la muñeca que precisó de cirugía y de un período de reposo. Pero la muñeca no era el verdadero motivo de ese bajón.

En algún momento entre los espaguetis y los *spumoni*, Andre me preguntó si tenía alguna idea para mejorar su juego. Pensé que solo estaba pegando la hebra, y empecé diciéndole que no utilizaba todo su potencial; que debía usar más la estrategia durante los partidos; que jugaba *fuera* de la pista, apoyado en sus talones detrás de la línea de fondo. Solía situarse dentro de la línea de fondo cuando pegaba tiros profundos, y eso también se lo dije. Andre es el jugador más grande de la historia dándole a la bola en pleno ascenso, de modo que no tenía ningún sentido que se quedara parado detrás de la línea, a la espera de que la pelota botase.

También le dije que era muy irregular; a veces estaba enchufado, pero otras veces era como si no hubiese pensado en el partido o en su rival. Le dije que jugaba con un exceso de confianza hasta que se veía en apuros y resurgía a base de golpes ganadores fantásticos desde el fondo de la pista.

Pero no creía que le estuviera revelando nada que él no supiera o sintiera. Es inteligente, de modo que me dije que debía de pensar lo mismo. Así fue como ocurrió, por pura casualidad. Entonces él me dijo: «Trabajemos juntos siempre que podamos. Vayamos con calma. Podemos entrenar juntos en los torneos en los que coincidamos y hablar por teléfono». Creo que nunca usamos la palabra *entrenador*, y ni siquiera teníamos un contrato.

Al principio seguí jugando de acuerdo con mi propio calendario de torneos y dejé que las cosas progresaran conforme a lo que habíamos hablado durante aquella cena: peloteábamos en los torneos en los que coincidíamos, nos llamábamos por teléfono. Le dije a Andre que, a causa de su inactividad, no esperaba que obtuviera buenos resultados en los torneos hasta pasados unos cinco meses. No me equivoqué. Nada cambió al principio, y los resultados de Andre en los torneos de Italia y Francia, así como en Wimbledon y en otros lugares, no fueron buenos.

Casi cinco meses después de que habláramos en Fisher Island entre platos de pasta, Andre fue a Toronto y ganó el Abierto de Canadá de 1994. Siguiente parada: el US Open, en el que Andre participaría sin ser cabeza de serie por su bajo *ranking* (número diecinueve del mundo).

La magia de creer

Estaba convencido de que Andre podía ganar todos sus partidos en Nueva York, porque en el torneo en Canadá había dado en la tecla. En la pista pensaba de la manera correcta, y le dije que en Nueva York podía proclamarse campeón. Debió de pensar que le estaba tomando el pelo, porque me dijo: «Si gano, te depilas como hice yo en Wimbledon el año pasado, ¿vale?». Tuve el mal presentimiento de que al cabo de dos semanas tendría que depilarme el pecho.

Sin embargo, a la vista del cuadro del torneo, vi que Andre tenía una tarea ardua por delante. Debía enfrentarse a Wayne Ferreira, Michael Chang, Thomas Muster, Todd Martin y, en la final, a Michael Stich. Andre venció a todos.

Nadie en la historia del US Open había ganado de la manera en que él lo había hecho: por el camino más difícil, derrotando a cinco cabezas de serie hasta coronarse campeón. Verlo tomar impulso y ganar confianza, ser testigo de su rendimiento y su preparación mental, cada vez mejores, fue asombroso. Su concentración era máxima.

Empezó a llamarme «el Creyente». Él sí había tenido fe, y eso era lo más importante.

Dos días después de que ganara su primer US Open, cumplí mi promesa y fui a la televisión nacional, donde mi esposa, Kim, sacó la cuchilla y me afeitó el pecho. Soy un hombre de palabra.

Pensamiento a largo plazo

Pero yo quería que ambos pensáramos más allá de un solo torneo o título. Nunca sentí que el objetivo de Andre fuese ganar otro título de Grand Slam, sino muchos títulos de Grand Slam. Por eso lo único que le dije cuando vino al palco de los familiares y amigos tras haberse impuesto a Michael Stich en la final del US Open de 1994 fue: «Ahora viene Australia». Nike organizó una fiesta para todos esa noche en el restaurante Il Vagabondo de Manhattan, y repetí el mensaje. Seis meses después, Andre derrotó a Pete para llevarse el Abierto de Australia de 1995.

El 10 de abril de 1995, Andre llegó al número uno y se mantuvo en la cima treinta semanas. Pete recuperó el primer puesto y después Thomas Muster lo ocupó por unos días. Tras el austríaco, Pete volvió a la cima aquel domingo por la noche en el torneo de San José. Creo que Pete y Andre pelearán por el número uno durante bastante tiempo.

EPÍLOGO

Andre Agassi

Para mí, *Ganar feo* es ser capaz de descubrir cómo ganar aunque no estés en tu mejor momento; aunque las cosas no salgan como esperabas y te veas obligado a hacer algo más que pegarle fuerte a la pelota. Esa es a una de las cosas más importantes que aprendí de Brad: cómo ganar feo cuando es necesario.

Brad Gilbert es un gran conversador. De hecho, habla por los codos. Cuando lo conocí en el circuito, incluso me molestaba, porque hablaba demasiado; estaba siempre diciendo algo o intentando entablar conversación con alguien. Y yo me preguntaba: «¿Por qué se meterá en los asuntos de todo el mundo? ¡Habla todo el tiempo!». Pero así es Beej. Tiene una opinión de todo y de todos.

Jugamos juntos la Copa Davis en Alemania en 1989 y empecé a conocerlo un poco mejor. Además, conocí a su esposa Kim, que es una gran persona, y pensé: «Si ella piensa que es un buen tipo, quizá lo sea». Cenamos juntos varias veces a lo largo de los meses siguientes y aprendí que Beej podía hablar por los codos, pero cuando se trataba de deportes sabía lo que decía. Especialmente en el caso del tenis.

Así fue como fuimos conociéndonos, compartiendo el tiempo antes y después de algunos partidos y entrenamientos de la Copa Davis y de otros torneos, a veces mientras nos comíamos una *pizza*. Era todo muy casual, pero empecé a conocerlo mejor y nos hicimos amigos. Me alegra que lo seamos.

Apreciar el juego «feo» de Brad

Lo que Beej ha aportado a mi juego desde que nos asociamos es inconfundible y nadie más podría haberlo hecho, porque nadie conoce mejor este juego que él. No me cabe la menor duda. Tiene un enorme conocimiento de todos los aspectos del tenis: estrategia, táctica, dinámicas de los partidos, y el modo de aplicar todo eso para ganar a jugadores como Pete, Michael Chang, Boris, Courier y otros.

Es muy científico cuando se trata de analizar a los rivales. Brad los pone bajo su microscopio y puede ver con claridad dónde están sus defectos y dónde sus fortalezas; especialmente, dónde aparecen las grietas de su juego en los puntos de mayor presión, que son los que más cuentan.

Descubrí esta habilidad suya al enfrentarme a él en los torneos. Era siempre una experiencia estresante, porque no te dejaba hacer tu juego.

En la preparación para jugar contra Brad sabías que no te sentirías cómodo como ante otros tipos, porque se las arreglaría para romperte el ritmo, para hacerte sudar la gota gorda. Terminaba por arrastrarte a su juego, al impedir que impusieras el tuyo.

Era casi como recibir una lección de tenis, porque él siempre te salía con alguna sorpresa. Nunca sabías cuándo iba a atacar o cuándo no. Nunca sabías cuándo iba a reventar la bola o a acariciarla. Lo que sí sabías es que nunca permitiría que mantuvieras el ritmo y que te sintieras cómodo jugando tu mejor repertorio.

Enfrentarte a él era muy frustrante, porque tenía la extraordinaria habilidad de explotar el juego de un tenista, de elegir una debilidad y machacarla hasta que se derrumbara. Y, además de su gran cabeza para el tenis, también tenía amor propio. Nunca se daba por vencido.

Y si eras un novato, ya te podías olvidar. Los novatos eran para él pan comido. Lo sé porque la primera vez que me enfrenté a Brad, siendo un novato, salí a la pista pensando en un «partido fácil» y la abandoné pensando que había tenido una pesadilla. Fue horrible. Si eras un novato, no le ibas a ganar.

En enero de 1994 yo había caído del número tres del *ranking* al número treinta y dos. Mis días con Nick Bollettieri habían quedado atrás. Había pasado un tiempo con Pancho Segura. Y pensé que tal vez Brad y yo podíamos tener una pequeña charla.

Una fórmula ganadora

En Florida, durante el Abierto de Cayo Vizcaíno celebrado en marzo de 1994, le pregunté si tenía algunas ideas acerca de mi juego y de qué cómo mejorarlo. Como te puedes imaginar, no guardó silencio. De inmediato empezó a decirme qué debía hacer para ganar más partidos. Tenía razón en todo. Básicamente, lo que me decía era: «Piensa».

Me dijo: «Si juegas con Sampras de la misma manera que con Chang, vas a perder. Si juegas con Becker como con Courier, vas a perder. Cada jugador es diferente. Tu estrategia tiene que ser diferente para cada uno de ellos». Tenía razón, y aplicar sus ideas fue lo que dio a mi juego un giro de ciento ochenta grados.

«Elabora un plan»

Brad sostiene que para ganar con regularidad a cualquier nivel debes «elaborar un plan». Eso significa que durante un partido debes tener una estrategia clara para lo que quieres hacer y trabajar duro para imponérsela a tu rival. Suena sencillo, pero la clave del éxito es tener una estrategia o un plan adecuados. Y para conseguirlo necesitas hacer tres cosas correctamente. Aquí va un poco del Brad básico:

1. Conoce tus fortalezas y debilidades.
2. Entiende las fortalezas y debilidades de tu rival.
3. Dedica tiempo a pensar cómo puedes imponer tus fortalezas sobre las debilidades de tu adversario.

Yo no lo estaba haciendo. Brad no se lo podía creer cuando le dije que a veces decidía dónde iba a sacar durante el lanzamiento. Para Brad, eso era inaceptable, porque él era el tipo de jugador que pensaba adónde iba a sacar dos semanas antes de ejecutar el lanzamiento.

Elaborar estrategias

Una de las primeras cosas que me dijo fue que debía buscar el tiro definitivo cuando abriera la pista. Le daba la impresión de que me gustaba tanto reventar la pelota con tiros de fondo que, aunque hubiera abierto la pista desplazando a mi adversario para recibir una devolución débil, me quedaba atrás para seguir pegándole duro. Brad me dijo: «Cuando tengas la oportunidad de cerrar el punto, debes aprovecharla. Tienes que definir el punto».

También me hizo pensar sobre mi saque. En lugar de limitarme a pegarle con efecto hacia dentro, empecé a usarlo para preparar el punto. En la final del US Open de 1994 ante Michael Stich, habló conmigo de la necesidad de variar mis servicios para que él no se sintiera cómodo y atacara subiendo a la red. Funcionó. No cedí ningún set y levanté un título de Grand Slam.

Convertir las debilidades en fortalezas

Todo esto parecerá material bastante básico, pero es asombroso cómo los jugadores limitan su talento físico por no utilizar su talento mental. Aprendí que así era en mi caso. No tengo ninguna duda de que mi mente era mi punto débil porque no pensaba que necesitara usarla. Pensaba que bastaba con salir y pegarle más fuerte que el otro tipo.

Los demás jugadores sabían que, aunque yo estuviera jugando bien, si aguantaban el tiempo suficiente era probable que me relajara. Me gusta haberme probado a mí mismo que puedes tomar un punto débil y convertirlo en una fortaleza. Ahora tengo la sensación de que, aunque no esté desplegando mi mejor tenis, pondré tanta presión sobre mi rival que terminaré por desanimarle, porque pensará que no vale la pena intentarlo.

Noto esa diferencia desde que Beej y yo formamos equipo. Los rivales me tienen ese tipo de respeto, puedo percibirlo. Saben que estaré al cien por cien física y mentalmente hasta el último punto.

Otro aspecto importante es que Brad se enfrentó y ganó a los mismos tipos a los que yo me enfrento. Sabe por experiencia qué pueden o no pueden hacer en los puntos decisivos, y qué plan elaborar para ajustar mi juego al de mis adversarios.

El cañón de Courier

Por ejemplo, al enfrentarte a Jim Courier sabes que su *drive* es un cañón. Pero muchos jugadores le tienen tanto miedo que intentan atacar su revés demasiado temprano en el punto. Yo ya no hago eso porque he aprendido que, si bien el revés de Jim es vulnerable, lo es mucho más si tiene que ejecutarlo en movimiento.

Por eso primero ataco el lado fuerte de Jim, el de su *drive*, para abrir la pista y dejar expuesto su revés, obligándolo a pegarlo a la carrera. Ahí es cuando tendrá verdaderos problemas, no cuando puede preparar ese golpe. Debes desplazarlo de algún modo para que tenga que pegar el revés en movimiento. Si lo consigues, tienes el punto casi asegurado.

Brad intentaba hacer lo mismo como jugador: sacar abierto desde el lado de iguales para desplazar a Jim lo máximo posible. Yo lo hago en los dos servicios y con los tiros de fondo al comienzo del punto.

El plan que yo trabajo solo se diferencia un poco de lo que otros intentan ante Jim, pero se basa en mis fortalezas (los tiros de fondo) para exponer su debilidad, que no es su revés, sino su revés a la carrera. Y la razón por la que es vulnerable es su empuñadura. Agarra la raqueta tan abajo que casi parece como si estuviera blandiendo un bate de béisbol. Es el tipo de cosas que a Brad le gusta detectar y explotar.

Becker es muy obstinado

Mi plan ante Boris (Becker) es casi no tener un plan en absoluto, por su obstinación. Boris es muy directo en su juego. Es un tipo muy obstinado, por eso se queda tanto tiempo en la línea de fondo y trata de castigarme. Eso beneficia directamente a mi punto fuerte, que son los tiros de fondo.

Boris es tan obstinado con lo que cree que puede hacer que es incapaz de aceptar el hecho de que no puede ganarme de esa forma. Es incapaz de intentar otra cosa. Es muy sorprendente. Es como si atacara mi fortaleza con su debilidad. Ante otros tipos verás que varía un montón sus golpes. Frente a mí se pone un poco nervioso. Espera demasiado para tirar una bola corta y me permite explotar su movimiento, que no es tan bueno como el de Courier. Su revés se convierte en una debilidad más porque no es rápido de pies.

La otra ventaja es trabajar la devolución de su saque. Soy un buen restador, lo cual afecta al juego natural de Boris.

Sin embargo, es un jugador muy peligroso. En las semifinales de Wimbledon de 1995, iba 6-2, 4-1 arriba y estaba jugando un tenis absolutamente perfecto. Tanto es así que Boris dijo después que mi juego en el primer set era el mejor tenis al que se había enfrentado nunca.

Pero en Wimbledon nunca puedes darle por muerto. Volvió a la vida en el sexto juego del segundo set, después de un punto fantástico que se las ingenió para ganar. Ese punto lo convenció de que podía llevarse el partido. Al mismo tiempo, yo había puesto el piloto automático y mentalmente ya me veía en la final ante Pete. Pues bien, Boris ganó en cuatro sets, 6-2, 6-7, 4-6 y 6-7. Dos meses después nos encontramos en el US Open, y el resultado fue mejor para mí.

Pete es casi perfecto

Pete (Sampras) es el jugador más talentoso del circuito. Lo hace todo bien y no tiene ninguna debilidad notable. Sin embargo, un aspecto en el que no es tan fuerte como en todo lo demás es su devolución del saque. Le gusta devolver la pelota con efecto y después trabajar para hacerse con el control del punto.

Brad enfatiza que es entonces cuando hay que lastimarle rápido. Trabajo para sacar con potencia ante Pete, con el fin de recibir una devolución con efecto o lo más corta posible, y después trato de hacerle daño enseguida. No puedes esperar a que se recupere en el punto. Pete puede trabajar ese juego de transición, pasar de la defensa al ataque, mejor que cualquier otro tenista. Piensas que está a la defensiva y de repente suelta un latigazo y ya está jugando al ataque.

De ahí que con Pete tengas que hacerle pagar por cada bola corta que te devuelva. En el pasado, no habría sido tan agresivo para aprovechar la oportunidad de la bola corta. Brad hizo de buscar la más mínima abertura su modo de vida. Y ha conseguido que yo piense más de ese modo: que busque cómo detectar y explotar las oportunidades.

Por supuesto, el saque de Pete es otra historia. Aunque te inclines hacia el lado correcto, puede vencerte. Solo te queda esperar adivinar a menudo hacia dónde va, o que no tenga su día. Y si falla el primer saque, tengo que saltar sobre su segundo servicio. Brad también me hizo ver que, bajo presión, Pete saca abierto con un golpe cortado a mi *drive* en el lado de iguales. Le gusta pegarle y después buscar un tiro de aproximación. Lo mismo en el lado de la ventaja; bajo presión, le gusta pegar hacia el centro y luego subir a la red.

El otro elemento del juego de Pete que infunde verdadero respeto es su *drive* a la carrera, tanto desde la línea de fondo como cuando avanza con un tiro de aproximación. Es un arma letal, pero no puedes respetarla tanto como para no atacarla nunca y hacerle pegar solo *drives* desde el lado del revés. Lo verás plantarse más o menos un metro a la izquierda del centro de la línea de fondo. Brad no deja de decirme: «Saca a Pete de su montículo de lanzador. Sácalo de ese lugar». Entonces intento trabajar el punto para que Pete no esté siempre pegando desde su lugar favorito en la pista, lo que significa enfrentarse a su fortaleza.

Brad y yo hablamos mucho acerca de la combinación de dejar expuesta la debilidad o vulnerabilidad de un jugador atacando su fortaleza. A veces se trata de un equilibrio precario, pero es la clave para abrir un partido. Funciona. Gané a Pete en las finales de Cayo Vizcaíno, Australia y Canadá de 1995. Pero no funciona todo el tiempo. Me superó en la final del US Open de ese mismo año. Pero, como ya he dicho, cuando Pete está al 100 % de su juego y yo al 90 % del mío, da la impresión de yo estoy solo al 60 %.

Básicamente, cuando jugamos, él mantiene su servicio y yo lo supero desde el fondo de la pista. La pregunta es: ¿puedo yo romperle el servicio o él superarme desde el fondo? El que lo consigue es el que suele ganar.

Desafiar a Chang

De todos los jugadores top 10, si voy a llevar a cabo mi juego prefiero enfrentarme a Michael Chang antes que a cualquier otro. La razón es que mi estilo combina bien con el suyo. Me refiero a que siento que lo único que hace en la pista mejor que yo es moverse. Entonces, si estoy en mi pico de rendimiento, él no debería tener posibilidades de ganar. Tengo más pegada que él. Es como si se pelearan dos boxeadores de los pesos pesados y uno de ellos pesara diez kilos más que el otro. Yo debería ganar.

Lo que hago frente a Michael es atacar su fortaleza, que es la velocidad. De hecho, busco su velocidad, porque si llega a una bola, tendrá que correr para alcanzar la siguiente. Quiero que llegue a la bola. Mi mentalidad es: «Puedo mover la pelota de un lado a otro más tiempo de lo que Michael puede correr de un lado a otro». Básicamente, mi fortaleza es superior a la de Michael. Me basta con ser paciente. Brad me ha ayudado mucho a que sea más paciente.

Superar mis propios errores

En la final del Abierto de Australia de 1995 contra Pete, en el primer set yo mantenía el servicio con facilidad y tuve tres oportunidades de anotarme una rotura, pero no lo conseguí. Entonces saqué con 4-5, y de repente el juego y el set se me escaparon. Pete pega un buen tiro. Yo cometo un error. De pronto, estamos 0-30. Después, 15-40. ¡Y después hago una doble falta para regalar el set! ¿Había perdido el primer set de la final de un Grand Slam por una doble falta? No me lo podía creer.

Créeme, estaba furioso; me enfadé de verdad porque había tenido la posibilidad de ganar el set al menos en dos ocasiones y, en vez de eso, lo había dejado escapar por una doble falta.

Pero ahí está la diferencia. Con Brad he trabajado el modo de darle la vuelta a ese sentimiento, a ese enfado, y convertirlo en algo positivo. En lugar de derrumbarme, esa furia puede llevarme a otro nivel. Siento como si me administraran una inyección de adrenalina. Casi como si me pusiera a presionar en toda la pista, como en el baloncesto.

Ante Pete en el segundo set de la final de Australia, volví al partido con una gran intensidad; fui en busca de cada bote, lo presioné en toda la pista. Peleé todos los puntos y de repente me puse 6-1 y estaba otra vez metido de lleno en el partido. Y no solo eso. Gané en cuatro sets.

Ganar feo

Una de las cosas más importantes que he aprendido de Brad es cómo seguir en la brecha cuando las cosas no salen como yo esperaba. Él cree que el 5 % de las ocasiones tu rival estará enchufado y no podrás ganar, y que otro 5 % de las veces serás tú el que esté enchufado y no podrás perder. Pero el 90 % restante podrá ganar cualquiera, y habrá una manera de hacerlo. Tienes que descubrir cuál es. Y para eso debes tener una mentalidad positiva. Tienes que creer en la victoria. He estado haciendo eso mucho mejor últimamente, y todo gracias a Brad.

AGRADECIMIENTOS

Brad Gilbert:

A mi esposa Kim; mi hijo, Zach; mi hija, Julie.
A mis padres, Barry, Sr., y Elaine Gilbert.
A mi hermano, Barry, Jr., y mi hermana, Dana.
A mi entrenador, Tom Chivington, y Georgie Chivington.
A todos los chicos de los Brad Gilbert Tennis Camps.

Steve Jamison Edstrom:

A mi viejo, Ev, que es el mejor entrenador del mundo.
A mi madre, Mary, que es la mejor del mundo.
A Pat, Kris, Kate y Kim, mis hermanas.

A los Edstrom, Cronen, McKegney, Brand y Stark, nuestra familia.

Al doctor George Sheehan, un corredor que nos inspiró a muchos de nosotros a ser deportistas.

ACERCA DE LOS AUTORES

Brad Gilbert está considerado por la mayoría de los expertos como el más encumbrado estratega del tenis. Antiguos «matagigantes» en el circuito de la ATP, hoy es uno de los mejores analistas de tenis del mundo y colabora con ESPN. Gilbert ha entrenado a Andre Agassi, Andy Roddick y Andy Murray, entre otros. Vive en San Rafael, California, con su esposa Kim y sus tres hijos, Zach, Julian y Zoe.

<http://www.bradgilberttennis.com>

Steve Jamison es un autor de *best sellers* que ha colaborado con John Wooden, leyenda de la UCLA, y con Bill Walsh, exentrenador del equipo de fútbol americano de los San Francisco 49ers, entre otros. Vive en San Francisco.

<https://stevejamison.com/>